현장 사례관리 2판

| 전혜성 · 김정화 · 홍나미 · 강현주 · 권자영 · 정연수 공저 |

Field-based Case Management

학지사

머리말

최근 들어 사회복지실천에서 사례관리가 가장 효과적인 서비스 전달방법으로 평가되면서, 사회복지관은 물론 사회복지의 공공 및 다양한 민간 영역에서는 사례관리를 서비스 제공자의 주된 업무로 규정하였으며, 이로 인해 학계 및 실천현장에서 사례관리의 중요성은 더욱 높게 인식되고 있다. 국내 사례관리의 현주소를 간략히 살펴보면, 1990년대 초 서구의 사례관리 전달체계가 한국의 사회복지에 도입된 후 종합사회복지관과 여러 민간 복지기관은 우리나라의 실정에 맞게 사례관리를 토착화시키기 위하여 많은 노력을 기울여 왔다. 2000년대부터는 공공의 다양한 사회복지 영역에서 사례관리를 주요 서비스 전달방법으로 채택하면서 그 확장 속도가 가속화되었다. 사례관리의 빠른 확산 과정에서 나타난 공공과 민간 영역 간의 이견을 좁히고 영역 간 역할을 조정하는 등의 현실적 과제는 분명 존재하지만, 현시점에서 사례관리는 복합적 위기상황에 처한 국민에게 최전선의 종합적인 복지전달체계로서 기능하고 있다.

이 책은 현장의 사례관리자들이 실무에 유능하면서도 다양한 삶의 현장에서 힘겨운 문제를 다루며 살아가는 클라이언트의 개인적인 삶을 가까이에서 이해할 수 있도록 돕고자 하였다. 이러한 저작의 의도를 담아서 저서명을 '현장 사례관리'로 정했다. 현장(現場)은 클라이언트의 삶이 진행되는 그 자리이자, 사례관리자가 전문적 도움을 제공하기 위해 작업하는 바로 그곳이다. 이처럼 현장의 사실적 목소리를 담고자 한 이 책은 현장경험이 부족한 학부생이나 대학원생, 복합적인 서비스 욕구를 가진 클라이언트에 대해 이해하고 실천역량을 강화하고자 하는 실무자에게 유용할 것으로 기대한다.

국민의 다양하고 긴급한 생활위기의 해결에 사례관리자가 유능함으로 답보해야 하는 현 실정에서, 고유한 실천현장마다 사례관리자가 갖추어야 할 전문성 및 역량의 강화는 아무리 강조해도 지나치지 않는다. 이를 위해 이 책에서는 장애인, 아동, 노인, 다문화가족 등의 각 대상마다 현장 맞춤형 사례관리 실천전략과 실제사례를 제시하였다. 또한 각 실천영역에 사례관리자가 반드시 알아야 할 핵심적인 법과 제도, 정책을 제시하였다.

이 책은 총 4부 13장으로 구성되어 있다. 제1부는 전반적인 사례관리에 대해 개관하였다. 제1장에서는 사례관리의 개념과 발달과정, 제2장에서는 사례관리의 이론적 근거와 모형, 제3장에서는 사례관리의 구성요소 및 사례관리자의 역할을 소개하였다. 제2부는 사례관리의 실제로 사례관리 실천과정을 구체적으로 설명하였다. 제4장에서는 사례관리 실천의 초기단계 및 사정단계, 제5장에서는 계획단계 및 실행과 점검단계, 제6장에서는 평가, 종결, 사후관리를 설명하였다. 제3부는 대상별 사례관리의 실제로, 각 대상별 사례관리 실천방법 및 전략에 대해 구체적으로 설명하였고, 사례관리를 적용한 실제 사례도 소개하였다. 제7장에서는 장애인 사례관리, 제8장에서는 정신장애인 사례관리, 제9장에서는 노인 사례관리, 제10장에서는 아동 사례관리, 제11장에서는 청소년 사례관리, 제12장에서는 다문화가족 사례관리를 설명하였다. 이와 함께 분야별 주요 법과 제도 또한 소개하였다. 마지막으로, 제4부인 제13장은 사례관리의 전망과 향후 과제로, 사회복지의 환경변화와 실천대상의 확대 및 사례관리에서의 향후 과제에 대한 구체적인 방안을 논의하였다.

이 책의 제1 · 8 · 9장은 전혜성 교수, 제2 · 4 · 5장은 김정화 교수, 제3 · 11장은 홍나미 교수, 제6 · 12장은 권자영 교수, 제7장은 정연수 교수, 제10 · 13장은 강현주 교수가 저술하였다.

집필진은 국내 사례관리의 역동적인 발달과 확산 과정에서 최근까지 도출된 사례관리에 대한 주요 본질과 기능에 대한 합의점을 설명하고자 하였다. 또한 각 실천현장의 다양한 대상자에게 유용하게 적용될 수 있는 실제적인 전략을 제시하며 사례관리자의 실천역량을 강화하는 데 기여하고자 하였다.

이 책의 집필진은 사회복지 실천현장에서 사례관리를 직접 수행하고 대학 및 국가 교육기관에서 사례관리를 강의하는 교수들로, 이 책이 사례관리에 관심이 있는 학생, 예비 사례관리자, 현장 실천가, 사례관리를 연구하는 학자에게 도움이 될 수 있도록 집필 과정에 진심 어린 노력을 기울였다. 그럼에도 이 책이 사례관리의 광범위한 주제를 다루다 보니 내용에 미흡함이 있을 것이다. 독자마다 이 책의 내용에 이견이 있을 수 있음을 인정하며 독자 여러분의 아낌없는 비판과 조언을 기대한다. 끝으로 이 책이 출간되기까지 지원해 주신 학지사 김진환 사장님, 한승희 부장님 그리고 편집과 교정 과정에서 수고해 주신 모든 분께 진심으로 감사드린다.

2021년 9월

저자 일동

차례

제4부 사례관리의 전망과 향후 과제

제1부

사례관리 개관

제1장

사례관리의 개념과 발달과정

1. 사례관리의 정의
2. 사례관리의 목적
3. 사례관리의 가치와 윤리
4. 사례관리의 발달과정

들어가기

최근 사례관리는 사회복지실천에서 가장 중요한 서비스 전달방법으로 평가되어, 사회복지관은 물론 사회복지의 공공영역 및 다양한 민간영역에서도 사회복지사의 주된 업무로 규정되고 있다. 1970년대에 미국에서 시작된 사례관리는 이후 영국, 일본, 우리나라에 전파되었고, 우리나라에서는 1992년『사회복지신문』에 사례관리가 처음 소개되었다(이근홍, 2014). 그 후 지금까지 한국 사회복지의 다양한 분야, 실천현장에서 가장 효과적인 서비스 전달방법으로 인정을 받으며 발전해 왔다. 물론 2006년 이후 점차 사례관리가 실천방법을 넘어서서 하나의 전달체계로 형성되면서 공공과 민간 간의 입장 차이와 갈등도 있다.

사례관리는 도입 이후 장애인, 아동, 노인, 여성 등의 다양한 사회복지 실천영역에 실무적으로 적용되면서 다양한 개념이 제기되어 왔지만, 현시점에서는 사례관리의 주요 개념 및 본질에 대한 상당한 합의점이 도출되고 있다. 이 장에서는 사례관리 개념에 대한 개괄적인 내용과 발달과정을 소개하고자 한다.

1. 사례관리의 정의

1) 사례관리의 보편적 정의

사례관리의 대표적 학자인 Moxley(1989)는 '사례관리는 복합적인 욕구를 가진 사람들이 그 기능을 최대한 발휘하여 건강하게 지낼 수 있게 하는 것을 목적으로, 공식적 및 비공식적 지원과 활동의 네트워크를 지속적으로 조직하고 조정하는 것을 의도하는 사람 또는 팀의 활동이다.'라고 정의하였다. 사례관리는 자립적으로 생활을 유지하기가 어렵고 복합적인 욕구를 가진 사람들의 기능 강화와 건강한 삶을 지원하기 위해, 그들에게 필요한 서비스를 적기에 지속적으로 제공하는 전달체계이다. 또한 사례관리는 제공되는 서비스의 적절성 및 적합성에 대한 책임성을 중시하여 사례관리자의 역량과 책임을 강조한다.

사례관리는 서비스 대상자의 특성, 제공 목적, 서비스 형태에 있어서 기존의 광범위한 사회복지서비스와 차별성을 갖고자 끊임없이 노력해 왔다. 사례관리를 필요로 하는 주요 대상은 복합적이고 만성적인 문제를 가진 사람들로 장애인, 노인, 빈곤아동, 물질남용 등 특수한 위기 상황에 처한 사람들이다. 사례관리자가 제공하는 사례관리 서비스는 인간이 살아가는 데 필수적인 자원들로 매우 복합적이며, 사례관리자가 상담 및 교육 등의 방식으로 직접 서비스를 제공하는 직접적 서비스와 필요한 자원들을 연계하는 간접적 서비스 형태의 서비스망으로 구성된다. 이러한 서비스는 자격을 갖춘 사례관리자 개인 또는 다양한 제공자로 구성된 사례관리팀에 의해 제공된다. 사례관리의 궁극적인 목적은 대상자의 사회적 기능 회복과 욕구 충족을 지원하여, 그들의 지역사회에서의 생활 적응력과 삶의 질을 향상시키고자 하는 것이다.

사실상 사례관리가 시대적 흐름에 따라 또는 다양한 사회복지 영역의 특성이 반영되어 널리 적용되면서 사례관리의 개념이 변화되고 확장되기도 하며, 각 실천현장마다 강조하는 요소들의 차이가 있기도 하였다. 그러나 사례관리 개념의 합의점을 도출하는 데 기여한 주요 개념들은 분명 존재한다.

대표적인 정의 중 하나가 전통적인 미국사회복지사협회(National Association of Social Workers: NASW, 1984)의 사례관리 정의로 '사례관리는 서비스 전달체계 속의 요소들을 조정하고 연결하는 것으로 개인의 욕구를 충족시키는 포괄적 프로그램이 확실히 이루어지게 하는 하나의 기제(mechanism)'라고 제시하였다. 또한 Moore(1990)는 대상자의 욕구를 충족시키기 위해 비공식적 보호체계 및 공식적 보호체계의 활동을 통합하여 대상자가 잠재력을 최대한 발휘할 수 있도록 지원하며 사회 환경 내에서 효과적으로 상호작용할 수 있도록 촉진하는 것으로 정의하였다. Rothman(1992)은 사례관리의 개별

표 1-1 사례관리의 정의

학자 / 단체	사례관리의 정의
미국사회복지사협회 (NASW, 1984)	사례관리는 서비스 전달체계 속의 요소들을 조정하고 연결하는 것으로 개인의 욕구를 충족시키는 포괄적 프로그램이 확실히 이루어지게 하는 하나의 기제
Rothman (1992)	지역사회에 거주하는 대상자를 대상으로 개별적인 상담, 치료와 옹호를 제공하며, 다양하고 지속적인 보호를 제공하기 위하여 지역사회 내의 공식적 및 비공식적인 지원망을 연결시키는 것
Moxley (1989)	복합적인 욕구를 가진 사람들이 그 기능을 최대한 발휘하여 건강하게 지낼 수 있게 하는 것을 목적으로, 공식적 및 비공식적 지원과 활동의 네트워크를 조직 · 조정 · 유지하는 것을 의도하는 사람 또는 팀의 활동
한국사례관리학회 (2012)	만성적 · 복합적 욕구가 있는 대상자와 가족의 사회적 기능 회복을 위해 운영체계를 확립하고, 이를 기반으로 체계적 사정과 지역사회의 다양한 자원을 활용하여 지속적이고 효과적인 사회복지서비스를 제공하는 통합적 실천방법

적인 상담, 치료와 옹호를 강조하면서, 다양하고 지속적인 보호를 제공하기 위하여 지역사회 내의 공식적 및 비공식적인 지원망을 연결시키는 것으로 제시하였다.

한편, 한국사례관리학회에서는 사례관리의 정의를 만성적 · 복합적 욕구가 있는 대상자와 가족의 사회적 기능 회복을 위해 운영체계를 확립하고, 이를 기반으로 체계적 사정과 지역사회의 다양한 자원을 활용하여 지속적이고 효과적인 사회복지서비스를 제공하는 통합적 실천방법으로 제시하고 있다(한국사례관리학회, 2012).

2) 사례관리의 주요 특성

(1) 서비스 대상자는 복합적인 욕구를 지속적으로 가진 개인 및 가족이다

사례관리는 복합적인 서비스 욕구를 지닌 대상자를 위한 보호책으로서 대상자를 복잡한 전달체계에 연계하고 적절한 시기에 필요한 서비스를 제공받도록 보장하는 것이다(Rubin, 1987). 제한된 자원을 보다 의미 있게 분배하여 자원체계의 접근이 어려운 복합적 장애를 가진 대상자에게 서비스를 제공한다. 사례관리의 주요 대상들은 복합적이고 만성적인 문제를 가진 사람들로 장애인, 노인, 빈곤아동, 물질남용 등 특수한 위기 상황에 처한 사람들이다.

(2) 사례관리는 통합적 서비스를 비용 효과적으로 제공하는 실천방법이자 전달체계이다

다수의 실천가들은 사례관리를 비용효과가 높은 통합적 서비스의 실천방법이자 전달체계로 정의한다. 사례관리는 서비스 전달체계에서 탈시설화의 영향으로 발생한 서비스의 단편성, 분산, 불연속성, 비접근성, 중복의 문제를 극복하기 위한 해결책이다(Rapp & Chamberlain, 1985).

(3) 사례관리는 자원전달체계인 동시에 임상서비스의 제공 통로이다

사례관리는 효과적인 서비스 전달체계인 동시에 임상서비스를 제공하는 통로이다. 사례관리자는 조력자(enabler)로서 역할을 하며, 촉진자(facilitator)로서 사회적인 시설, 조직, 기관과 서비스 욕구가 있는 개인들 사이에서 상호교섭하고 연락체계를 제공한다. Moore는 사례관리를 단순한 서비스 중개에서 대상자에 대한 직접적 · 치료적 기능을 강조한 임상사례관리에 이르기까지 그 개념의 다양성을 강조하였다(배민진, 1995).

(4) 사례관리는 만성적인 질병 또는 기능상실의 대상자를 위한 직접서비스를 중시한다

임상을 강조하는 사례관리 개념에서는 질병 또는 기능상실로 인한 대상자의 적응 문제를 지원하는 사례관리 기능을 매우 강조한다. 임상사례관리에서는 대상자와 사례관리자의 치료적 관계 형성을 기반으로 임상적이고 전문적인 서비스를 제공해야 함을 강조한다. Deweaver와 Jonhnson은 사례관리가 대상자와의 지속적인 관계를 통해서 대상자 및 가족의 변화하는 욕구를 충족시키는 서비스를 수행하는 것이라고 강조하였다. 이를 위해서는 사례관리자와 대상자 간의 치료적 관계에 역점을 두면서, 대상자의 사회적 기능 강화에 대한 구체적 개입 계획을 대상자와 함께 구상 · 실천하기 위한 상호협조적 과정인 사정, 상담, 교육, 모델링과 같은 직접적 서비스를 제공한다(배민진, 1995에서 재인용).

(5) 사례관리는 체계적인 서비스 제공과정이다

사례관리 과정에 대한 정의는 다소 차이가 있을 수 있는데, 일반적인 사례관리 과정에는 초기단계－사정단계－계획단계－실행 및 점검단계－평가 및 종결단계–사후관리가 포함된다. 사례관리의 서비스 제공과정에 대해서는 이 책의 4, 5, 6장에서 자세히 설명하고 있다.

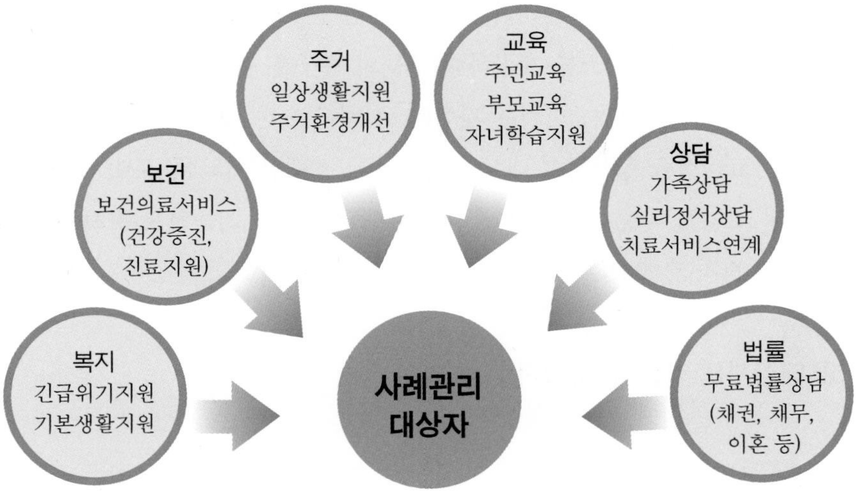

[그림 1-1] 사례관리의 통합적 서비스

출처: 엄명용, 김성천, 윤혜미(2020).

사례관리는 보다 계획적이고 체계적인 제공과정을 통해 서비스 효과성과 비용 효율성을 지향한다.

2. 사례관리의 목적

사례관리의 목적은 크게 4가지로 제시될 수 있다. 즉, 대상자의 욕구 충족과 문제해결, 대상자의 역량 및 사회적 기능 강화, 통합적 서비스 제공과 비용 효과성, 포괄적 서비스의 연속적 제공이다(이근홍, 2014).

1) 대상자의 욕구 충족과 문제해결

탈시설화 이후 지역사회에서 생활하게 된 대상자들은 복합적이고 다양한 욕구를 갖게 되었다. 사례관리가 등장하게 된 중요한 목적은 대상자가 필요로 하는 포괄적인 서비스를 제공하여 그들의 욕구를 충족시키고 궁극적으로는 그들의 삶의 질을 향상시키는 것이다. 이때 중요한 것은 사례관리자가 대상자와 파트너십을 형성하고 대상자의 참여를 최대한 이끌어 내서, 대상자의 잠재력과 개인적 역량이 실천과정 전반에 걸쳐 최대한 기능하도록 하는 것이다(권진숙, 박지영, 2009).

2) 대상자의 역량 및 사회적 기능 강화

역량의 사전적 의미는 '어떤 일을 해낼 수 있는 힘'이다. 사례관리는 궁극적으로 서비스 대상자들이 사례관리자의 지원없이 스스로 자활의 능력을 갖춰서 자신에게 필요한 자원들을 연계하며 살아갈 수 있도록 지원하고자 한다. 사례관리에서는 이러한 역량강화의 의미가 사회적 기능 강화의 의미로도 유사하게 표현될 수 있는데, 사회적 기능이란 한 개인이 자신이 속한 사회와 환경의 요구에 책임감을 가지고 자기 자신에 대한 책임을 수행하는 것이다. 일반적으로 성인의 책임감은 개인의 기본적인 욕구와 부양가족의 욕구에 직면하고, 사회에 긍정적 공헌을 하는 것들을 포함한다. 사례관리의 주요 목표는 대상자가 자신의 욕구를 충족시키고 문제를 해결하며, 한 건강한 성인으로 성장하고 자립할 수 있도록 사회적 기능을 증진시키는 것이다.

3) 통합적 서비스 제공과 비용 효과성

사례관리 서비스는 대상자의 욕구 충족과 문제해결에 분명 효과적인 통합적인 서비스여야 하지만, 동시에 제한된 자원으로 서비스 목적을 달성해야 하는 비용 효과성도 중시한다. 사례관리의 비용 효과성은 최대한 정확한 사정을 통하여 대상자를 이해하고 그가 필요로 하는 서비스를 연결한다. 또한 대상자에게 제공되는 다양한 서비스에 대한 조정, 지속적인 점검을 통하여 서비스의 중복과 낭비를 막기 위한 노력이 필수적이다(이근홍, 2008). 사례관리가 서비스의 효과성과 효율성을 동시에 중시한다는 것은, 사례관리가 때로는 상호갈등적인 목표를 갖는다는 것으로 볼 수 있다. 즉, 사례관리의 본질적 관심이 대상자에게 '보호의 질 향상'이라는 대의적 입장을 내세우며 서비스의 충분성을 강조하는 동시에 '보호를 위한 비용을 통제'하기 때문이다. 사례관리는 이 둘 간의 균형성을 유지해야 한다.

4) 포괄적 서비스의 연속적 제공

서비스 제공과정에서 서비스의 연속성을 보장하는 데 목적이 있다. 서비스의 연속성이란 서비스 제공자나 제공기관이 대상자의 욕구를 충족시키기 위해 서비스의 중복이나 간격을 최소화하면서 지속적으로 서비스를 제공하려는 노력이다(Barker, 1997).

3. 사례관리의 가치와 윤리

사례관리의 가치와 윤리는 사회복지사의 가치와 윤리에 기반한다. 한국사례관리학회(2020)에서도 "사례관리는 사회복지실천의 고유한 지식과 기술, 가치에 기반한 서비스 제공방법으로, 사회복지실천의 대부분의 가치와 윤리는 사례관리에서도 그대로 준용된다."라고 규정하고 있다.

사례관리자는 제한된 자원으로 복합적이고 장기적인 서비스 욕구를 가진 대상자와 함께 일하는 과정에서 다양한 의사결정의 딜레마, 혼란 및 가치갈등을 겪을 수 있다. 이에 사례관리자는 분명한 전문적 가치와 윤리를 인식하고 이를 업무수행의 기준으로 삼는 노력이 반드시 필요하다. 또한 사례관리자는 사회적 소외계층이나 약자를 위해 그들을 옹호하는 대변자로서의 역할도 수행하게 되는데, 이때 사회의 주류세력이나 기득권층 중심의 가치와 갈등관계에 놓일 수도 있다. 이러한 상황에서 대상자를 옹호하고 대상자의 최선의 이익을 위해 지원하는 사례관리자의 윤리의식은 더욱 중요할 수밖에 없다.

1) 사례관리의 가치

가치는 좋은 것이나 바람직한 것에 대한 기준으로 사례관리자가 주요 의사결정을 할 때 방향을 인도하는 규칙이자 규범으로 작용한다. 가치는 대상자를 위해 좋은 것과 바람직한 것에 대한 중요한 가정이다.

일반적으로 가치(value)는 valere라는 라틴어에 근원을 두고 있는데, '가치란 강하고 우선적으로 존중받아야 할 만큼 훌륭한 것이다.'라는 뜻을 내포하고 있다. 실제로 특정 전문직이 어떤 가치를 지향하는가에 따라 실무이론이 형성되고 정책방향이 정해지며 구체적인 실천방법론이 결정될 만큼 가치가 실천학문에 미치는 영향은 크다. 이처럼 가치라는 것은 그 전문직이 수행해야 할 실천 지식 형성에 근간을 제공하고, 왜 그 전문직이 존재해야 하며 그 직종의 전문가들이 어떻게 행동하는가에 대한 근간을 제공해 주는 매우 중요한 기초이다(유동철, 박재홍, 2015). 이에 사례관리자의 가치는 그의 역할수행에 있어서 준거지침으로 작용하여 서비스의 내용과 질에 현저한 영향을 미칠 것이다. 실천현장에서 많은 사례관리자가 지속적으로 직업동기를 유지하지 못하거나 다른 직종으로 이직을 하는 이유 중 하나로 가치 혼란이나 상실을 고려할 수 있다.

사례관리 가치의 기반이 되는 사회복지의 가치를 살펴보면, 학자들마다 다소 의견 차이는 있지만 대부분의 학자들이 공통적으로 '인간의 존엄성과 분배적 사회정의'를 사회복지의 핵심적인 가치로 제시하는 데 동의한다. 미국 사회복지사협회에서는 사회복지실천의 전문적 가치로 "개인의 가치와 존엄성,

개인에 대한 존경, 개인의 변화가능성에 대한 가치, 클라이언트의 자기결정권, 비밀보장과 사생활보장, 적절한 자원과 서비스제공, 클라이언트에게 권한 부여, 동등한 기회보장, 비차별성, 다양성의 존중" 등을 제시하였다(NASW, 1995).

2) 사례관리의 윤리

윤리와 가치는 둘 다 대상자의 최선의 이익을 실현하기 위해 대상자에게 바람직한 기준을 토대로 삼는 점에서는 유사할 수 있으나, 윤리는 가치와 분명히 구분되는 개념이다. 가치가 신념이며 선택인 것으로 인간을 위해 좋은 것과 바람직한 것에 대한 가정이라면, 윤리는 옳고 그름에 대한 실천 지침이다. 상대적으로 가치는 사실도 아니고 과학적 근거도 없는 인간의 믿음 차원의 개념인데 반해서, 윤리란 실질적인 결정을 내릴 때 필수적인 판단 기준으로 옳고 그른 행동에 대한 분명한 사회적 태도를 가리킨다. 이처럼 가치란 하나의 가정적 개념이어서 인간의 내면 차원에서 그칠 수 있지만, 윤리는 행동으로 나타나는 것으로 윤리적 판단에 따른 행동수행을 할 때 규범적 기준이 필요하게 된다. 따라서 윤리란 인간의 행동을 통제하거나 규제하는 기준이나 원칙까지 포함하는 개념으로 일반적으로 타인에 대한 책임감에서 우러나오는 인간에 대한 기대를 말한다(문인숙 외 공역, 1985: 117; 양옥경 외, 2018에서 재인용).

사회복지실천에서 윤리가 본격적으로 논의되기 시작한 것은 1970년대부터이다. 그 이전에는 가치가 윤리의 자리를 대신하였으며 실천윤리를 논해야 할 만큼 실천의 대상, 과정, 결과 등이 복잡하지 않았다. 그러나 사람에 대한 존엄성의 가치가 행동에서 지켜질 수 있는 좀 더 강력한 원칙과 기준이 절실해지면서 윤리의 필요성이 제기되었고, 한국사회복지사협회에서 사회복지사 윤리강령을 제시하였다(양옥경, 2018)

다음에서 한국사회복지사협회에서 채택한 사회복지사 윤리강령을 일부 살펴보고자 한다. '강령'의 사전적 의미를 살펴보면 '일의 근본이 되는 큰 줄거리' 라는 뜻으로, 일을 시작할 때는 우선 강령을 세우고 그에 따라 세부 지침을 정해 간다. 이에 사례관리자가 윤리강령을 숙지하고 이에 근거하여 사례관리의 구체적인 실천 지침들을 세워 가야 함을 알 수 있다. 사회복지 윤리강령에는 평등, 인간의 존엄성, 자유권, 생존권, 사회정의, 민주주의, 자기결정권 등 매우 포괄적인 개념이 포함되어 있다.

"사회복지사는 인본주의, 평등주의 사상에 기초하여 모든 인간의 존엄성과 가치를 존중하고 천부의 자유권과 생존권의 보장활동에 헌신한다. 특히 사회적·경제적 약자들의 편에 서서 사회정의와 평등 자유와 민주주의 가치를 실현하는 데 앞장선다. 또한 도움을 필요로 하는 사람들의 사회적 지위와 기능을 향상시키기 위해 저들과 함께 일하며 사회제도 개선과 관련된 제반 활동에 주도적으로 참여한다. 사회복지사는 개인의 주체성과 자기결정권을 보장하는 데 최선을 다하고, 어떠한 여건에서도 개인이 부당하게 희생되는 일이 없도록 한다(사회복지사 윤리강령 전문 중 앞부분)."

한편, 한국사례관리학회에서는 미국사회복지사협회(NASW)에서 제시하는 사회복지사의 핵심 가치와 윤리적 실천원칙을 기준으로 사례관리자의 가치와 윤리에 대해 <표 1-2>와 같이 소개하고 있다(한국사례관리학회, 2020: 27).

사례관리자는 역할수행 과정에서 윤리적 책임을 이행해야 한다. 그런데 때로 사례관리자가 의식적이든 혹은 무의식적이든 개인 가치관의 영향으로 윤리적으로 위배되는 생각이나 행동을 하는 경우가 있을 수 있다. 개인의 가치관은 그의 성장 및 문화적 배경, 개인적 생활경험, 소속된 조직이나 단체의 요구 등 개인의 삶 속에서 경험하거나 발생한 여러 현상과 경험들을 통합시켜 형성된 것이기 때문에(이효선, 2020) 자동적으로 직업을 수행할 때에도 반영될 수 있기 때문이다. 이에 사례관리자는 항상 전문적 윤리에 위배되거나 부적합한 개인의 가치관이나 기준이 있는가를 성찰해야 하고 윤리적 실천원칙

표 1-2 NASW에서 제시하는 사회복지사의 핵심 가치와 윤리적 실천원칙

핵심 가치	윤리적 실천원칙
서비스	사회복지사의 목적은 경제적으로 취약한 사람들을 돕고 사회문제에 개입하는 것
사회정의	사회복지사는 사회적으로 부당한 것에 도전
인간의 존엄성과 가치	사회복지사는 개인의 천부적 존엄성과 가치를 존중해야 함
인간관계의 중요성	사회복지사는 사람들 간 관계의 중요성을 깊이 인식해야 함
고결성	사회복지사는 신뢰받을 수 있게 행동해야 함
역량	사회복지사는 역량을 갖추어 역할을 수행하면서 자신의 전문성을 개발하고 향상시키기 위해 지속적으로 노력해야 함

출처: 한국사례관리학회(2020).

을 인식하고 지켜야 한다.

3) 사례관리에서의 윤리적 쟁점

사례관리자가 사례관리 현장에서 경험하게 되는 다양한 윤리적 갈등상황이 있다. 실천현장에서 발생하는 주요한 쟁점들을 중심으로 제시하면 다음과 같다.

(1) 비밀보장

사례관리자가 서비스를 제공하는 과정에서 대상자와 다양한 정보를 주고받게 되는데, 대상자는 자신의 개인적인 정보나 문제뿐 아니라 관련된 여러 사실을 공개하게 된다.

이때 사례관리자는 대상자의 동의 없이 정보를 유출하면 안 되는 비밀보장의 의무를 준수해야 한다. 이러한 정보에는 대상자의 신분과 신상에 관한 일, 대상자에 대한 전문적 견해, 기록에서 얻어진 자료 등이 포함된다. 그러나 예외적으로 폭력의 위험, 범죄의 위탁, 아동학대, 가정폭력 등과 같은 범법행위와 관련되어 있을 때는 대상자가 제공한 정보와 대화 내용을 법원에 공개해야 하는 비밀보장의 한계를 갖는다.

(2) 대상자의 자기결정권

대상자가 자신에게 적합한 서비스의 유형이나 제공방식을 스스로 결정할 수 있거나 자신의 문제해결을 위한 최선의 의사결정을 할 수 있는 자기결정권은 존중받아야 한다. 원칙적으로는 사례관리자는 자신의 생각이나 판단이 더 옳다고 생각하여 대상자에게 강요할 수 없다. 그러나 자기결정권의 존중에 한계가 있는 상황이 있다. 예를 들면, 대상자가 자해나 타해의 문제를 가질 경우, 사회적으로 큰 위험이나 불이익을 발생시키는 경우, 대상자의 연령이 너무 낮아서 판단능력이 부족한 경우에는 자기결정권의 제한이 발생할 수 있다.

(3) 한정된 자원과 분배의 공정성

사례관리자는 제한된 자원으로 다수의 대상자와 함께 일하는 과정에서 형평성을 준수하며 공정한 분배를 실현하기가 매우 어렵다. 사례관리의 대상이 되는 대상자의 특성상 이들의 욕구 자체가 복합적이고 장기적인 서비스가 필요한 경우가 많은데, 사례관리자가 사용할 수 있는 공적 자원은 매우 제한적이다. 경우에 따라 대상자의 사례관리 서비스 이용이 장기화되면서, 사례관리자에 대한 대상자의 의존성이 현저하게 증가하거나 물적 지원에 대한 기대가 지나치게 높아지는 갈등상황이 발생할 수 있다. 이때 사례관리자가 공정한 분배의 기준을 준수하는 것이 필요하다.

(4) 대상자의 욕구 충족과 기관정책의 충돌

사례관리자는 원칙적으로 고용되어 있는 기관의 규정과 정책을 따라야 하는데, 대상자의 최선의 이익을 위한 결정이 기관의 규정과 충돌할 때 사례관리자는 갈등을 경험한다. 사례관리자는 업무수행 과정에서 많은 사람과 관계를 형성하고 그에 따라 사례관리자에게 다양한 역할이 기대된다. 서비스를 제공하는 대상자와 가족, 그들을 둘러싼 다양한 체계들, 직장 내 동료, 상사, 유관 전문가 등 다양한 사람들과 관계를 맺으면서 서로 상충되는 기대와 요구를 받게 되어 갈등을 겪기도 한다.

(5) 전문적 관계 유지

전문적 관계는 사례관리자와 대상자 간에 상호 합의하에 목적을 달성하기 위해 맺은 계약적 관계로 대상자가 당면한 어려움을 해결하거나 그의 사회적 기능을 향상시키기 위해 형성되는 관계이다. 여기서 인정되고 합의된 목적이란 대상자가 원하고 성취하기를 원하는 것에 대해 대상자와 사례관리자 모두 분명히 알고 서로 어떻게 관여하고 역할을 수행할지에 대해 이해하는 것이다. 사실상 전문적 관계는 대상자를 위한 것이다.

일반적으로 사례관리자는 전문적인 도움을 주기 위해 친절하고 지지적이고 수용적인 관계를 형성하는데, 이에 대해 대상자는 사례관리자에게 지나친 도움을 요청하거나 자기 뜻대로 사례관리자와의 관계를 좌지우지하려는 기대를 가질 수 있다. 그러나 전문적 관계는 권위를 수반한다. 이에 사례관리자는 전문적인 지식과 기술에서 비롯되는 권위를 가지고 대상자에게 바람직한 영향을 미칠 수 있어야 한다.

4. 사례관리의 발달과정

1) 사례관리의 등장배경

기존의 사회복지서비스 체계 내에서 사례관리가 왜, 어떻게 등장하게 되었는가를 파악하기 위해서는 당시의 시대적·상황적 정황들에 대한 이해가 선행되어야 한다. 사례관리와 같은 통합적이고 지속적인 서비스의 필요성은 1950~1960년대에 진행된 탈시설화의 영향으로 강하게 제기되었다. 탈시설화 정책으로 병원 및 의료시설에서 거주하였던 정신장애인들이 지역사회에서 거주하게 되면서 이들이 살아가는 데 필요한 서비스들을 제공하기 위한 목적으로 사례관리 차원의 개입이 수행되었다. 현대적 의미의 사례관리는 1970년대에 들어오면서 시작되었다. 1976년 미국사회사업가협회에서는 사회복지실천의 관심을 치료(cure)에서 보호(care)로 이동해야 한다는 관점을 제기하였고, 전인적인 보호를 위해 사례관리가 대상자 보호를 위한 유용한 실천방법이 될 수 있음을 제안하였다. 그 밖에도 지역정신보건, 가족, 아동복지, 노인복지 영역에서도 사례관리의 필요성이 제기되었다(엄명용, 김성천, 오혜경, 2006). 미국에서는 1980년대에 들어서면서 사례관리가 전통적인 사회복지방법론이었던 개별사회사업보다 좀 더 진보된 방법론으로 인식되었다(양옥경, 김정진, 서미경, 김미옥, 김소희, 2005). 사례관리의 등장배경은 다음과 같다.

(1) 탈시설화의 영향

이전의 대규모 병원이나 수용시설 내 거주는 시설수용자들에게 개인의 자유와 자율성을 보장받지 못하게 하고 가족과 지역사회와 격리시켜서 지역사회 환경과의 상호작용이 중단되게 하였다(권진숙, 박지영, 2009). 이와 같은 시설화의 문제를 극복하고자 탈시설화 운동이 시작되어 정신장애인들이 지역사회에 거주하며 지역사회보호와 관리를 받게 되었으나, 서비스에 접근하거나 효과적인 이용이 어려웠다. 이에 지역사회에 부재하거나 분산되어 있는 서비스를 통합적으로 제공하기 위해 사례관리의 필요성이 제기되었다.

(2) 복잡하고 분산된, 단절적인 서비스 체계

탈시설화 이후 지역사회 정신보건운동 초기에는 서비스 전달체계가 주로 공공부문에 의해 주도되었으나 시간이 흐름에 따라 점차 민간부문으로 옮겨졌다. 이 과정에서 서비스의 중복, 단절성, 비효율성 등의 문제가 나타났고 지역사회 내 분산된 서비스 체계를 통합하고 연계해야 할 필요성이 제기되었다.

(3) 복합적인 욕구를 가진 대상자의 증가

복합적인 문제를 가진 사람들이 지역사회에서 살게 되면서 그들의 욕구 충족의 문제가 더욱 가시화되고 사회문제화되었다. 탈시설화 이후 필요한 서비스에 연결되지 못하는 문제가 발생하면서 결과적으로 증상이 악화되거나 범죄와 연루되며 노숙인이 발생하는 등의 다른 문제가 야기되었다. 나아가 지역사회 내 정신질환, 사고로 인한 신체장애, 심각한 의료적 문제를 가진 경우 등의 복합적 욕구를 가진 대상자가 증가하였다.

(4) 과도한 가족의 부담과 책임

지역사회 내의 적절한 자원이 부재하면서 대상자는 방황하게 되고 문제가 악화되어 그들의 가족들이 전적 혹은 많은 부분의 부양 부담과 책임을 감당하게 되었다. 이에 이들을 지원할 수 있는 공식적·비공식적 자원의 연계가 절실히 요구되었다.

(5) 서비스 비용절감의 필요성 제기

사례관리를 통해 제공되는 서비스는 대상자의 욕구 충족과 문제해결에 분명 효과적이어야 하지만, 동시에 제한된 자원으로 서비스 목적을 달성해야 하는 비용 효과성도 중시한다. 자원이 한정된 상황에서 서비스 비용을 억제하고 전달의 효과를 최대화하려는 노력은 항상 중대한 관심사이다.

(6) 사회적 지지와 사회적 지원망의 중요성에 대한 인식 증가

사회적 지지가 대상자의 지역사회 생활의 적응력을 높이고 삶의 질을 향상시키는 데 중요한 역할을 할 수 있다는 비공식적인 자원에 대한 인식이 높아졌다. 대상자는 가족, 친척, 친구, 이웃들로부터 감정적 지지, 경제적 지원, 유용한 조언과 안내 등 중요한 지지를 받는다. 이에 사례관리에서는 공공의 공식적이고 전문적인 서비스와 비공식적인 자원체계를 조정하는 사례관리의 통합성을 강조하게 되었다.

2) 사례관리 발달과정

(1) 서구의 사례관리 발달과정

미국을 중심으로 사례관리가 전문용어로 등장한 것은 1970년대 중반부터이지만, 서구의 복지, 보건 및 사회서비스 분야에서 폭발적으로 사례관리가 언급되며 주목을 끌었던 것은 1980년대부터이다. 1990년대부터 사례관리가 사회복지 실천분야에 급속하게 전파되었고, 그 후 가장 중요한 서비스 전달체계로 인정되었다. 이 장에서는 1980년대를 기준으로 하여 그 이전을 사례관리 발전기로, 이후를 사례관리 확립기로 구분하여 제시하였다.

① 사례관리 발전기

복합적인 서비스의 필요성은 미국의 재향군인들을 위한 재활서비스에서 제기되었다. 제2차 세계대전(1939~1945년)에 참전했던 재향군인을 위해 로스앤젤레스(Los Angeles)에서는 한곳에서 필요한 서비스를 복합적으로 제공하는 원스톱(one-stop) 형태의 서비스의 필요성이 요구되었고 이에 대한 서비스들이 개발되기 시작하였다. 그러나 무엇보다 1950년대 항정신성 약물의 개발과 1960년대 정신보건 분야에서의 탈시설화 운동은 사례관리 성장에 가장 큰 기여 요인이었다. 1950년대 중반 항정신성 약물의 개발 이후 정신질환

자 관리에 대한 전반적인 정책과 서비스의 흐름이 바뀌었다. 항정신성 약물의 발달로 정신장애인들의 정신병적 증상이 호전되면서 정신장애인들이 지역사회에서 살면서 필요한 서비스를 제공받는 탈시설화 운동이 시작되었다.

1960년대에 탈시설화로 인해 지역사회로 복귀한 정신장애인들은 주거, 수입, 직장, 정서적 지원 등의 필요한 지원을 받지 못했고, 지역사회는 퇴원한 정신장애인들의 질병을 관리하고 사회적응을 돕는 데 실패하였다. 당시 자원의 부재 및 서비스의 단절성, 네트워크의 부재 등이 이후 사례관리를 부상시킨 원인으로 지적되었다(양옥경, 1995).

1970년대 미국의 상황은 탈시설화 이후 1960년대에 효율적이지 않고 산발적으로 시행되어 온 지역사회 서비스들을 평가하고 조율해야 할 시점을 맞이하게 되었다. 이때 서비스의 조정을 시도하고 지역사회보호를 제공하기 위한 사례관리의 필요성이 더 구체화되었다.

점차 정신장애인 외에도 노인 및 장애인과 같은 장기보호가 필요한 인구층이 증가하였고 이에 따른 예산조정 및 비용절감의 문제들이 발생하기 시작하였다. 점차 사례관리는 미국 국립정신보건연구소(NIMH)의 지역사회지지프로그램(Community Support Programs: CSP)의 핵심이 되었다. 1975년 제정된 「발달장애법(Developmental Disability Act)」에 의해 발달장애 분야에서 사례관리는 의무적으로 시행되고 있다. 또한 1981년 제정된 「포괄예산조정법(Omnibus Budget Reconciliation Act)」은 지역사회 중심의 장기보호서비스를 마련했고, 노인이나 장애인들이 그들이 살아온 지역사회와 가정에서 서비스를 이용할 수 있게 되었다(Kane, 1993). 이후 사례관리는 정신건강, 발달장애, 노인, 이주민, 아동 등 대상의 휴먼서비스 영역에서 널리 보급되었고, 후천성면역결핍증의 문제를 가진 사람들을 위한 지원서비스 및 장기간 보호도 제공되었다.

② 사례관리 확립기

1980년대에는 여러 사례관리 모형들이 개발되고 사례관리의 방향성이 확립되었다. 1980년대 초반 이후 사례관리 모형들이 급격히 늘어나고 극적으로 성장하였다. 이때의 방향성들은 장기간 보호의 지속성, 다양한 인간의 욕구 충족, 서비스의 접근가능성 향상, 서비스 내용 및 방법의 적합성 등이었다(권진숙 역, 2004).

1980년대는 사회복지 전문직이 사례관리 서비스를 핵심적 서비스 전달체계로 수용했다는 데 의미가 큰 시기이다. NASW는 1984년에 '기능손상자를 위한 사회복지실천 사례관리의 기준과 지침'을 마련하였고, 이를 기반으로 정신장애, 신체장애, 발달장애, 아동, 노인 등 다양한 사회복지 실천분야에서 사례관리 서비스를 실시하였다.

1980년대 이후 사례관리는 급속도로 확대되었는데, 이때 탈시설화 운동, 실업률의 증가, 빈곤의 확장 등으로 인해 복잡하고 다양한 문제를 가진 대상자들이 생겨났다. 이들은 주로 노숙인, 에이즈 환자, 장기보호를 필요로 하는 노인들이었다(Rose & Moore, 1995). 이들의 욕구는 매우 복합적인 욕구로 저소득, 주택, 의료보호, 직업훈련과 취업, 적합한 사회적 지지 등 한 기관에서 하나의 서비스 체계에 의해 실현될 수 있는 욕구가 아니었다.

1990년대에 건강보호 비용이 국민총생산(GNP)의 14%까지 증가하자 미국 정부에서는 이를 통제할 방법으로 관리의료(managed care)를 건강보호 전달체계에 수립하였고, 사례관리가 관리의료체계의 핵심적 방법론으로 채택되었다(Powell & Tahan, 2000).

1990년대와 2000년대 사례관리 개념에서는 사례관리자의 두 가지 역할을 통해 사례관리 기능이 확장되고 있음을 제시하였다(Woodside & McClam, 2003). 서비스에 대한 직접적 제공자 역할과 서비스를 연결해 주고 모니터링하는 역할이다. 이때 직접적 서비스 제공자의 역할이 강조되면서 이를 '임상사례관리(clinical case management)'로 명명하기도 하였다. 1990년대 이후 사회적 지지체계와 지지 네트워크(social support system and support network)에 대한 인식이 확산되면서, 사례관리자는 대상자가 갖는 두 가지 체계, 즉 공식적 체계(formal system)와 비공식적 체계(informal system)를 연결·조정하는 역할을 수행하였다.

최근 사례관리 실천에서 더욱 중시되는 관점은 강점관점과 대상자에 대한 권한부여이다(Woodside & McClam, 2003).

(2) 한국의 사례관리 발달과정

① 사례관리 발전기

서구의 사례관리 전달체계를 한국의 사회복지에 도입하고 한국 실정에 맞게 토착화시키는 데 있어서, 지역사회 단위의 종합사회복지관 및 여러 민간복지기관이 많은 기여를 하였다. 사회복지에서의 사례관리가 첫발을 내딛은 시기는 1992년『사회복지신문』에 사례관리가 처음 소개된 때로 볼 수 있다(이근홍, 2014). 사회복지에서 사례관리가 본격적으로 학계나 실천현장에서 소개되고 적용되기 시작한 시기는 1990년대 초반부터이며, 그 후 재가복지와 지역사회복지 중심의 서비스가 강조되면서 대상자에게 복합적인 서비스를 개별적으로 제공하는 사례관리의 필요성이 대두되었다. 국내 사례관리실천은 비교적 단기간 동안 빠르게 확산되어 노인, 장애인, 아동, 청소년 등 다양한 사회복지 실천분야로 확대되고 적용되어 왔다. 특히 지역사회복지관은 사례관리를 적극적으로 도입하고 대상자의 욕구를 충족시키기 위해 다양한 서비스를 연결하여 사례관리의 초기 모형을 형성하였다.

사회복지의 각 실천분야에서 사례관리가 적용된 근거들을 살펴보면, 비교적 일찍이 사례관리가 도입된 분야는 노인복지 영역이다. 우리나라 사례관리 실천의 초기형태는 재가복지사업이었는데, 한국노인복지회가 1987년 가정봉사원 파견 사업을 도입하였고, 1993년「노인복지법」개정 시 재가복지가 처음으로 사회복지사업의 한 분야로 규정됨으로써 사회복지관, 노인복지관, 장애인복지관에서 진행되는 재가복지사업의 주요 실천방법으로 사례관리가 시작되었다(장인협, 우국희, 2001).

정신장애인 영역에서는 1995년 12월, 한국의 「정신건강복지법」 제정 이후, 정신질환자의 입원이 최소화되고 지역사회 중심의 치료가 우선되는 것을 법령으로 보장하면서 정신장애인들의 단기입원과 지역사회 거주가 시작되었다. 이에 정신장애인들의 사회복귀 및 지역사회적응을 높일 수 있도록 개입하는 데 있어서 사례관리가 정신질환자를 대상으로 하는 지역사회 정신보건사업의 필수사업으로 적용되었다.

또한 1999년 개정 「장애인복지법」, 2000년 개정 「아동복지법」 등 개정 사회복지 관련 법에서는 탈시설화와 더불어 지역사회보호를 강조하며 사회복지시설의 다양화 및 전문화 방향을 강조하여 사례관리 실천의 기반을 마련하였다(김성경, 2017). 아동복지 분야에서 지역아동센터는 2005년 1월 1일부로 「아동복지법」 개정에 따라 아동복지시설이 된 사회복지시설로서 빈곤아동을 지원하기 위한 통합적 접근방법으로 사례관리를 적용하였다. 사례관리사업은 지역아동센터사업뿐만 아니라 아동보호사업, 가정위탁사업 등 아동복지 전반에 적용되고 있다. 지역아동센터의 경우 소득, 차상위 가정 아동 등 빈곤 가정 아동을 중심으로 사업을 수행하고 있다.

특히 2000년대에는 사례관리가 서울시의 사회복지관 및 사회복귀시설을 중심으로, 전반적인 사회복지 실천영역에 확대되었다. 2003년 서울시 사회복지관을 중심으로 사례관리수행이 주요 평가항목으로 채택되면서 사례관리가 수행되기 시작하였다. 2006년에 실시된 사회복지관 평가 영역 중 '가족기능강화사업'과 '지역사회보호사업'을 평가하는 영역에서 '사례관리체계의 우수성'이라는 지표가 포함되었다(서울시복지재단, 2006). 그 이후 사회복지실천에 있어서 사례관리의 중요성은 더욱 부각되어, 현재 사회복지관의 주요 3대 기능에 사례관리가 포함되어 있다. 사례관리 기능에는 사례발굴, 사례개입, 서비스 연계 등이 명시되어 있다(보건복지부, 2015).

이상과 같이, 1990년대 초반에 사회복지의 방향이 지역사회복지 중심으로 전환되고 재가서비스의 확장이 이루어지던 시기(정순둘, 2005)에 주로 지역단위 종합사회복지관을 중심으로 수행되었던 사례관리가 현재는 노인, 장애인 복지영역뿐만 아니라 지역아동센터, 의료복지, 여성복지 그리고 건강가정, 다문화가족지원센터와 같은 가족관련 시설에서도 필수사업으로 자리 잡고 있다.

② 사례관리 확산기

사례관리가 사회복지의 주요한 전달 체계이자 효과적인 방법으로 인식되면서 공공의 다양한 영역에서도 사례관리가 확산되었다. 2000년대 정부는 취업성공패키지사업, 맞춤형 방문건강관리사업, 자활사례관리사업, 드림스타트사업, 취약 한부모 가족 역량강화사업 등 복합적인 욕구를 갖는 대상자에 대하여 보다 통합적이고 지속적인 서비스를 제공하는 사례관리를 적용하였다(김성경, 2017).

이후 공공부문에서의 가장 큰 변화는 2006년 주민생활 지원기능의 전달체계 개편과정에서 전국 3,000여 개에 이르는 읍·면·동에서 동일한 매뉴얼로 사례관리를 수행하기 시작하여, 현재는 시·군·구의 희망복지지원단에서 민간과 공공 인력을 확대 배치하여 사례관리를 수행하고 있다는 것이다(민소영, 2015). 2006년 7월부터 주민생활지원 관련 업무를 중심으로 주민생활지원 서비스를 제공하는 전담부서를 설치하였다(우국희, 2016).

특별히 2008년 사회복지를 기반으로 한 학자와 실무자가 중심이 되어 결성한 한국사례관리학회는 다양한 사례관리에 관한 학문적 접근을 통합하고 실천방법을 보다 전문화하고자 학술연구뿐만 아니라 사례관리자의 교육 및 훈련 활동에도 기여하고자 하였다(한국사례관리학회, 2012). 또한 2008년 11월에 시작된 경기도의 '무한돌봄사업'은 주 소득자가 사망·가출하거나 가구 구성원이 중한 질병 등으로 실제 위기에 처한 가정이 위기를 극복할 때까지 돕는 사례관리 서비스이다. 2010년부터 무한돌봄센터를 16개 시 · 군에 설치해 운영하고, 권역별로 민간복지기관에 네트워크센터를 설치하여 사례관리를 시행하였다.

2010년 '행복e음'이라는 사회보장 정보시스템이 운영되어 급여대상자의 수급관련 정보를 전자화함으로써 서비스 대상자를 체계적으로 관리하고자 하였다. 이러한 IT 기술의 활용은 서비스의 중복 및 누락 방지, 서비스 전달체계의 투명성, 효율성을 증가시켰으나, 전산 입력화를 통해 실적 위주의 사례관리 서비스를 낳게 되었다는 비판의 시각도 있다.

2012년에는 시 · 군 · 구에 '희망복지지원단'을 설치하고 복합적인 욕구를 가진 주민들을 대상으로 보건, 복지, 고용 등 지역 내 다양한 서비스 제공기관과 연계 및 협력을 통해 통합사례관리 서비스를 시행하였다(보건복지부, 2015). 또한 같은 해인 2012년에 개정된 「사회복지사업법 시행령」과 사회복지관 평가지표에 따르면 사례관리 기능을 강화하고 사회복지관 내 사례관리 팀을 편제하도록 했다(김영례, 2015; 보건복지부, 2015). 팀 편제 이후부터는 다른 업무와 중복할 수 없는 고유한 전문적 영역으로 구분되어 사례관리가 더욱 전문적이고 차별적인 영역으로 발전하였다(김영례, 2015; 하경희, 김진숙, 정선욱, 2014).

2013년도에는 국민중심의 맞춤형 복지전달체계 개편방안과 동주민센터 복지기능보강 지침을 마련하였다. 전국 15개소의 읍 · 면 · 동에서 '읍 · 면 · 동 복지허브화' 시범사업을 하였다(사회보장정보원, 2017). 일각에서는 사례관리가 공공 사례관리라는 이름으로 실천방법을 넘어서서 하나의 전달체계를 형성하면서, 현장에서는 공공과 민간 간 관계, 평가와 실적을 두고 또 다른 갈등과 잡음이 나타나고 있으며, 관리받는 대상, 클라이언트에 대한 개인정보 공개 등 인권침해적 요소도 발생한다는 쟁점도 제기되고 있다(김용득, 2015). 2016년부터는 읍 · 면 · 동을 기본형과 권역형(중심 읍 · 면 · 동)으로 구분하여, 초기상담 후 난이도가 높지 않고 위기수준이 비교적 낮은 사례는 기본형 읍·면·동에서 담당하는 반면, 위기수준이 높은 고난이도의 사례는 권역형이나 시·군·구의 희망복지지원단에서 접수하여 사례관리를 진행하도록 하였다. 2017년 이후부터는 점진적으로 읍·면·동 3,502개소에서 사례관리 서비스를 제공하는 것으로 제시되고 있다(사회보장정보원, 2017).

생 | 각 | 해 | 보 | 기

1. 사례관리의 주요 정의 및 목적에 대해 설명해 보자
2. 사례관리자가 갖추어야 할 전문적 가치와 윤리는 무엇인가?
3. 사례관리 현장에서 사례관리자가 경험하는 윤리적 쟁점은 무엇인가?
4. 한국의 사례관리 발달과정에 대해 설명해 보자.

참 | 고 | 문 | 헌

권진숙 역(2004). 사례관리: 개념과 기술(Case Management). Frankel, J. 외 공저. 서울: 학지사.

권진숙, 박지영(2009). 사례관리의 이론과 실제. 서울: 학지사.

김동배, 권중돈(2001). 인간행동과 사회복지 실천이론. 서울: 학지사.

김성경(2017). 사회복지 사례관리론. 경기: 공동체.

김영례(2015). 사례관리팀 편제 이후 사회복지사의 사례관리 실천경험에 관한 연구. 한국사회복지행정학, 17(3), 343-374.

김용득(2015). 지역사회 사례관리체계에서 공공과 민간의 역할, 이대로 괜찮은가. 경직된 실천과 파편적 제도. 한국사회복지행정학, 17(1), 241-266.

민소영(2015). 한국의 사례관리 전개 과정과 쟁점 고찰. 한국사회복지행정학, 27(1),

35-51.

배민진(1995). 만성정신질환자를 위한 사례관리(Case management)연구. 이화여자대학교 사회복지대학원 석사학위논문.

보건복지부(2015). 사회복지관 운영관련 업무처리 안내. 서울: Jinhan M&B.

사회보장정보원(2017). 읍 · 면 · 동 복지허브화 맞춤형 컨설팅 강사 워크숍.

서울시복지재단(2006). 서울시 사회복지관 평가지표 개발.

양옥경(1995). 정신장애인 가족에 관한 연구-가족의 보호부담, 대체기제, 서비스 욕구를 중심으로. 신경정신의학, 34, 809-829.

양옥경, 김정진, 서미경, 김미옥, 김소희(2018). 사회복지실천론. 경기: 나남출판사.

엄명용, 김성천, 오혜경(2006). 사회복지실천의 이해. 서울: 학지사.

엄명용, 김성천, 오혜경, 윤혜미(2007). 사회복지실천의 이해. 서울: 학지사.

엄명용, 김성천, 윤혜미(2020). 사회복지실천의 이해. 서울: 학지사

연세사회복지실천연구회 역(2004). 사회복지실천이론 이해와 적용: 프란시스 터너 편. 서울: 나남출판사.

오혜경(2004). 사회복지실천의 가치와 윤리에 관한 연구. 사회복지리뷰, 9, 115-143.

우국희(2016). 사례관리론. 경기: 공동체.

유동철, 박재홍(2015). 사회복지윤리와 철학 교과목에서 가치의 재설정-규범윤리학에서 메타윤리학으로의 전환제고. 한국사회복지교육, 32, 1-22.

이근홍(2008). 케어매니지먼트. 경기: 공동체.

이근홍(2014). 사례관리. 경기: 양서원.

이윤수(2018). 4차 산업혁명의 과학기술을 적용하는 사회복지실천에서의 윤리와 가치. 한국사회복지학회 학술대회자료집, 850-873.

이효선(2002). 사회복지 기본가치와 보편적 윤리의 관계성에 관한 연구: 칸트를 넘어 하버마스까지. 한국사회복지, 6(1), 47-61.

장인협, 우국희(2001). 케어메니지먼트 실천론. 서울: 아시아미디어리서치.

정순둘(2005). 사례관리실천의 이해. 서울: 학지사.

하경희, 김진숙, 정선욱(2014). 사례관리팀 편제 이후 사회복지사의 사례관리 실천경험에 관한 연구. 한국사회복지행정학, 16(2), 241-270.

한국사례관리학회(2012). 사례관리론. 서울: 학지사.

한국사례관리학회(2020). 사례관리론. 서울: 학지사.

한국사례관리학회(2020). 사례관리론: 개념, 기술, 실천역량 이해. 서울: 학지사.

Barker. H. (1997). ***Arguments for a Theatre.*** Manchester: Manchester University Press.

Bronfenbrenner, U. (1979). ***The Ecology of human Development: Experiments by Nature and Design.*** Cambridge, MA: Harvard University Press.

Congress, E. P. (1999). ***Social work values and ethics.*** Chicago; Nelson-Hall.

Kane, R. A. (1993). Uses and abuses of confidentiality. In R. A. Kane & A. L. Caplan (Eds.), ***Ethical conflicts in the management of home care: The case managers's dilema***(pp. 147-157). New York: Springer.

Moore, S. T. (1992). Case Management and the Infegration of servce: how service delivery systems shape case management. ***social work, 37***(5), 418-423.

Moxley, D. P. (1989). ***The Practice of Case Management.*** Newbury Park, CA: Sage Publications, Inc.

NASW Conference. (1984). Color in a White Society, National Association of Social Workers.

National Association Social Workers (2013). ***NASW standards for social worker case management.*** Washington, DC: Author.

Powell, S. K., & Tahan, H. A. (2010). ***Case Management: A practical guide for education and practice*** (3rd ed.). Philadelphia, PA: wolters kluwer.

Rapp, C. A., & Camberlain, R. (1985). Case management services for the chronically mentally ill. ***Social Work, 30***(5), 417-422.

Rose, S., & Moore, J. (1995). Case Management. In R. Edewards (Ed.), ***Encyclopedia of Social Work*** (19th ed.). Washington, D.C.: NASW Press.

Rothman (1992). A model of: Toward emprically base practice. ***Social Work, 36*** (6). Silver Spring. MD: NASW.

Rubin, A. (1987). Case Management. ***Encyclopedia of Social Work, 18,*** 212-223.

Woodside, M., & McClam, T. (2003). ***Generalist Case Management: A Method of***

Human Service Delivery. Pacific Grove, CA.: Brooks/Cole.

경기도 무한돌봄센터 http://www.gg.go.kr/gg_care/gg_care-business-background

제2장

사례관리의 이론적 근거와 모형

1. 사례관리의 이론적 근거
2. 사례관리의 모형

들어가기

사례관리의 이론적 근거와 모형은 사례관리의 지향점을 명확히 하고 근거 중심의 실천을 할 수 있도록 돕는다. 첫째, 사례관리의 이론은 기존 사회복지 실천이론 및 관점과 그 맥을 같이한다는 점에서 익숙할 수 있으나, 이론적 근거에 의하여 사례관리가 이루어질 때 사례관리의 방향성과 역할에 대한 정체성을 수립해 나갈 수 있을 것이다. 이 장에서 다룬 사례관리의 이론적 근거는 생태체계적 관점, 강점관점, 가족사정과 개입이론, 네트워크 이론이다. 학습자들이 사례관리에 적용되는 이론들의 주요 개념을 이해하고 어떻게 이론에 근거하여 사례관리를 실행 · 유지할 수 있을지에 대한 생각의 폭을 넓힐 수 있도록 구성하였다.

둘째, 사례관리 모형은 사례관리의 구조와 특징을 보여 주기 위한 체계적인 설명을 말한다. 사례관리 모형은 사례관리자의 역할, 사례관리 대상자의 특성, 사례관리 서비스의 특성 및 수준, 사례관리 실행체계, 이론적 기반의 활용 정도 등에 따라 다양한 모형이 도출된다. 이 장에서는 대표적인 사례관리 모형들의 특성과 장단점을 살펴봄으로써 사례관리의 형태를 구성하는 요소들을 이해하고 상황에 따라 적합한 사례관리 모형에 대한 탐색을 할 수 있을 것이다.

1. 사례관리의 이론적 근거

1) 생태체계관점

(1) 생태체계관점의 개념

생태체계관점은 인간 발달과정에 체계론적 개념을 도입하여 인간 행동을 포괄적으로 설명하는 관점으로, 체계이론과 생태학이론이 결합된 것이다. 생태체계관점은 사회현상을 체계 간의 복합체로 이해하는 체계이론의 바탕 위에 체계 간의 상호 보완성과 항상성의 유지를 위해서 상호작용이 생긴다는 입장을 취하는 생태학이론이 도입되어 형성되었다(강상경, 2014). 생태체계관점의 기초가 되는 체계이론과 생태학이론의 특성을 간략히 살펴보면, 체계이론은 클라이언트의 행동과 기능수행에 영향을 미치는 생물학적 · 사회적 체계들의 상호작용에 초점을 맞추며, 체계의 모든 부분은 다른 부분에 의해 영향을 받는다는 원칙에 근거하여 클라이언트 체계의 변화를 돕는 개입지점과 유형이 있음을 강조하였다(Sheafor & Horejsi, 2008). 생태학이론은 인간과 환경 간 적응적 교류에 중점을 두고 생활에서 초래되는 스트레스들을 적절히 다루어야 한다는 시각을 제시하였다(Germain, 1995).

따라서 생태체계관점에서는 인간과 환경을 분리될 수 없는 총체적인 존재로 인식하고 상호의존적인 관계를 유지한다고 이해한다. 생태체계관점은 인간에 대한 이해뿐만 아니라 인간에게 영향을 미치는 가족, 집단, 조직, 지역사회, 사회제도, 문화와 같은 사회체계와 함께 이들을 둘러싸고 있는 물리적 환경과 자연환경, 이들 간의 상호작용에도 초점을 둔다(손병덕 외, 2017). 따라서 생태체계이론에서는 모든 인간 행동은 내적인 욕구와 환경적인 욕구 사이의 조화를 찾기 위한 적응과정으로 보고 있으므로 어떤 행동도 이상행동으로 규정하지 않으며(Grief, 1986), 복합적인 어려움을 겪는 대상자와 대상자의 환경 모두에 초점을 두고 이들의 상호작용 관계를 파악하므로(Germain & Gitterman, 1996), 사례관리 실천에 효과적으로 적용될 수 있다.

(2) 사례관리에서 생태체계관점의 적용

생태체계관점은 대상자와 대상자의 상황을 통합적인 시각으로 바라보고 다양한 체계 수준의 해결방안을 모색하는 데 유용한 도움을 제공한다. 사례관리에서 생태체계관점이 적용되는 원칙은 다음과 같다(권진숙, 박지영, 2008).

- 개인과 환경은 서로 분리할 수 없는 존재로 본다.
- 실천과정에서 사례관리자는 클라이언트와 동등한 파트너십을 형성한다.
- 사례관리자는 개인이 환경에 미치는 영향, 환경이 개인에 미치는 영향 모두를 고려해야 하며, 이러한 상호관련성은 문제에 대한 상정단계뿐 아니라 문제해결의 과정에서도 충분히 반영되어야 한다.
- 클라이언트의 생활환경과 더불어 생애주기에서의 특징을 사정한다.
- 클라이언트와 환경 간의 적합성을 증진시킬 수 있는 개입방법을 모색한다.
- 클라이언트와의 상호 긍정적인 관계 및 협력적 경험을 통해 그가 가진 개인적 유능성을 증진시킨다.
- 비공식적 · 공식적 지원은 사례관리자의 개입과 조화를 이루어야 하며, 이러한 지원체계는 실천과정에서 필수적인 요소로 본다.
- 클라이언트와 함께 해결방안을 모색하고 클라이언트의 역량강화에 초점을 둔다.

사례관리 현장에서 유용하게 활용될 수 있는 생태체계관점의 특성은 다음과 같다. 첫째, 생태체계관점은 어려움을 겪는 대상자와 대상자의 가족이 당면한 문제를 총제적으로 이해할 수 있는 관점을 제공한다. 어려움을 호소하는 대상자의 개인적 상황과 심리 역동에만 국한하지 않고, 클라이언트와 관련된 다양한 체계를 접촉하여 객관적이며 풍성한 정보를 통해 대상자의 상황을 폭넓게 파악할 수 있다. 예를 들어, 비행과 가출이 잦은 청소년을 만났을 때 대상자를 단순히 문제 청소년으로 바라보기보다는, 청소년을 둘러싼 가족과 친구, 교사 등을 만나 정보를 얻는다면, 현재 대상 청소년의 문제행동 이면의 상황을 파악하고, 가족과 학교라는 환경 속에서 힘든 시간을 버텨 온 인간으로 청소년을 이해할 수 있을 것이다.

둘째, 생태체계관점은 클라이언트 체계에 대한 차별화된 사정이 가능하다. '환경 속의 인간'이라는 사회복지 가치를 반영하여 클라이언트의 행동을 병리적인 것으로 간주하지 않는 변화수행 원칙을 기반으로, 생태도, 가계도, 사회적 관계망 등의 사정기법을 활용한다(Hartman, 1994). 이러한 사정과정은 클라이언트의 문제 및 상황에 대한 주의 깊은 사정을 상당히 강조하기 때문에 차별적 진단을 실시하게 하고 개입을 위한 유용한 준거틀을 제시한다(Siporin, 1985). 따라서 사례관리 대상자인 당사자와 환경을 직선적인 원인과 결과로 보고 상황을 탐색하는 것이 아니라 순환과정으로 대상자와 대상자 가족의 관계를 이해하고 욕구를 파악하여 대상자에게 적합한 서비스 계획을 세울 수 있는 기초가 될 것이다.

셋째, 생태체계관점은 다양한 체계들 간의 관계와 상호작용 영향에 주목하여 변화를 이끌어 낸다. 생태체계관점은 사회복지실천과 관련된 4체계(클라이언트 체계, 변화매체체계, 표적체계, 행동체계)를 분석하여 다양한 차원에서 체계에 개입할 수 있도록 돕는다. 특히 변화 가능한 주체로서 클라이언트 체계에 주목할 뿐만 아니라 클라이언트를 둘러싼 환경체계까지 주목하여 자원과 장애물을 탐색할 수 있다. 또한 클라이언트를 단순히 수혜대상자로만 간주하는 것이 아니라 자신을 둘러싼 환경을 변화시킬 수 있는 행동체계로서 바라보고 지원할 수 있다.

한편, 생태체계관점은 문제에 대한 총체적인 이해를 돕지만 구체적인 목표의 강조가 약한 편이다(Grief, 1986). 즉, 생태체계관점은 클라이언트에 대한 차별적 사정과 평가로 클라이언트에 대한 이해는 제공하지만, 구체적인 개입 방법과 전략을 제공하지 못한다는 한계를 지닌다. 따라서 사례관리자는 개입 시 클라이언트와 가족을 둘러싼 전체 체계의 변화를 고려하면서 구체적인 목표를 수립해야 한다. 이때 목표는 클라이언트의 관점과 자기결정을 고려해야 하므로, 클라이언트와 합의하여 목표를 함께 세우는 것이 필요하다.

2) 강점관점

(1) 강점관점의 개념

강점관점은 클라이언트를 돕는 과정에서 클라이언트를 문제와 결점, 병리적 현상으로 보지 않고 클라이언트의 관심, 잠재력, 역량에 주목하여 실천하는 접근이다. 클라이언트의 문제에 초점을 두고 개입하는 실천과정이 클라이언트의 문제해결에 도움이 되지 않는다는 반성에서 출발한 강점관점은 근대주의 관점에서 탈근대주의 관점으로 변환되는 시기와 맞물려 본격적으로 진행되었다. 사회복지실천에서 강점관점을 강조한 Saleebey(2013)는 강점관점을 "클라이언트가 지닌 목적 및 꿈을 실현하게 하거나 클라이언트 자신의 다양한 문제로부터 벗어나도록 돕는 사회복지 실천활동의 전 과정에서, 사회복지사가 클라이언트의 강점과 자원을 발견하고 드러내어 묘사, 탐색, 활용하려는 총체적인 노력"으로 정의하였다.

강점관점에서 강점은 인간 안에 있는 힘(power)을 강조하는데, Saleebey (2013)는 강점관점에 대한 체계화 작업을 통해 강점관점 실천원리를 지원하는 주요 용어로 변형성(plasticity), 플라시보 효과(placebo effect), 권한부여(empowerment), 멤버십(membership), 탄력성(resilience), 치유와 온전성(healing & wholeness), 대화와 협력(dialogue & collaboration), 불신 중단 (suspension of disbelief) 등을 제시하였다. 이와 같은 강점에 관한 어휘들은 사회복지사가 자신과 함께 일하는 사람들을 비난하기보다는 존중하게 하는 의미를 제공해 준다. 그것들은 본질적으로 사회복지실천을 '전문적 지식에서 비롯되는 힘의 표현'으로 보는 시각에서 벗어나 '이용자가 원하는 삶을 향해 나아가기 위해 그 개인과 지역사회 안에 있는 힘과 협력하는 것'으로 보는 관점으로의 전환을 위해 노력해야 함을 함축하고 있다(Saleebey, 2006: 김경희, 강미경, 노혜련, 2013에서 재인용). 비록 희망이 없고 서비스를 완고하게 거부하는 사람일지라도 능력이 개발되도록 지원된다면 유의미한 진보를 가질 수 있다고 보는 것이다(Brun & Rapp, 2001).

강점관점은 클라이언트와 클라이언트 가족이 지닌 특성을 인정하고 존중하며, 강점에 초점을 두고 가능한 자원을 활용하여 이들의 역량을 강화하도록 돕는 접근이다. 강점관점에 기반하여 사례관리를 실천할 때 유의해야 할 것은 사례관리 실천과정에서 '강점'이라는 용어를 포함한 것만으로 강점관점을 적용하고 있다고 착각해서는 안 된다는 것이다. 사회복지 실천과정에서 확인된 클라이언트의 '강점'은 클라이언트가 현재 겪고 있는 문제, 변화에 대한 기대 등을 포괄하여 클라이언트를 이해하는 기반이 되어야 하며, 실천과정의 단계마다 충분히 담겨지면서 적용되어야 할 것이다.

(2) 사례관리에서 강점관점의 적용

강점관점을 사례관리 과정에 적용하기 위해서 강점관점의 실천 원리와 특성을 이해하는 것이 필요하다. Saleebey(2013)가 제시한 강점관점의 실천원리는 다음과 같다.

- 모든 개인, 집단, 가족과 지역사회는 강점과 약점을 가지고 있다.
- 외상, 학대, 질병과 힘겨운 분투는 상처이기도 하지만, 도전과 기회의 원천이기도 하다.
- 성장과 변화에 대한 상한선을 알지 못한다는 전제하에 개인, 집단과 지역사회의 기대를 진지하게 수용해야 한다.

- 우리는 클라이언트와 협업함으로써 최선을 다해 클라이언트를 지원해야 한다.
- 모든 환경은 자원으로 가득 차 있다.
- 사회적 연결망을 통해 클라이언트를 보살피는 것이 중요하다.

Saleebey(2013)는 관련된 여러 가지 문헌을 취합하여 강점관점 유형의 질문을 소개했다. 질문은 클라이언트가 어떤 삶을 살아왔는지를 알아보는 데 초점이 맞춰지는 것이 아니라 어떤 삶을 살아가기를 원하는지를 알아보기 위한 것이며, 질문을 통해 확인된 자원은 클라이언트가 설정한 목적을 달성하기 위해 사용된다. 이들을 요약하여 제시하면 <표 2-1>과 같다(엄명용, 김성천, 윤혜미, 2020).

표 2-1 강점관점 질문유형

질문 유형	질문의 실제
생존질문 (survival questions)	• 역경 속을 헤쳐 나오면서 당신 자신에 대해서 그리고 당신 주변의 세계에 대해서 배운 것은 무엇인가? • 어떤 어려움을 통해서 당신은 역경을 헤쳐 나오는 데 필요한 특별한 힘, 통찰력, 기술 등을 갖게 되었는가? • 당신이 믿고 의지할 수 있는 당신의 특별한 자질은 무엇인가?
지지질문 (spportive questions)	• 누가 당신에게 세상에 대해 알려 주고, 도움을 주었으며, 인도해 주었나? • 당신이 특별히 의지할 수 있는 사람은 누구인가? 그러한 사람들을 어떻게 알게 되었는가? • 어떤 집단, 조직, 기관이 특별히 당신에게 도움이 되었나?
예외질문 (exception questions)	• 일이 잘 풀려갈 때는 언제였나? • 그때는 무엇이 좀 다른가? • 과거를 돌아보다 당신의 삶이 괜찮다고 생각될 때, 살 만하다고 느껴질 때, 비교적 안정되었다고 느껴질 때, 당신이 돌아보는 세상과 당신의 대인관계, 당신의 생각들이 전에 비해 어떻게 달랐고 특별했었는가? • 당신을 둘러싼 세상일들 중에서 어떤 부분을 되살려 내고 싶은가?

가능성 질문 (possibility questions)	• 현재 당신의 삶으로부터 무엇을 원하는가? 당신의 희망, 비전, 열망은 무엇인가? 이러한 것들을 성취하는 과정에서 어디쯤 와 있는가? • 이러한 것들을 달성하는 데 도움이 되는 당신의 자질은 무엇이며, 이 것들을 달성하는 데 도움이 되는 사람들은 누구인가? 앞으로 하고 싶은 일이 무엇인가? • 당신의 특별한 재능이나 능력은 무엇인가?
존중 질문 (esteem questions)	• 다른 사람들은 당신에 대해 어떤 좋은 말을 하는가? • 당신이 진정으로 자긍심을 느낄 때 당신의 삶은 어떤 상황에 있을 때이며, 당신 자신은 어떤 모습 또는 행동을 하고 있을 때이고, 당신이 무엇을 성취했을 때인가? • 당신의 삶이 잘 진행되어 가고 있을 때 당신은 무엇을 하고 있고, 누구와 함께 있으며, 어떤 느낌 · 생각 · 행동을 하고 있는가?
장래 질문 (prospective questions)	• 당신의 현재 상황을 당신은 어떻게 설명하겠는가? • 당신의 최근 경험과 힘든 일들은 어떻게 발생한 것이며, 어떻게 진행될 것이라고 생각하는가? • 이러한 상황들을 당신 자신에게, 사회복지사인 나에게, 그리고 다른 사람에게 어떻게 설명하겠는가?

출처: 엄명용 외(2020).

강점관점의 실천원리를 사례관리 현장에서 활용하기 위해 필요한 사례관리자의 역할과 태도는 다음과 같다. 첫째, 강점관점에서 사례관리자는 대상자가 겪는 문제보다 대상자가 지닌 강점과 잠재력에 초점을 맞춘다. 이러한 접근은 대상자가 스스로를 문제상황에 매몰되어 있는 존재가 아니라 주체적으로 삶에 도전하고 성장할 수 있는 존재로 경험하게 한다. 이를 위해서 사례관리자는 강점관점의 철학, 강점관점의 실천원리를 충분히 숙지하여 사례관리 실천과정에서 활용해야 한다. 강점관점에서 클라이언트의 문제보다는 클라이언트의 강점에 초점을 둔다는 의미가 클라이언트의 문제를 무시해도 괜찮다는 것은 아니다. 강점관점에서는 개인, 가족, 지역사회가 지닌 결핍과 욕구뿐만 아니라 이들이 지닌 잠재력과 기술에 주목하고 접근하는 것을 우선시하는 것이 요청된다.

둘째, 강점관점에서는 대상자에게 필요한 자원을 지역사회 안에서 함께 탐색하고 발견하여 대상자를 지원한다. 많은 대상자는 활용할 수 있는 자원을 알지 못하여 복잡한 문제상황에 갇혀 있거나 고립되기도 한다. 사례관리자는 대상자 개인의 강점뿐만 아니라, 대상자를 둘러싼 지역사회 자원을 확인하고 발견하여 대상자의 장점이 적용되거나 실현될 수 있도록 연계하고 지원해야 할 것이다. 강점관점에서 모든 클라이언트는 스스로 삶의 어려움을 효과적으로 대처하며 변화하려는 능력을 지니고 있다고 전제하기 때문이다.

셋째, 강점관점에서 사례관리자는 강점관점을 대변하는 주요 어휘와 용어를 적극적으로 활용하며 대상자와 협력관계를 유지한다. 사례관리자가 사용하는 긍정적으로 밝은 언어와 강점 중심의 관점을 통해 대상자는 자신의 상황과 가능성을 변화시킬 수 있을 것이다. 사례관리자와의 안전한 협력관계와 대상자를 향한 임파워먼트 과정을 통해 대상자는 연대감과 소속감을 경험하면서 해결을 향한 새로운 행동을 시도할 수 있을 것이다.

3) 가족사정과 개입이론

(1) 가족사정과 개입이론의 개념

사례관리 실천과정에서 가족이 경험하는 다양한 수준의 욕구와 문제, 그들이 처한 환경과 지니고 있는 기술들을 파악하고 적절하게 개입하는 것은 필수적이다. 가족을 돕기 위한 다양한 이론과 모델들이 존재하나, 이 절에서는 Weltner(1985, 1986)가 제시한 가족의 욕구 수준에 따른 개입을 위한 포괄적인 개념틀을 소개하고자 한다. 이 개념틀의 내용은 Kilpatrick과 Holland(2006)가 재정리한 것을 유계숙 등(2008)이 번역한 자료를 재구성하여 정리하였다. 가족의 다양한 욕구 수준과 개입을 통합적으로 인간의 주요 욕구를 바탕으로 가족문제를 여러 수준의 욕구들로 묶으면, 기본적인 생존의 욕구부터 가족 구성원들의 자아실현 및 영적 욕구에 대한 관심까지 모두가 포함된다. Weltner(1985, 1986)는 다양한 가족들이 가지고 있는 욕구의 기능적 수준을 집짓기에 비유하면서, 가장 기본적인 수준의 욕구부터 우선적으로 다루고 이후 상위 수준의 욕구를 고려할 것을 주장하였다.

Klipartrick과 Weltner(1993)가 제시한 가족의 욕구의 네 가지 수준은 [그림 2-1]과 같다. 수준 1은 가장 기본적인 가족의 욕구로 생존과 복지를 위한 필수적인 욕구와 관련된다. 집에 비유하자면 지하층에 해당되며 삶과 죽음의 문제와 관련된 먹을 것, 거처, 위험으로부터의 보호, 의료, 최소한의 양육에 대한 욕구가 포함한다(유계숙 외 공역, 2008에서 재인용). 수준 2의 욕구는 양육과 보호의 안정성과 권위의 유지, 한계의 설정과 관련된 문제의 해결로, 집에 비유한다면 집의 골조와 지붕에 해당되어 가족의 구조와 조직을 의미한다.

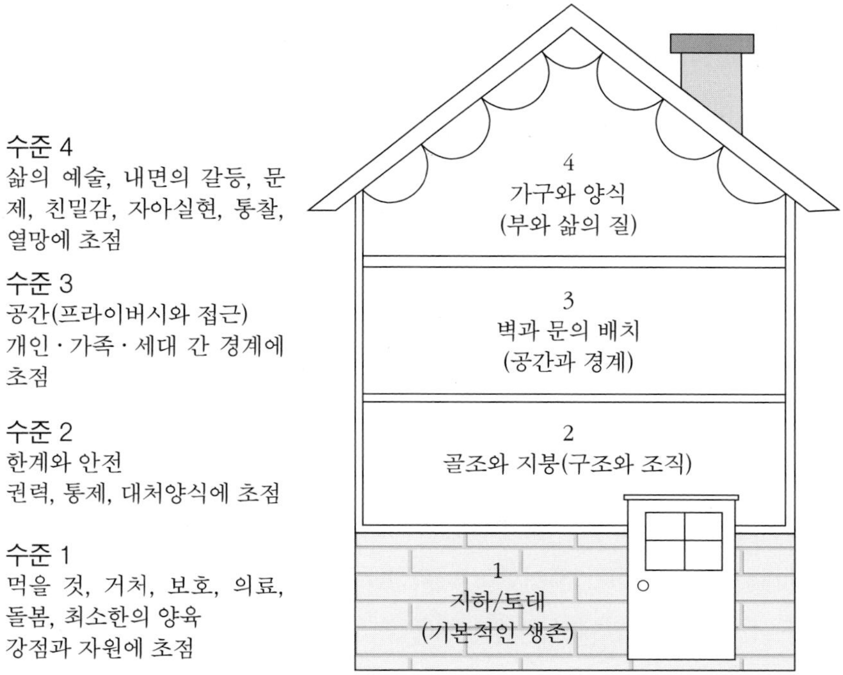

[그림 2-1] 가족의 욕구 수준: 문제와 적절한 개입

부모체계가 적절한 한계를 설정하고 유지해 나가는 권위가 없으면 가족체계의 안정성이 위협받고 가족 구성원들 간에 명료한 기대를 하지 않게 된다. 수준 3의 욕구는 공간과 함께 개인적 자유와 접근 문제에 초점을 두고, 집에 비유한다면 내부 건축에 해당된다. 가족의 기본 구조와 체계는 안정적이지만, 가족 구성원들 간의 뿌리 깊은 패턴이 역기능적인 경우로 가족 구성원들 상호 간의 개별화 및 정서체계와 융통성, 세대 간의 명료한 경계형성을 필요로 한다. 마지막으로, 수준 4에서는 가족의 기본적 욕구가 충족되고 구조적 경계가 상대적으로 명료하고 만족스러우나 구성원들 간의 친밀감이나 자의식 또는 잠재력의 발현과 관련된 욕구가 있는 경우이다. 집에 비유한다면 이러한 수준의 가족 기능은 내부 장식과 그림, 러그, 램프 등에 해당되어, 가족 구성원 각 개인과 가족의 삶의 질과 풍요로움이 개입의 초점이 된다.

(2) 사례관리에서 가족사정과 개입이론의 적용

가족 중심의 사례관리에서는 가족이 공통적인 문제와 욕구를 향유하고 있다는 데 초점을 맞추고, 가족 내부의 강점 및 자원을 파악함으로써 가족 구성원들 스스로가 사례관리의 주체가 되도록 하는 데 관심을 둔다(노혜련, 김윤주, 2020). 지역사회의 빈곤가족, 한부모가족, 조손가족, 다문화가족과 심각한 질병이나 장애를 가진 가족원을 둔 가족들에게는 가족기능을 중심으로 한 가족중심 사례관리 실시가 효과적이라고 본다(김성천, 박지영, 2012; 홍선미, 2010). 영국, 미국, 캐나다 등의 국가에서도 가족중심 사례관리(Family Focused Case Management: FFCM) 또는 가족사례관리(Family Case Management: FCM) 방법의 중요성이 인정되어 정부와 민간 차원에서 활발히 시행되고 있다(강기정, 박수선, 2013).

Weltner(1985, 1986)가 제시한 가족의 욕구 수준에 따른 개입에 관한 개념적 틀은 사례관리 전반에서 가족의 욕구 수준을 사정하고 이에 따른 개입 초점과 전략을 수립하는 데 참고할 수 있는 지침이 된다. 사례관리 대상자 중

많은 가족은 빈곤에 처하는 위기를 경험하며 양육과 보호에 대한 욕구를 충족할 수 있는 물질적 자원과 보호자의 리더십과 통제가 있는 정서적 양육도 고갈되어 있는 수준 1의 욕구를 갖고 있다. 수준 1의 욕구를 해결해 나가기 위해서는 가계도나 생태도 등을 활용하여 확대가족이나 지역사회로부터 얻을 수 있는 가능한 자원들을 탐색하는 것에서 시작하여 생활비, 돌봄 및 치료 지원 등 위기 지원이 먼저 이루어질 수 있다. 더불어 가족의 회복력과 강점을 바탕으로 한 가족사정에 기반하여 가족체계가 다양한 자원을 활용하여 적절한 돌봄과 양육을 유지할 수 있도록 필요한 치료 연계 및 모니터링, 옹호, 정보제공, 재정 및 시간관리 상담, 법적 지원 등을 하게 된다.

수준 2의 욕구를 가진 가족을 대상으로도 먼저 가족의 강점과 레질리언스, 가능한 자원들을 탐색하는 것부터 시작하며, 구조적 가족치료모델을 활용하여 부부간 연합을 구축하도록 돕고, 행동주의 모델 등의 활용을 통해 가족 구성원들 간의 행동에 대한 상호기대를 명료화하고 각자 긍정적인 방향으로 행동이 변화될 수 있음을 인식할 수 있다. 수준 3과 수준 4의 가족 욕구들은 사례관리 과정에서 우선순위에 두는 가족 욕구는 아닐 수 있으나 사례관리 가족의 건강한 삶을 위해 고려되어야 할 것이다. 수준 3의 욕구 해결을 위한 개입은 가족의 모든 구성원들이 적절한 공간과 거리 및 사생활이 보호될 수 있도록 상호 간의 분화 및 개별화, 합리적 의사소통방식의 활용 등을 중심으로 이루어진다. 수준 4의 가족은 기본적인 욕구가 충족되고 구조적 경계가 상대적으로 명료하고 만족스러우나 가족 구성원들 간에 친밀감을 보다 추구하거나 각자 구성원들의 잠재력을 발휘하는 데 초점을 둔다. 이 경우 다세대 전수과정의 패턴을 보기 위해 3, 4세대 이상에 걸친 가계도를 사용할 수 있으며, 가족조각 기법, 이야기치료, 대상관계 가족치료 등을 통해 자신과 가족에 대한 통찰력을 얻고 성장할 수 있도록 개입한다. 가족의 욕구 수준들은 연속적이어서 범주적 유형으로 명확하게 구분되지 않고 일부 특징은 어려 수준에 걸쳐 나타나기에, 가족의 욕구 수준 사정 및 개입틀은 가족의 상황과 맥락에

표 2-2 가족사정과 개입

수준	문제 및 욕구	개입전략	개입기술의 초점
1	• 기본적인 양육 욕구를 관리할 수 있는 부모의 감독 역량이 있는가? • 식사, 주거, 보호, 의료, 최소한의 양육	• 문제가 아니라 강점에 초점 • 감독 역량을 보강하기 위한 가능한 자원을 탐색하고 동원 • 가족 레질리언스 수립 • 스트레스에 대한 긍정적 반응 증진	• 가족 보존을 위한 사례관리 • 가족, 친인척, 지역사회로부터 얻을 수 있는 자원 연결 • 사례관리자가 가족의 의사결정을 돕고 옹호자, 교육자, 지원자로서 개입
2	• 가족의 적절한 구조, 한계, 안정감을 제공할 만큼 충분한 권위가 있는가?	• 강점에 초점을 둠 • 리더 역할을 담당하는 구성원(부모체계)과 통제가 필요한 구성원(자녀체계) 간 경계 명확화 • 기대의 명확성 증진	• 부모 간 연합 형성 • 한계를 설정 • 명료한 의사소통 훈련 • 역할교육, 행동 강화, 과제부여 등 사회학습기술 활용한 개입
3	• 가족, 개인, 세대 간에 명료하고 적절한 경계가 존재하는가?	• 가족의 문제를 둘러싼 의사소통 및 권력구조 검토 • 상호 간의 분화와 개별화 및 정서체계와 융통성, 세대 간의 명료한 경계형성 증진	• 가족 및 개인의 경계 만들기 • 탈삼각관계화 • 동맹의 재구축 • 세대 간 경계 설정 • 의사소통기술 훈련
4	• 내면의 갈등문제나 친밀감의 문제가 존재하는가? • 가족 구성원들이 자아실현을 하고 있는가?	• 세대를 거쳐 전수되는 유산과 정신적 외상을 통찰함 • 열망과 영적 욕구에 초점을 둠	• 이야기치료 • 가족조각 • 대상관계 치료 • 3세대에 걸친 문제해결 • 영적 성장

출처: Weltner(1985: 49): 유계숙 외 공역(2008: 6)에서 재인용하여 재구성.

따라 근접한 욕구 수준을 사정하고 적절한 개입방법을 적용하는 데 이론적 근거로 활용될 수 있겠다.

4) 네트워크 이론

(1) 네트워크 이론의 개념

네트워크 이론은 사회적 지위, 유사하거나 공유하는 기능, 지리적 또는 문화적 관련성 등과 같이 어떤 공통적인 유대에 의해서 연결된 개인들이나 집단들에 대한 이론이다(이근홍, 2014). 네트워크는 경영학, 행정학, 보건학, 사회학 등에서 광범위하게 사용되는 용어로서 학자들마다 다양한 개념으로 정의하고 있다. 광범위한 차원에서 네트워크는 일련의 교점들(nodes) 간의 관계를 나타내는 연결(ties)로 정의되며(Brass, Galaskiewicz, Greve, & Tsai, 2004), 협의의 차원에서는 사회적 계약이나 합의가 성립되어 모인 조직의 집합으로 정의된다(Barringer & Harrsion, 2000). 사회과학적 의미에서 네트워크는 영향력과 관계의 의미가 포함되어 사회적 지지망이나 지역사회 내 협력적 관계 등과 개념적인 유사성이 있다고 볼 수 있다(우수명, 2008). 즉, 사회복지 관점에서 네트워크는 주로 자원, 기술, 사회적 관계, 지식, 신뢰 등을 서로 공유할 수 있는 공식적 또는 비공식적 관계의 망(net)을 의미한다(이준영, 2007).

네트워크 이론에서 네트워크는 크게 네트워크의 구조적 특성과 관계적 특성으로 나누어서 설명한다. 네트워크의 구조적 특징은 네트워크 자체를 살펴보는 것으로 네트워크의 밀도, 중심성, 소속집단, 구조적 틈새 등을 말한다(김현수, 2019). 관계적 특징은 네트워킹과 유사한 특징으로 네트워크 안에서 교환되는 내용과 관계의 성질에 관한 것을 말한다. 교환내용은 네트워크를 통하여 무엇이 교환되고 있는가를 의미하고, 관계의 성질은 그 관계에 내재된 관계의 양(빈도 등)과 방향(상호성 등)을 말한다(Streeter & Gillespie, 1993). 네트워크의 구조적 특성과 관계적 특성을 포함하여 일반적으로 사회적 네트워크는 다음의 여섯 가지 특성을 가진다(Glanz, Rimer, & Viswanath, 2015).

- 상호성(reciprocity): 자원과 지지의 쌍방 간 주고받음의 정도
- 강도(intensity): 정서적 가까움의 정도
- 복잡성(complexity): 다양한 기능(역할)을 제공하는 정도
- 밀도(density): 서로 상호작용하는 정도
- 동질성(homogeneity): 구성원이 인구학적으로 유사한 정도
- 지역적 분산성(geographic dispersion): 중심사람과 가까이 사는 정도

긍정적인 사회적 네트워크 구축은 사례관리 대상자의 욕구를 충족시키고 서비스의 중복 및 단절을 최소화하고 서비스의 효과성 및 효율성을 높일 수 있으며, 지역사회 내 소속감과 공동체의식을 증진시킬 수 있다(남미애, 2018). 사례관리 대상자를 둘러싼 네트워크가 약화되어 있거나 부정적인 경우는 다음과 같은 사회적 소외, 폐쇄적 관계, 사회적 지지의 결핍, 의존성, 일방성의 문제들이 야기될 수 있으나, 네트워크의 긍정적인 구축과정을 통해 해소될 수 있을 것이다.

- 사회적 소외(거의 존재하지 않는 사회적 네트워크나 지지 관계에서 기인) → 지역사회 내 연결성 및 소속감 증가
- 폐쇄적 관계(새로운 관계를 형성하는 데 방어적, 단독관계) → 개방적 관계를 통한 다양한 네트워크의 출입이 자유로워지면서 관계의 시너지 발생
- 사회적 지지 결핍(클라이언트가 자신은 도움이나 지지를 요구할 대상이 없다고 느낌) → 물질적 · 정서적 · 정보적 · 평가적 측면에서의 사회적 지지 존재
- 의존성(대인서비스 전문가 및 기관에 지나치게 의존) → 지역사회 내에서 주도적으로 살아갈 수 있는 역량 증가

• 일방성(일방적으로 자원을 받거나 줘서 상호성이 낮음) → 각자의 역할을 세워 상호호혜성을 증진

(2) 사례관리에서 네트워크 이론의 적용

네트워크 이론은 사례관리자가 사례관리 대상자와 함께 복합적인 욕구들을 해결하고 지역사회 내에서 일상적 삶을 지속하기 위해 지역사회의 다양한 자원들을 통합하고 연결을 강화하는 데 필수적으로 활용된다. 사례관리자는 네트워크 구축을 통해 지역사회 서비스에서 누락된 대상자를 발견하고 부족한 자원을 동원할 수 있으며, 서비스의 단절을 극복하고 지속성을 보장할 수 있다(남미애, 2018). 사례관리 실천과정별로 네트워크 이론의 활용을 살펴보면, 먼저 사례관리를 위한 운영체계 구축과정에서 지역사회기관과의 협력, 사례관리팀 구축, 인적·물적 지원망 구축 등에 적용될 수 있다. 사례관리 과정 중 계획 수립 및 실행 단계에서는 공식적·비공식적 지지망을 구축하고 지역사회기관과의 연계 및 협력을 행하는 데 적용이 가능하다. 평가 단계에서

표 2-3 사례관리과정별 네트워크 이론의 활용

사례관리 과정	네트워크 이론의 활용
운영체계 구축 단계	지역사회기관과의 협력, 사례관리팀 구축, 인적·물적 지원망 구축
인테이크 단계	공식적·비공식적 자원(친인척, 이웃, 사회복지공무원, 지역사회간호사 등)을 통한 정보수집
사정 단계	지역사회기관과의 정보교환, 팀 협력을 통한 사정, 사례회의에서의 사정
계획 수립 및 실행 단계	공식적·비공식적 지지망 구축, 지역사회기관과의 연계 및 협력, 연계기관 간 역할 분담에 의한 서비스 제공
평가 단계	사례관리 대상자에게 제공된 공식적·비공식적 자원, 서비스에 참여한 지역사회기관과의 연계, 협력 정도

출처: 남미애(2018: 56)에서 재구성.

는 클라이언트에게 제공된 공식적·비공식적 자원, 서비스에 참여한 지역사회기관과의 연계 및 협력 정도를 파악하는 데 활용할 수 있다(남미애, 2018).

사례관리 실행 시 위기 상황의 긴급한 해결과 빠른 개입을 위해 빨리 지원 가능한 후원금이나 후원물품에만 국한되어 수혜적으로 접근하기보다는, 보다 넓은 관점에서 네트워크를 활용하여 사례관리 대상자와 지역사회 중심으로 네트워크를 질적·양적으로 확대할 수 있도록 진행해 나갈 필요가 있겠다. 네트워크의 활용을 지역사회기관들로 구성된 다양한 공식적 자원들의 연계로 여기지 않고, 사례관리 대상자의 주변 사람들인 비공식자원을 찾고 활성화될 수 있도록 촉진하는 방향에 중점을 둘 필요가 있다. 사례관리의 초기 지침을 제공한 Moxely(1989)는 사례관리자가 다음과 같은 열 가지의 사회적 관계망과 관련하여 네트워크를 구축하거나 서비스를 연계할 수 있다고 하였다. 가족 구성원, 일차적인 친척관계, 확대 친척관계, 직장 내 관계, 인근 주민관계, 상점 주인과 같은 비공식적 관계, 종교적 유대관계, 클럽 등의 사회적 관계, 대인서비스 조직과의 관계, 교우관계 등이다(Moxley, 1989).

다음의 사례에 대하여 네트워크 이론을 적용하여 설명해 보고자 한다. 사례관리 대상자가 되는 아버지는 아이들의 피부병 치료에 대한 욕구가 있고 사례관리자와 지역사회는 아이들의 피부병 치료 및 집안일 관리와 주거환경 개선이 필요하다고 느끼는 상황이다. 사례관리자는 끊임없이 아버지가 자신의 욕구를 표현하고 할 수 있는 일을 찾아 역할을 세워 주고(정수현, 2015), 사회적 네트워크를 어떻게 활용하여 욕구를 해결해 나갈 수 있을지 의논하며 계획을 세워 나가야 한다. 아이의 치료를 위해서는 지역사회 내 병원 선택, 진료 일정 계획 및 치료 동행, 치료비 마련 등에 아버지가 주도적으로 자신과 자신의 네트워크를 활용하여 계획하고 실행할 수 있도록 지지한다. 집안일 관리와 주거환경 개선과 관련해서도 아버지가 주도적으로 비공식적 주변 자원(친족, 이웃주민, 공사 업체 등)과 공식적 자원(주민센터, 복지관 등의 가사지원 서비스, 주거환경개선기금 등)을 활용할 수 있도록 함으로써 아버지의 네트워크 역량을 확대하여 장기적으로 아버지가 지역사회 안에서 더불어 살 수 있도록 한다.

혼자 아이를 키우는 아저씨 사례

혼자 어린 자녀 두 명을 키우는 아저씨가 있다. 매일 건설 현장에서 나가서 일을 해야만 돈을 벌고 생활비를 마련할 수가 있다. 그러다 보니 양육을 비롯한 집안일에 신경 쓸 여유가 없다. 청소나 빨래 등 청결 관리가 잘 되지 않아 집안이 더럽고 어지러울 수밖에 없는 환경에서 아이들은 병균에 노출되어 피부병에 걸려 치료가 필요하다.

출처: 정수현(2015: 321).

2. 사례관리의 모형

1) 사례관리자 특성에 따른 모형

사례관리자 특성에 따른 모형은 주로 사례관리 서비스 제공자의 특성 및 역할에 초점을 두고 분류한 모형들을 제시하였다. 특히 누가 사례관리를 제공하는가에 따른 Weil과 Karls(1985)의 분류, 사례관리자의 역할에 따른 Early와 Poertner(1995)의 분류를 중심으로 설명하였다. 사례관리자 특성에 따른 모형을 구분하는 분류기준은 있으나, 학자별 분류기준이 서로 상호배타적이지 않고 중복되는 속성이 있어 서로 유사한 특성을 갖는다. 또한 학자에 따라 사례관리 모델이라고 명명하기도 하는데, 이 책에서는 사례관리 모형이라는 용어로 통일하여 서술하였다.

(1) 사례관리 제공자에 따른 모형: Weil과 Karls(1985)의 구분

Weil과 Karls(1985)는 사례관리는 사례관리 전문가, 전문가팀, 가족성원, 지역사회 주민, 자원봉사자 등 다양한 사람들에 의해 실천될 수 있다고 보았다. 이에 누가 사례관리자의 역할을 맡느냐에 따라 일곱 가지 모형, 즉 일반모형, 일차적 치료자 모형, 학제 간 팀 모형, 가족 모형, 지지적 보호 모형, 자원봉사자 모형, 종합서비스센터 모형으로 구분하였다(강흥구, 2016).

① 일반 모형

이 모형은 전통적 개별사회사업과 유사하며, 사례관리자가 개별서비스 이용자의 서비스 조정에 대한 책임을 지며 학사 또는 석사 수준의 전문가로 중재자 활동을 하면서 접수, 서비스 기획, 서비스 조정, 평가 등 전 과정에 관여한다.

② 치료자 모형

사례관리자와 사례관리 대상자와의 관계가 치료적이다. 사례관리자는 석사학위 이상의 사회복지사, 심리학자, 정신건강의학과 전문의 등으로 전문인력이 담당한다. 사례관리 대상자의 관심사와 문제에 대한 사례관리자 자신의 전문적 지식과 기술을 기반으로 하는 모델이다.

③ 학제 간 팀 모형

구성원 각자가 특정한 전문영역의 서비스 활동에 책임을 가지며 다양한 학문 분야가 전문화된 팀에 기반하는 모형이다. 즉, 전문화된 사례관리자들이 공동으로 사례관리의 모든 과정을 구성하는 모형이다. 학제 간 팀을 통해 접수, 서비스 연계, 서비스 접근 및 점검을 시행하며 책임을 공유한다. 이 모형의 장점은 사례관리자의 소진을 예방할 수 있고, 다루기 어려운 사례에 대한 책임을 공유할 수 있으며, 보호의 연속성을 보장하고 서비스 통합을 증진시

킬 수 있다는 것이다. 그러나 여러 전문가가 활동하므로 이들 간의 상호작용과 의사소통의 장이 충분히 확보되어야 잘 기능한다.

④ 가족 모형

가족 모형은 부모가 발달장애아동의 사례관리자로서 또는 성인 자녀가 심신이 허약한 노인의 사례관리자로서 역할을 수행하는 것을 말한다. 가족이 사례관리 전 과정에 대한 훈련을 받게 되면 보호의 연속성과 서비스 질이 더 효과적일 것이라고 가정하는 모형이다. 이 모형에서 전문가는 공식적인 책임감을 갖고 부모, 성인 자녀와 협력관계를 잘 발달시키는 것이 매우 중요하다. 이러한 협력관계는 가족들의 비숙련, 실수로 인한 문제를 최소화하여 서비스의 질 문제를 보완하도록 한다. 가족 모형에서 가족들은 전문적인 사례관리자로서의 역할을 하는 데 분명 어려움이 있으나, 가족성원을 위한 사례관리와 옹호에 대한 지속적 훈련이 제공되면 가족의 역량이 강화된다는 장점이 있다.

⑤ 지지적 보호 모형

이 모형은 주로 농촌 지역사회나 도시 저소득층 밀집지역에서 활용된다. 이 모형에서는 지역사회의 이웃과 주민들이 지역사회 내에 거주하고 있는 만성 정신장애인을 보호하는 데 필요한 심리적 지지를 직접 제공할 수 있다고 본다. 이 모형은 사례관리 서비스 대상자와 그들이 필요로 하는 지역사회 지지를 효과적이고 경제적인 방법으로 연결이 가능하다고 본다. 우리나라의 경우, 공공영역에서 시도하고 있는 복지이장 제도 등이 이 모형에 해당할 수 있다.

⑥ 자원봉사자 모형

이 모형은 기관의 직원과 자원봉사자가 공동협력을 통해 일하는 것으로 자원봉사자가 일정 기간 훈련을 거쳐 사례관리기관 전문가의 지도감독을 받으면서 장애인, 노인, 발달장애아동 등의 사례관리자로 활동하는 모형이다. 자원봉사자가 사례관리 대상자에게 직접적인 서비스 제공, 점검 및 조정을 하며, 자원봉사자는 준전문가로서 서비스 이용자를 원조하는 협력자의 역할을 수행한다.

⑦ 종합서비스센터 모형

이 모형에서는 서비스센터를 통하여 사회적 · 정서적 지지, 직업훈련, 기숙시설 등을 포함한 포괄적인 서비스 제공이 이루어진다. 주로 만성 정신장애인, 지체 및 발달장애인, 자립지원시설 거주자, 위탁보호 가정의 청소년들에게 서비스를 제공한다. 거주자들에게 기본적인 서비스만을 제공하며, 만성 정신장애인 또는 약물남용자 등을 위한 재활프로그램 등은 다른 기관으로부터 서비스를 제공받는다. 이 모형은 보호의 연속성을 보장하면서 사례관리를 실천할 수 있고, 서비스 대상자의 독립적인 생활기술과 개인적으로 만족할 수 있는 생활양식을 습득하도록 하는 데 도움이 된다.

(2) 사례관리자 역할에 따른 사례관리 모형

Early와 Poertner(1995)는 사례관리자의 역할을 치료자, 중개인, 기관 간 팀, 강점관점으로 구분하여 네 가지 모형을 제시하였다(정순둘, 2005: 70-72에서 재인용).

① 치료자 사례관리자 모형

기존의 사회복지 치료모형에서 사례관리자의 자원 연결 기능을 강화한 것이다(Lamb, 1980). 심리적 사정은 DSM의 정신장애 진단기준에 준하여 이루어지며, 계획은 직접적인 치료가 우선된다. 모니터링은 사례관리 대상자와의 피드백을 통해서 이루어지며, 다른 기관과의 연계는 수동적인 편이다. 치료가 우선이며 부가적인 서비스 제공을 위해 지역사회 내의 다른 기관과 연계하는 정도의 개입이 이루어진다.

② 중개인 사례관리자 모형

치료자 모형에서 발전한 것으로 서비스 기관들의 협력체계가 잘 구성되어 있지 않은 상태에서 보다 나은 서비스를 제공하기 위해 서비스에 대한 중개를 적극적으로 진행하는 모형이다. 프로그램의 자격요건으로 정신건강 진단기준이 활용되며, 모니터링은 주기적으로 이루어진다. 사례관리자가 대상자의 욕구에 부합하는 서비스를 찾아 연계와 중개가 이루어진다.

③ 기관 간 팀 사례관리자 모형

이 모형은 서비스 조정에 합의된 기관들이 적극적으로 협력하여 서비스를 제공하는 모형이다. 사정은 각각의 전문가에 의해 이루어지며, 서비스에 대한 팀 계획이 우선시된다. 대상자가 다양한 서비스 체계와 관련되어 있을 경우, 다직종 간의 조정이 강조되는 모형으로 서비스 계획은 각 전문가의 사정 후 팀이 함께 종합적인 사정을 하며, 팀에 의해 정기적으로 모니터링이 이루어진다. 사례관리 팀의 리더가 연계에 대한 책임을 지기도 하지만, 팀원인 사례관리자가 연계를 진행하기도 한다.

④ 강점관점 사례관리 모형

사례관리 대상자와 그의 체계가 가지는 강점에 초점을 두고, 그들이 더 이상 사례관리자에게 의존하지 않고 스스로 자원을 찾아서 연계할 수 있는 능력을 갖추도록 하는 모형이다. 따라서 사정은 대상자 체계의 강점사정까지 포함하게 된다. 강점관점 사례관리는 대상자 중심의 사례관리 모델과 같은 맥락에서 이해된다. 대상자와 그를 둘러싼 체계의 강점에 주목하여 사정하고 대상자와 그 가족이 자원을 획득하는 방법을 배울 수 있게 한다.

표 2-4 Early와 Poertner(1995)의 모형별 사례관리 과정

기능	치료자	중개인	기관 간 팀	강점관점
특징	기존의 치료에 사례관리 추가	서비스 체계가 잘 조정되어 있지 않으므로 대상자가 서비스를 잘 받도록 중개	대상자가 다양한 서비스 체계와 관련되어 있을 경우 다양한 분야의 전문가 팀이 조정	대상자와 그의 체계가 가지는 강점에 초점을 둠
사정	DSM에 기초한 심리적 사정 중심	기능적 사정에 의해 서비스 욕구를 결정하고 재정지원을 목적으로 프로그램 자격조건을 지정	각 분야의 전문가들이 사정 후 팀이 만나 함께 종합적이고 임상적인 사정을 함	대상자와 가족의 능력과 자원, 즉 강점을 사정
계획	사회복지 기관의 치료계획	사례관리자가 대상자의 욕구에 맞는 서비스를 찾고 이를 중개	서비스에 대한 팀 계획을 주도	대상자와 가족이 필요한 자원과 기술을 스스로 습득
옹호	대상자와 가족을 위해 필요할 것으로 보이는 다른 서비스를 얻는 것에 초점을 두고 옹호	서비스 자격요건의 유동성을 얻기 위해 다른 서비스 제공자에게 초점을 둠	모든 서비스 제공자가 동의하고 있으므로 옹호 노력이 필요 없음	대상자와 가족이 자원을 획득하는 방법을 배울 수 있도록 함
모니터링	대상자의 피드백을 통해 진행 정도를 모니터링	위기 상황이 다가오면 계획은 수정, 주기적으로 점검하고 타 기관의 전문가가 모니터링함	정기적인 팀 모니터링 실시	대상자와 가족의 지속적인 모니터링

연계	부가적인 서비스 제공을 위해 지역사회 내의 다른 기관에 수동적으로 연계	특정한 서비스에 대한 가족의 인지로부터 재정적 보증 등을 포함한 능동적 의뢰	사례관리자 팀의 리더가 연계에 대한 책임을 지기도 하고, 팀원으로 구성된 사례관리자가 서비스 연계	대상자와 가족이 자원의 효과적인 소비자가 되도록 하며, 연계에 대한 책임은 사례관리자, 대상자, 가족이 지게 됨

출처: 정순둘(2005: 71)에서 재인용.

2) 사례관리 서비스 특성 및 수준에 따른 모형

사례관리 특성 및 수준에 따른 모형에 대해서는 미국의 사례관리 모형들 간 비교와 한국형 사례관리 수준별 모형들 간 비교를 중심으로 살펴보았다.

(1) 사례관리 서비스 특성에 따른 모형: 아이오와 사례관리 모형과 그 외 모형 간 비교

Hall, Carswell, Walsh, Huber와 Jampoler(2002)는 자신들이 개발한 아이오와 사례관리(Iowa Case Management: ICM) 모형을 설명하기 위해 기존의 다른 4개의 사례관리 모형과 12개의 차원을 활용하여 사례관리 특성을 비교하였다. 이들은 Ridgely와 Willenbring(1992)이 제시한 11개의 차원에 서비스의 유형 차원을 더하여 서비스 기간, 접촉 강도와 빈도, 사례량, 서비스의 초점, 서비스의 유형, 서비스의 가용성, 사례관리 장소 등 12개의 차원에 따라 각 사례관리 모형의 공통점과 차이점을 살펴보았다. ICM 모형과 비교한 4개의 모형은 Pole A, Pole B, PACT, 관리보호(Managed Care) 모형이다.

Pole A와 Pole B 모형은 Ridgely와 Willenbring(1992)이 제시한 것으로 극단적으로 대비되는 모형이다. Pole A 모형에서는 복합적 어려움을 겪는 노인, 장애인, 아동 등이 지역사회에서 통합된 생활을 해 나가기 위해서는 사례관리 서비스가 전 생애과정에서 필요하다고 본다. 이를 가장 잘 효과적으로 수행한 예가 미국 위스콘신주에서 개발된 정신장애인을 위한 적극적 지역사회치료(Program for Assertive Community Treatment: PACT)라고 할 수 있다.

대상자의 특정 욕구에 대해 제한적인 서비스를 제공하는 경우에는 Pole B를 모형으로 삼을 수 있다. 미국에서 의료서비스 전달체계를 효율적으로 관리하기 위해 개발된 관리보호(Managed Care) 모형이 Pole B 모형과 그 배경이 유사하다. ICM 모형은 Hall 등(2002)이 미국 아이오와주의 농촌지역에서 물질남용 및 중독의 어려움을 겪는 대상자들을 중점적으로 돕기 위한 당시 혁신적인 방법으로 개발한 것이다. 아이오와주에서 특화된 ICM 모형은 대상자의 현재 어려움에 대처하고 해결하는 전략을 개발하는 데 초점을 두며, 강점관점의 해결중심치료를 적용하여 집중적인 사례관리 서비스를 제공한다.

① Pole A 모형

Pole A 모형은 장기간 통합적 사례관리 서비스로 대상자에게 24시간 제공되는 집중적이며 통합적 모형이다. 이에 사례량은 사례관리자와 대상자의 비율이 1:10으로 적으며, 사례관리자의 자격과 권한은 높은 편이다. 서비스 진행은 팀을 중심으로 운영되며, 모든 사례관리자가 대상자의 정보를 공유하고, 대상자가 살고 있는 실제 환경에서 서비스가 제공된다.

② Pole B 모형

이 모형은 전문가 지향적 사례관리 모형이며, 대상자의 특정 욕구에 대해 제한적 서비스를 제공한다. 사례관리자와 대상자의 비율이 1:75로 다른 모형에 비해 관리해야 할 대상자의 수가 많은 편이다. 서비스 진행은 개별적인 사례관리로 이루어지며, 대상자는 사례관리자의 근무시간에만 서비스 이용이 가능하고 서비스 제공 장소도 사례관리자가 근무하는 사무실에서 이루어진다.

③ PACT 모형

이 모형은 Pole A의 모형과 유사한 모형으로, 장기간 서비스가 필요한 대상자에게 다학제 간 치료팀이 집중하는 모형이다. 다전문가 지향적 사례관리 모형으로 사례관리자와 대상자의 비율이 1:5에서 1:15 정도로 매우 집중적으로 이루어진다. 서비스 제공은 24시간 가능하며, 서비스 제공 장소도 실제 상황과 사무실 모두에서 이루어진다.

이 모형은 위스콘신 메이슨의 멘도타(Mendota) 주립병원에 속한 Arnold Marx, Leonard Stein과 심리학자 Mary Ann Test에 의해 1960년대 후반에 개발되었으며, 현재 많은 나라에서 널리 사용되고 있다. 이 모형은 10~12명의 전문가들로 구성된 팀이 중증의 정신질환자들에게 포괄적, 지역사회 기반 치료를 제공하는 서비스 전달 모형으로서, 다른 서비스 제공자들에게 대상자를 연계시키기보다 대상자에게 실질적인 서비스를 직접 제공하는 것을 지향한다. 병원치료와의 차별성은 서비스의 초점이 치료보다는 재활로 이동되어, 가족개입 및 교육, 환자에 대한 사회기술훈련 등 지역사회에서 독립적으로 살아갈 수 있는 훈련이나 교육이 강조되고 있다는 점을 들 수 있다(김미숙 외, 2011: 39-40).

④ 관리보호 모형

이 모형에서는 비용 억제가 강조된다. 이러한 면에서 Pole B 모형과 유사하다. 이 모형에서는 개별적인 서비스가 강조되지만 재정에 관한 모든 권한이 사례관리에 주어진다는 점이 다른 모형들과 다르다. 서비스 제공은 24시간 가능하지만 사례관리자와 대상자의 비율은 매우 높은 편이며 주로 전화를 사용한다.

⑤ ICM 모형

이 모형은 다른 모형의 중간적인 성격을 갖고 있는 모형이다. PACT보다는 집중적인 관리가 부족하고, 비용의 절감은 관리보호 모형보다 약하다. 이 모형은 대상자에게 직접적인 상담서비스를 제공하며, 대상자에게 필요로 하는 서비스를 제공하기 위해 다른 기관에 대상자를 의뢰한다. 이 모형은 지역사회기관들과 연계하는 데 목표를 두면서도 대상자 지향적인 성격을 지닌다. ICM 모형은 대상자의 강점에 초점을 둘 때 변화가 가능하다는 철학에 기초하고 있다. 이 과정에서 사례관리자는 대상자가 자신의 전문성을 발휘하여 변화 주체의 역할을 하도록 한다. ICM을 집중적 사례관리(Intensive Case Management)로 표현하는 경우가 있는데, 이는 ICM 모형과는 성격이 다름을 기억할 필요가 있다.

표 2-5 Hall 등(2002)의 사례관리 서비스 특성에 따른 모형

	Pole A	Pole B	PACT	MC	ICM
서비스 기간	무제한	시간제한적	무제한	필요시 (최소한)	1년까지
접촉 강도와 빈도	빈번함/ 매일 접촉	분기별 접촉	자주	필요시 (최소한)	주나 월 단위의 혼합
사례량	적음(1:10)	많음(1:75)	적음 (1:5~1:15)	매우 많음	중간(집중서비스 1:15/ 최소서비스 1:30)
서비스 초점	넓음 (포괄적)	좁음 (배타적)	넓음	좁음 (단일학문)	넓음
서비스 유형	모든 종류 서비스	간접서비스 관리	치료팀에서 대부분의 서비스 제공	간접서비스 관리와 통제	간접서비스 관리
서비스의 가용성	24시간	근무시간 내	24시간	24시간	근무시간 내/ 저녁시간

사례 관리 장소	대상자 생활 환경	사무실	대상자 생활 환경/사무실	주로 전화	혼합(사무실과 지역사회)
대상자 주도성	대상자 주도	전문가 주도	전문가 주도	전문가 주도	대상자 주도 목표 설정, 계획 및 달성
옹호자/ 초기 접촉자	대상자를 위한 옹호자	사례관리기관 초기 접촉자	혼합	사례관리기관 초기 접촉자	대상자를 위한 옹호자
사례 관리자 자격	심화자격증 이상	기초훈련	전공분야 학사	전공분야 학사	사회복지 또는 휴먼 서비스 분야 석사학위
사례 관리자 권한	넓음, 행정적 통제	권한 없이 설득 가능	팀 내에서 넓음	재정에서 모든 권한	권한 없이 설득 가능
사례 관리 팀구조	전체 팀의 대상자 공유	개별 사례관리, 초기 사례관리	다학제적 치료체제	개별적 사례관리	개별적 사례관리 & 팀 슈퍼비전

출처: Hall et al. (2002).

(2) 사례관리 서비스 수준에 따른 모형: 한국형 사례관리 수준별 모형 비교 분석

황성철(1995)은 사례관리의 한국적 적용을 위해 사례관리의 다양한 기능과 실행 및 조직구조적인 차원의 변수들을 고려하여 네 가지 사례관리 실천 모형, 즉 단순형, 기본형, 종합형, 전문관리형 모형을 제시하였다. 사례관리 형태는 사회복지의 준전문가나 사회복지를 전공하지 않은 비전문가가 서비스를 연계하고 서비스가 잘 되었는지를 확인하는 단순한 형태부터 전문가가 다양한 서비스들을 직접 및 간접적으로 제공하고 여러 자원체계와 상호작용하며 복합적으로 서비스를 제공하는 수준까지 다양하다.

① 단순형 모형

이 모형은 지역사회 자원과 서비스를 단순히 연계하는 수준의 사례관리 모형으로서 준전문가의 수준에서 실천된다. 단순형 모형에서 제시하는 사례관리의 기능은 욕구인식 및 사정, 사례계획과 서비스 연계, 서비스 점검 등으로 정리할 수 있다. 사례관리자는 준전문가 자격을 가지고 업무를 수행한다.

② 기본형 모형

이 모형은 지역사회 자원과 서비스 연계, 기초 상담을 제공하는 수준의 모형으로서 준전문가의 수준에서 실천된다. 기본형 모형에서 수행되는 사례관리의 기능은 적극적인 사례발굴, 사정, 사례계획 및 개입, 서비스 연계, 상담, 서비스 점검 등이다. 사례관리자의 역할은 중개자, 상담자, 교육자, 지지자, 서비스 점검자이다. 기본형 모형은 사례관리 서비스 수행의 자율성이 어느 정도 보장되며, 사례관리자는 준전문가의 역할이나 일부 전문가로서의 업무를 수행한다.

③ 종합형 모형

이 모형은 지역사회 자원과 서비스를 연계하고 심층 상담 및 치료적 기능을 수행하며 전문가의 수준에서 실천된다. 종합형 모형에서의 사례관리 기능은 Rothman의 15개 기능을 수행하는 것으로 대신한다. Rothman의 15개 기능은 크게 두 영역에 걸쳐 제시되었다. 15개 기능 중 첫 번째 영역은 연속적 기능으로 기관으로 오기, 접수, 심리·사회·의료적 사정, 목표설정, 개입계획, 자원 확인과 목록 정리, 공식적 연계, 비공식적 연계, 점검, 재사정, 성과평가가 포함된다. 두 번째 영역은 간헐적 기능으로 기관 간 조정, 상담, 치료, 옹호가 포함된다. 사례관리자의 역할은 자원 및 서비스 중개자, 상담 및 치료자, 교육자, 옹호자이다. 종합형 모델의 경우 사례관리자의 서비스 개입 시 자율적인 의사결정이 보장된다.

④ 전문관리형 모형

이 모형은 직간접적 서비스 제공과 전문관리자로서의 역할을 수행한다. 사례관리의 기능은 기본적인 사례관리 기능과 자원배분, 통솔, 의사결정 기능이다. 사례관리자의 역할은 연계자, 상담자, 치료자, 교육자, 관리자이다. 전문관리형 모형의 경우 사례관리자의 전문 분야별 자율성은 보장하나 필요한 경우 공동 결정을 권장하고 있다.

표 2-6 사례관리 서비스의 수준에 따른 한국형 모형 분류

	단순형	기본형	종합형	전문관리형
사례관리의 근본목적	지역사회의 자원과의 서비스 연계	지역사회의 자원과 서비스 연계, 기초상담, 조언	지역사회의 자원과 서비스 연계, 심층상담 또는 치료	직간접적 서비스 제공과 관리자로서 서비스 관리
사례관리의 기능	욕구인식 및 사정, 사례계획과 서비스 연계, 서비스 점검	적극적 사례발굴, 사정, 사례계획 및 개입, 서비스 연계, 상담, 서비스 점검	Rothman의 15개 기능 수행	기본적인 사례관리 기능과 자원 배분, 통솔, 의사결정기능 포함
사례관리자 역할	자원과 서비스 중개자	중개자, 상담자, 교육자, 지지자, 서비스 점검자	자원 및 서비스 중개자, 상담 또는 치료자, 교육자, 대상자 옹호자	연계자, 상담자, 치료자, 교육자, 관리자
사례관리자 교육 및 전문성 정도	준전문가, 비전문가(훈련된 자원봉사자)	준전문가, 전문가(초년생 사회복지사)	전문가(경력이 많은 사회복지사)	특수 분야별 전문가
조직 내 사례관리자의 위치와 슈퍼비전	기존의 조직과 업무수행부서에서 수행, 전문가에 의한 엄격한 슈퍼비전	기존의 조직 내에서 수행, 경험이 많은 사회복지사의 슈퍼비전 필요	독립된 사례관리 부서, 최소한의 슈퍼비전	독립된 팀 형성, 동료 슈퍼비전

사례관리자 담당 사례 수	비교적 많음	적절한 사례(30사례 내외)	비교적 적은사례(10~20사례)	최소한의 사례(10사례 미만)
개별/팀 접근	팀 접근 가능, 주로 개별적 접근	개별적 접근	개별적 접근	팀 형성에 의한 접근
사례관리자 업무에 관한 자율성 및 권위의 정도	자율적인 결정권이 없음, 전문가와 협의 요망	어느 정도 자율성이 보장됨	자율적인 의사결정이 보장됨	전문 분야별 자율성 보장되나, 공동결정 요망

출처: 황성철(1995: 289).

생 | 각 | 해 | 보 | 기

1. 모둠을 구성하여 구체적인 사례를 선정해 보고, 모둠별로 사례관리의 각각의 이론으로 분석해 보자. 각각의 이론으로 분석한 결과를 토론하고 피드백을 나누어 보자.
2. 가족사정과 개입이론에서 가족의 욕구 수준과 내용을 결정하는 과정에서 사례관리자와 가족 간 또는 가족 구성원들 간에 의견이 불일치할 경우 어떻게 할 수 있겠는가?
3. 사례관리 모형들의 장단점을 비교 분석해 보자.
4. 사례관리 모형들 중 자신이 평소 관심 있는 대상(발달장애인, 정신장애인, 아동, 노인 등)에게 어떠한 방식의 사례관리 모형이 적절하다고 생각하는가?

참 | 고 | 문 | 헌

강기정, 박수선(2013). 가족중심 사례관리의 지역사회 체계구축을 위한 탐색적 연구. 한국가족자원경영학회지, 17(3), 125-144.

강상경(2014). 인간행동과 사회환경. 경기: 나남.

강흥구(2016). 사례관리. 경기: 정민사.

권진숙, 박지영(2008). 사례관리의 이론과 실제(2판). 서울: 학지사.

김경희, 강미경, 노혜련(2013). 강점관점 사례관리의 적용과 성과에 대한 탐색적 연구: 우리아이 희망네트워크 사업 수행 기관을 중심으로. 한국사회복지질적연구, 7(2), 175-203.

김미숙, 우국희, 양소남, 이주연, 이정현(2011). 선진국의 아동 사례관리체계 비교 연구: 영국, 미국, 뉴질랜드를 중심으로. 한국보건사회연구원.

김성천, 박지영(2012). 사회복지현장에 기반한 가족중심사례관리 실천 모색: 현장사례분석 중심으로. 사례관리연구, 3, 39-64.

김현수(2019). 지역사회복지기관 간 네트워킹의 질 측정도구 개발-사례관리서비스 제공기관을 중심으로. 한국지역사회복지학, 69, 155-182.

남미애(2018). 아동 · 청소년을 위한 사례관리론. 경기: 양서원.

노혜련, 김윤주(2020). 강점관점 해결중심 사례관리(제2판). 서울: 학지사.

손병덕, 성문주, 백은령, 이은미, 최인화, 정정호, 송현아(2017). 인간행동과 사회환경. 서울: 학지사.

엄명용, 김성천, 윤혜미(2020). 사회복지실천의 이해. 서울: 학지사.

우수명(2008). 지역사회복지 관련 조직간 네트워크 성장에 영향을 미치는 요인 연구. 숭실대학교 대학원 박사학위논문.

유계숙 외 공역(2008). 통합적 관점으로 바라본 가족복지실천론. 서울: 시그마프레스.

이근홍(2014). 사례관리. 경기: 양서원.

이준영(2007). 사회복지 네트워크의 이론과 과제. 한국사회복지행정학회 춘계학술대회 자료집. 3-34.

정수현(2015). 정수현의 사례관리 실천기록. 서울: 푸른복지.

정순둘(2005). 사례관리실천의 이해-한국적 경험. 서울: 학지사.

한국사례관리학회(2012). 사례관리론. 서울: 학지사.

홍선미(2010). 위기가구지원을 위한 지역사례관리체계 구축방안: 경기도의 통합사례관리모형을 중심으로. 한국사회복지행정학, 12(1), 337-362.

황성철(1995). 사례관리실천을 위한 모형 개발과 한국적 적용에 관한 연구. 한국사회복지학, 27, 275–304.

Barringer, B. R., & Harrison, J. S. (2000). Walking a tightrope: Creating value through interorganizational relationships. *Journal of management, 26*(3), 367–403.

Brass, D. J., Galaskiewicz, J., Greve, H. R., & Tsai, W. (2004). Taking stock of networks and organizations: A multilevel perspective. *Academy of management journal, 47*(6), 795–817.

Brun, C., & Rapp, R. C. (2001). Strengths–Based Case Management: Individuals' Perspectives on Strengths and the Case Manager Relationship. *Social Work, 46*(3), 278–288.

Early, T. J., & Poertner, J. (1995). Examining current approaches to case management for families with children who have serious emotional disorders. In B. J. Friesen & J. Poertner (Eds.), *From case management to service coordination for children with emotional, behavioral, or mental disorders: Building on family strengths* (pp. 37–59). NY: Paul H. Brooks Publishing Co., Inc.

Germain, C. B. (1995). *The life Model of Social Work Practice*. NY: Columbia University Press.

Germain, C. B., & Gitterman, A. (1996). *The Life model of cosial work practice: Advance in theory and practice* (2nd ed.). New York, NY: Columbia University Press.

Glanz, K., Rimer, B. K., & Viswanath, K. (Eds.). (2015). *Health behavior and health education: theory, research, and practice* (5th ed.). San Francisco, CA: Jossy–Bass.

Grief, G. (1986). The ecosystems perspective 'meets the press'. *Social Work, 31*, 225–226.

Hall, J. A., Carswell, C., Walsh, E., Huber, D. L., & Jampoler, J. S. (2002). Iowa case management: Innovative social casework. *Social work, 47*(2), 132–141.

Hartman, A. (1994). Social work practice. In G. R. Frederic (Ed.), The Foundations of Social Work Knowledge (pp. 13–50). New York: Columbia University Press.

Kilpatrick, A. C., & Holland, T. P. (2006). *Working with families: An integrative model by level of need.* Boston: Allyn & Bacon.

Lamb, H. R. (1980). Therapist–Case Managers: More than brokers of services. *Psychiatric Service, 31*(11), 262–764.

Moxley, D. P. (1989). *Practice of Case Management.* Newbury Park, CA: Sage Focus Editions.

Provan, K. G., Fish, A., & Sydow, J. (2007). Interorganizational networks at the network level: A review of the empirical literature on whole networks. *Journal of management, 33*(3), 479–516.

Ridgely, M. S., & Willenbring, M. L. (1992). Application of case management to drug abuse treatment: Overview of models and research issues. *NIDA research monograph, 127,* 12–33.

Saleebey, D. (2006). *The Strengths Perspective in Social Work Practice* (4th ed.). Boston: Pearson Education.

Saleebey, D. (2013). Introduction: Power in the people. In D. Saleebey (Ed.), *The Strengths Perspective in Social Work Practice* (6th ed.). Boston, MA: Pearson Higher Ed.

Sheafor, B. W., & Horejsi, C. R. (2008). *Technique and Guidelines for Social Work Practice* (8th ed.). Peason Education. Inc.

Siporin, M. (1985). Current social work perspectives on clinical practice. *Clinical Social Wok Journal, 13*(3), 198–217.

Streeter, C. L., & Gillespie, D. F. (1993). Social network analysis. *Journal of Social Service Research, 16*(1–2), 201–222.

Weil, M., & Karls, J. M. (1985). *Case management in human service practice.* Jossey–Bass Incorporated Pub.

Weil, M., & Karls, J. M. (1985). *Case management in human service practice:*

A systematic approach to mobilizing resources for clients. San Francisco: Jossey-Bass.

Weltner, J. S. (1985). Matchmaking: Choosing the appropriate therapy for families at various levels of pathology. *Handbook of adolescents and family therapy* (pp. 39–50). Boston: Allyn & Bacon.

Weltner, J. S. (1986). A matchmaker's guide to family therapy. *Family Therapy Networker, 10*(2), 51–55.

제3장

사례관리의 구성요소 및 사례관리자의 역할

1. 사례관리의 구성요소
2. 사례관리자의 역할

들어가기

사례관리의 구성요소는 학자들 간에 조금씩 다른 견해를 보인다. 정순둘(2005)은 서비스의 대상이 되는 클라이언트, 사례관리 서비스를 제공하는 사례관리자, 현존하는 서비스 체계 등을 사례관리의 구성요소로 보았으며, 이준우, 최희철(2014)은 서비스 이용자, 사례관리자, 서비스체계, 사회적 자원, 사회관계망, 사례관리기관, 사례관리 과정을 구성요소라고 보았다. 한국사례관리학회(2012)에서는 사례관리를 필요로 하는 복합적이고 다양한 욕구가 있는 대상자, 대상자의 욕구를 충족시키는 사회자원, 사례관리를 실시하는 기관에 비치되어 있는 사례관리자, 사례관리를 실시해 가는 과정, 사례관리를 운영해 가는 내부운영체계와 외부협력체계로 구성된 운영체계가 포함된다고 하였다.

이 장에서는 사례관리 실천을 위해 필요한 구성요소를 사례관리 대상자, 사회자원, 사례관리자, 사례관리 과정으로 분류하고 각 구성요소의 내용을 입체적으로 살펴보고자 한다. 그리고 사례관리자는 사례관리 실천과정에서 핵심적 기능을 수행하는 중요한 구성요소이므로, 사례관리자의 자질과 역할에 대해서 좀 더 자세히 설명하고자 한다.

1. 사례관리의 구성요소

1) 사례관리 대상자

사례관리 대상자는 대부분 복합적인 욕구를 가지고 있어 하나 이상의 사회자원을 필요로 하지만 자원의 소재와 이용 방법에 대해 잘 모르는 사람을 말한다(한국사례관리학회, 2012). 복합적인 욕구란 대상자가 제시한 욕구가 한 가지 이상으로, 욕구의 개수가 많은 것을 의미하기보다는 대상자의 욕구가 서로 연결되어 더 큰 어려움에 노출된 것을 의미한다.

대상자는 단순히 서비스 수혜대상자가 아니라 환경을 변화시키고 자원을 찾아 활용할 수 있는 체계임을 기억해야 한다. 문제중심 관점으로 통제하고 관리해야 하는 대상자로 바라보지 않도록 한다. 대상자 입장에서는 필요한 서비스 자원을 모르고 서비스 연계 방법에 익숙하지 않으므로 이에 대한 전문가의 도움을 받는 과정이 사례관리로 이해되어야 한다. 이에 따라 서비스 제공기관에 속한 사례관리자는 대상자가 겪는 어려움과 관심, 욕구에 맞는 서비스를 찾아 조직화하고 대상자 스스로가 역량을 강화하여 자신의 삶을 조율할 수 있도록 지원한다.

최근 사례관리 사업을 시도하는 영역에서 가장 보편적으로 사례관리 대상자의 유형을 구분하면 다음과 같다.

- 위기사례: 위기로 인한 불균형한 상태를 안정화시키는 것을 목적으로 하며 현재의 사례관리 대상자의 삶을 위협하는 요소를 제거 혹은 보호장치를 마련하는 것에 초점을 두는 개입유형이다.
- 일반사례: 기관 내에서 사례관리 대상자의 욕구 충족과 문제해결을 위한 지원이 가능한 사례를 의미한다. 따라서 일반 사례는 조직 내부의 협력과

서비스 조정이 중요하다.

- 통합사례: 사례관리 대상자의 욕구 충족이 기관 내부의 자원만으로는 부족하고 지역사회의 다양한 자원의 동원을 통해서만 가능한 경우를 의미한다. 따라서 통합사례는 지역사회 연계체계를 구축하거나 네트워크 활성화를 위한 노력이 필요하다.

2) 사회자원

사회자원은 대상자의 복합적이고 장기적인 욕구를 충족시키는 인적·물적 서비스 요소를 의미한다. Frankel과 Gelman(2004)은 대상자를 서비스 체계에 연결시키는 것을 강조하며, 대상자의 욕구를 충족시키기 위해 흩어져 있는 사회자원과 서비스를 하나로 묶어 제공하는 접착제 역할을 사례관리자의 중요한 역할로 규정하였다.

대상자가 필요로 하는 자원을 적절하게 연결하기 위해서 사례관리자는 지역사회에 존재하는 자원을 파악하고, 대상자가 기존에 가지고 있는 자원이 있다면 활성화시키고, 필요한 경우 새로운 자원을 개발하여 연계해야 한다. 대상자에게 필요한 도움을 제공할 수 있도록 사례관리자는 관련 기관의 서비스 신청절차와 과정, 작성 요령 등을 숙지하고 있어야 한다. 한편, 자원을 발굴하여 대상자의 지지체계를 재구조화하는 것이 기존 환경에 익숙한 대상자에게는 낯설고 두려울 수 있음을 기억해야 한다. 변화에 대한 조급함을 버리고 변화의 중심축에 서 있는 대상자의 입장에서 충분히 수용할 수 있도록 기다려 주는 태도를 가져야 한다.

사회자원은 가족, 친척, 동료, 이웃, 자원봉사자 등의 비공식적인 자원과 행정가, 행정기관, 공공복지시설, 법인 등의 공식적 자원이 대상자의 문제를 해결하기 위해 조정되고 통합되어 필요한 서비스로 제공된다(한국사례관리학회, 2012). 이 장에서는 사회자원과 함께 대상자의 변화에 힘이 되는 내적 자원의 의미에 대해서도 살펴본다.

(1) 비공식 자원

비공식 자원은 명확하게 제도화되지 않은 형태를 띠고 있으며 대상자에게 개별적이면서 유연성 있고 융통성 있는 서비스를 제공하는 서비스 공급주체이다(이근홍, 2014). 비공식 자원에는 가족, 친척, 친구, 이웃, 동료, 종교단체, 자원봉사자 등이 있다. 비공식 자원들은 주로 정(情)적인 것에 기반을 두고 있다. 사회복지의 역사에서 볼 때 비공식 자원은 항상 대상자 곁에 있었으며, 비공식 자원의 활용에 대해 강조되어 왔다(Rothman & Sager, 1998). 따라서 사례관리자는 자신이 익숙하게 알고 있는 공식 자원을 대상자에게 연계하거나 활용하기도 하지만 동시에 대상자 곁에 있으면서 가깝게 지내거나 도움을 주고받는 이들을 살핌으로써 대상자 문제에 대한 감정적 지지와 현실적 도움을 줄 수 있다.

(2) 공식 자원

공식 자원은 공식적인 조직을 통해 대상자에게 서비스를 제공할 수 있는 자원으로 국가기관, 지방자치단체, 공공법인, 민간기관과 시설, 공식협의체, 사회단체 등이 있다. 국가기관으로 보건복지부, 여성가족부, 국·공립병원, 보건소, 지역사회 정신건강복지센터, 사회복지사업법에 의한 각종 제도 등이 포함되며, 지방자치단체로는 사회복지공무원, 복지재단, 지역사회복지협의체, 희망복지지원단, 건강가정지원센터, 다문화가족지원센터, 지역자활센터 등이 있다. 공공법인은 민간 사회복지법인이 운영하는 사회복지관, 주간보호센터, 장애인직업재활시설 등 사회복지 이용시설과 노인요양시설, 장애인거주시설, 아동양육시설, 모자보호시설 등 사회복지 생활시설 등이 있다.

사례관리자는 공식 지원체계의 다양한 서비스를 대상자에게 제공할 수 있도록 기관 서비스를 확인하고 목록화해야 한다. 특히 시·군·구 수준에서 공식 지원체계의 서비스를 목록화하여 사례관리를 실시하는 다양한 시설과 기관들이 언제든지 대상자와 서비스를 연결시킬 수 있도록 해야 한다.

(3) 내적 자원

대상자의 내적 자원은 대상자의 문제해결에 중심적 역할을 하므로 잘 파악하는 것이 중요하다. Ballew와 Mink(1996)는 내적자원을 욕구해결을 위한 개인의 강점이라고 정의하였다. 개인의 강점에는 지능, 신체적 강점, 건강상태, 긍정적인 성향(정직, 자상, 낙관적, 인내, 친절 등), 개인의 경험, 영성 등을 포함하며, 선천적으로 타고난 바람직한 특징인 장점과 구분하였다. 사례관리자는 대상자가 표현하는 말이나 행동 외에도 삶을 대하는 태도와 사고, 살아온 시간 등을 참고하여 대상자의 강점을 파악해야 한다. 파악한 내적 자원은 대상자에게 알려 주고 강조하여, 대상자가 필요한 상황에서 활용할 수 있도록 돕는다.

3) 사례관리자

사례관리자는 사례관리의 가장 중요한 구성요소로서 앞에서 언급한 두 가지 구성요소, 즉 대상자와 사회자원을 효과적이고 체계적인 방법으로 연계하는 역할을 수행한다. 사례관리자는 대상자가 수동적인 서비스 수혜자로서의 역할에 머무르지 않고, 자신의 문제를 해결해 나갈 수 있는 문제해결자로서 사례관리 과정에 참여하고 이를 통해 자신에게 필요한 사회적 자원을 직접 이용하고 접근할 수 있는 능력을 함양하도록 도와야 한다(이준우, 최희철, 2014).

사례관리자는 사례관리 대상자로 선정된 클라이언트뿐 아니라 그들의 가족이나 친구 등 의미 있는 사람과 집단에게도 관심을 갖고 관계를 맺으며, 대상자가 관여된 기관의 담당자들과의 상호작용을 통해 이들이 지지적인 기능을 할 수 있도록 지원해야 한다. 사례관리는 복합적인 욕구를 가진 클라이언트를 대상으로 하기 때문에 지속적인 관여를 하는 시간에 비해 성과가 단기간에 드러나지 않고, 사례관리 업무량은 과중하여 스트레스가 높은 편이다. 따라서 사례관리자는 사례관리의 이론과 지식, 사회복지 가치와 철학을 분명하게 갖추어 소진을 예방할 수 있어야 한다. 이를 위해 사례관리자가 속한 기관에서는 사례관리자를 위한 다양한 재교육과 역량강화를 위한 슈퍼비전 등 다양한 관심과 지원도 필요하다.

4) 사례관리 과정

사례관리 과정(process of case management)은 사례관리 실천의 목적을 달성하기 위해 수행하는 일련의 공통된 체계화된 과정이다(Holt, 2000). 사례관리 과정은 사례관리를 시간적으로 전개해 가는 요소로서 접수, 사정, 개입계획, 서비스의 제공, 조정과 점검, 재사정, 평가와 종결, 사후관리 등으로 진행된다(Gursansky, Harvey, & Kennedy, 2003). 사례관리 과정은 초기부터 종결까지 시간적인 연속성을 갖고 진행되는데, 이 과정은 선형적 과정이 아닌 순환적 과정으로 전개된다. 실행과정에서 새로운 문제가 발견되거나 사례회의를 통해 개입의 방향이 수정될 경우에는 다시 사정과정으로 돌아가 재사정을

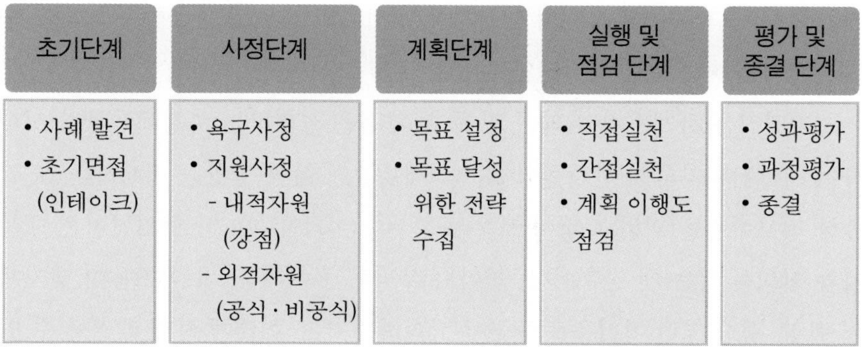

[그림 3-1] 사례관리 과정

실시하여 새로운 목표와 계획을 수립해야 한다.

사례관리 과정을 정리하면 [그림 3-1]과 같다. 이 책의 제2부 '사례관리의 실제'에서 각 단계별로 구체적인 내용을 설명하므로, 이 장에서는 간략히 사례관리 과정의 흐름을 중심으로 살펴보기로 한다.

(1) 초기단계

사례관리 초기단계는 사례관리가 필요한 대상자를 발견하고 적격성 여부를 거쳐 대상자로 확정하는 과정과 대상자가 문제해결과 변화를 위해 사례관리에 동의하고 관여하는 초기면접까지 포함한다.

사례관리 대상자를 접촉하는 방법에는 대상자의 자발적인 요청, 의뢰, 사례 발굴 등이 있다. 자발적 요청은 대상자가 직접 사례관리기관에 방문하거나 전화로 서비스를 요청하는 과정이며, 의뢰는 외부기관을 통해 사례관리 대상자로 연결되는 절차를 의미한다. 발굴은 사례관리가 필요한 잠재적인 사례관리 대상자군을 찾아내어 접근하는 과정이다.

최근 복지사각지대를 해소하고 복지 체감도를 높이기 위해 읍·면·동 복지허브화 등 공공사례관리가 확장되고 있는데, 복지사각지대에 있는 잠재적인 사례관리 대상자의 발굴은 쉽지 않아 중요한 이슈가 되고 있다. 잠재적인 사례관리 대상자가 직접 서비스를 요청할 수 있는 구조를 마련하고, 지역주민들과 관련 기관들이 잠재적 대상자에게 서비스 정보를 제공하며 의뢰할 수 있는 체계를 확보하는 것까지가 발굴 과정임을 기억해야 한다.

초기면접은 사례관리의 의미 및 주요 과정을 설명하는 과정에서부터 시작하여 사례관리자와의 관계형성, 좀 더 세부적인 삶의 상황을 이해하는 데 필요한 정보수집을 위한 과정이 모두 포함된다(이기연, 2012). 초기면접은 대상자와 신뢰를 쌓는 첫 단추이다. 찾아와 부탁하는 어려움, 그 어려움이 생기게 된 배경, 평소 그런 어려움을 누구와 상의하는지 또 어떻게 하면 해결할 수 있을지, 어떤 도움을 드리면 좋을지 등을 확인하며(김세진, 2014), 그동안 잘 살

독거노인 설문 조사

박남준

우울증은 없는가요
너무 행복해서 탈이네요
충치, 틀니를 하셨는지
잘 씹어 먹어요
담배를 하루 몇 개비 피워요
갑으로 물어보세요
갑으로는 문항이 없는데요 그럼 열 개비 이상
약주는 하셔요 술은 몇 잔 정도
몇 병으로 물어봐요
최근에 병원에 가신 적이 있는가
생활은 어떻게 하시나 생활보호 대상자는 아니신가
시인이에요 시인

인기척에 나가보니 웬 아주머니 하는 말 군 보건소에서 나왔는데 독거라는 말끝을 자르며 독거노인 조사요 아니 옆집도 있고 아랫집도 있는데 그랬더니 그분들은 함께 사시잖아요 우리 나이 쉰넷, 사로고 다친 무릎이 쑤시고 절뚝거리며 치통이 자주 양수쌍쌍겹장으로 관자놀이 편두통을 잽 훅 어퍼컷 카운트 펀치로 휘두른다 온갖 잡문을 써서 꾹꾹 눌러 담은, 월수 삼사십, 한 시인의 경제가 싹 벗겨져 들통 나는 설문 조사당하는 날

시집『그 아저씨네 간이 휴게실 아래』

아왔고, 나름대로 문제를 해결하기 위해 애썼던 여정을 존중하는 자세가 필요하다.

잠재적인 사례관리 대상자로 선정된 후에는 실질적인 접촉을 통해 사례관리 서비스가 있다는 사실을 알리고 이러한 작업과정에 참여할 것을 권유하며, 필요한 동의 및 계약절차를 수행한다. 이 과정에서 사례관리의 목적, 대상자의 권리, 사례관리자와 대상자의 책임과 역할 등에 대해 분명하게 안내하여 대상자의 개별성과 자율성을 보장해야 한다.

(2) 사정단계

사정(assessment)은 사례관리자와 대상자가 함께 대상자의 욕구에 관한 정보를 수집하고, 분석하며, 우선순위화하고, 종합화하는 과정이다. 이 과정에서 사례관리자는 생태체계적 관점에서 대상자 개인과 환경의 상호작용에 초점을 맞추어 사정한다. 즉, 대상자의 문제를 규명하고, 개인의 신체적·심리적 요소를 포함한 내부 체계에 대해 사정하며, 가계도를 활용하여 가족체계를 사정하고, 생태도를 이용하여 대상자의 사회적 환경체계에 대해 사정한다. 사정은 사정단계뿐 아니라 사례관리 과정에서 계속되는 과정이며 대상자와 상호성을 기초로 하여 이루어져야 하며 대상자의 관여가 절대적으로 필요하다. 이때 문제해결에 있어 걸림돌이 되는 장애물을 점검할 뿐 아니라 대상자가 가진 강점과 자원을 반드시 탐색한다.

사정 시에 사례관리자는 대상자의 좋지 않은 것을 해결하려는 소극적 욕구보다는 좋은 것을 이루려고 누릴 수 있는 적극적 욕구를 선정하며, 대상자가 느끼고 표현하는 욕구를 존중하지만 사례관리자의 가치와 철학, 처지와 역량, 기회비용, 대상자와의 관계를 생각하여 사례관리자가 잘 도울 수 있는 욕구를 선정하는 것도 고려한다(김세진, 2014). 또한 사례관리자는 욕구의 이면에 깔린 권리의 문제를 확인해야 한다. 욕구는 그것 자체가 목적이 아니라 다른 바람직한 목표를 달성하기 위한 수단이며, 권리의 충족이라는 측면에서 우선순위를 결정할 수 있는 기준이 되기 때문이다. 이 단계에서는 대상자가 표현한 욕구 뒤에 또 다른 숨은 욕구가 있는지 확인하고, 대상자 본인에게 유익이 되는지 여부를 확인하도록 한다. 욕구는 변화목표, 성과와 직접적인 관련이 있으므로 원하는 서비스를 요청하는 요구(demands)와는 구분되어야 한다.

(3) 계획단계

계획단계는 사정을 통해 얻은 자료를 바탕으로 달성하고자 하는 변화목표를 분명히 하며, 이러한 변화목표를 달성하는 데 필요한 전략과 방법을 구성해 가는 과정이다. 즉, 대상자의 삶의 문제해결을 위해 어떠한 방법으로 서비스를 제공한다면 문제가 해결될 수 있을 것인지에 대한 논리적인, 실천적인 근거가 확보된, 개별화된 서비스 제공 계획이다(이기연, 2012). 사정과정을 통해 대상자의 해결해야 할 문제와 보호의 목적을 확인하였다면, 계획과정에서는 확인된 욕구를 충족시킬 수 있는 적절한 자원과 수단을 선택하여 연결하는 데 초점을 둔다.

계획단계에서 대상자의 변화를 촉진하기 위해서는, 첫째, 사례관리자와 대상자가 신뢰관계를 바탕으로 함께 구체적이고 세부적인 목표를 설정한다. 둘째, 사정에서 확인된 주요 문제나 욕구의 해결을 위해 우선순위를 정한다. 셋째, 목표달성을 위한 선택방법을 함께 수립한다. 넷째, 목표는 대상자의 현재 상황을 기반으로 현실과 실행가능성이 고려되어야 한다. 서비스 계획 수립 시 대상자와 가족의 합의에 유의하고, 합의한 내용은 기록하여 둔다.

(4) 실행 및 점검 단계

실행 및 점검 단계는 정보수집 및 계획단계에서 작성된 계획의 목적 달성을 위한 활동과정을 의미한다. 실행과정은 사례관리의 전 과정에서 가장 가시적인 과정이며(Sheafor & Horejsi, 2006), 사례관리의 중심기능이라 할 수 있는 서비스의 조정이 강조되는 단계이다(Murer & Brick, 1997). 즉, 실행과정은 대상자의 상황에 변화를 가져올 수 있도록 추진되어야 하므로, 사례관리자는 다양한 서비스 제공자와 협력적 관계를 바탕으로 서비스를 연계하고, 다양한 사회자원을 대상자가 활용하여 욕구를 충족해 갈 수 있도록 촉진하고 조정하는 역할이 요청된다.

점검과정은 서비스가 계획된 대로 잘 실행되고 있는지를 확인하는 과정으로 사례관리자와 대상자를 대상으로 이루어진다. 사례관리자를 대상으로는 사례관리 실행계획이 계획대로 이행되고 있는지, 대상자에게 제공되는 서비스가 적합한지 등을 점검하며, 대상자에 대해서는 대상자가 사례관리 과정에 적극적으로 참여하며 만족하고 있는지, 대상자가 충족해야 할 욕구의 내용과 수준이 변화되고 있는지를 확인한다. 이 단계에서는 대상자의 변화 정도, 서비스와 지원계획의 목표 성취도, 사회적 지지의 산출 정도, 대상자의 만족도 등을 점검하고 파악하여 서비스 계획의 변화 여부를 검토한다. 대상자가 중복서비스를 받거나 지원체계를 남용하지 않는지도 점검한다.

사례관리자는 실행단계에서 대상자의 욕구가 변화되었거나 사례관리의 방향이 대상자에게 적합하지 못하다고 판단되면 재사정을 수행할 필요가 있으며, 이는 사례관리 과정 중에 반복적으로 이루어질 수 있다.

(5) 평가 및 종결 단계

사례관리 평가단계는 사례관리 대상자의 욕구와 문제가 개입을 통해 어느 정도 달성되었는지를 확인하는 과정이다. 사례관리자는 대상자의 변화에 대한 평가를 위해 양적 평가뿐 아니라 질적 평가 방법을 활용하여 다양하게 측정한다. 평가는 종결단계에서 단회로 실시하고 마치는 것이 아니라 사례관리 초기단계부터 종결단계까지 지속적으로 이루어지는 과정임을 기억해야 한다.

이때 사례관리자의 주요 평가질문은 '그 계획이 효과적이었나?', 즉 '계획대로 수행한 결과가 대상자의 복지와 기능화를 개선하였는가?'이며, 이 평가질문에 대한 답에 따라 종결 여부를 결정하게 된다. 사례관리가 대상자 차원의 변화만을 도모하는 것이 아니므로 또 다른 평가질문으로는 대상자의 사회적 지지체계들이 더욱 활성화되었는지, 대인서비스 제공자들이 대상자와 유사한 문제에 대응하기 위한 전달체계에 개선을 이루었는지 등에 대한 평가도 포함될 수 있다(이기연, 2012).

대상자가 원했던 변화가 일어나게 되면 사례관리는 종결된다. 목표가 어느 정도 달성되었다면 대상자와 사례관리를 끝내는 문제를 미리 상의하는 것이 바람직하다. 종결단계에서 대상자의 불안과 부정적 정서를 다루기 위해서 그동안 사례관리 과정에서 일어난 변화의 내용을 점검하면서 대상자가 문제해결을 위해 노력했던 행동과 긍정적 경험과 성과 등을 격려하고 지지한다.

사후관리는 종결평가 후 일정기간 사례관리 대상자의 변화 지속 여부를 모니터링하는 활동을 의미한다. 사후관리 과정에서 사례관리자는 지지적 상담과 정보를 제공하여 대상자가 변화상태를 유지하고 위기 상황의 재발을 예방할 수 있도록 도울 수 있다.

2. 사례관리자의 역할

1) 사례관리자의 자질

다양한 사회복지 영역에서 사례관리가 사용되면서 사례관리자의 역량과 전문적 자질에 대한 요구가 높아지고 있다. 사례관리자가 지역사회와 함께 대상자의 욕구를 해소하고 역량을 강화하기 위해서는 이에 필요한 전문적 지식과 경험을 갖추는 것이 바람직하다. 이를 위해서 사례관리자는 기본적으로 열정적이고, 온화하며, 원만한 인간관계를 유지하는 인간적인 자질을 갖추는 것이 필요하다. 무엇보다 사례관리의 관점과 중심이론에 관한 이해, 사례관리를 효율적으로 진행하는 방법과 수행과정에 관한 지식과 기술, 사례관리 운영을 위한 직접·간접 실천기술의 개발과 습득을 통해 사례관리자로서의 역량을 강화하는 것이 필요하다.

NASW(2013)는 사례관리 표준 지침에서 사례관리자가 갖추어야 할 전문적 자질을 다음과 같이 제시하였다.

- 사람중심 서비스: 사례관리자는 대상자의 욕구, 선호, 목적에 서비스를 맞추는 등 대상자(적절한 시기, 가족 구성원) 사례관리의 모든 면에서 관계를 맺는다.
- 대상자와의 관계 최우선: 사례관리자와 대상자 간의 치료적 관계 또는 동맹관계는 대상자가 목적을 달성하는 데 중요한 도움이 된다.
- 환경 속의 인간 관점: 사례관리자는 개인과 사회 환경의 상호적 관계를 경험하는 개인을 맥락 속에서 이해할 수 있다. 생태체계적 관점은 많은 도전의 기저를 이루고 있는 체계적인 억압과 부당함이 대상자에 의해 직면된다는 것을 인식한다.
- 강점관점: 병리적인 것에 초점을 맞추기보다, 사례관리자는 개인에 내재하는 잠재력과 성장력 그리고 레질리언스를 이끌어 내고, 지지하며 세운다. 대상자의 강점과 자산은 내재화되고, 환경 안에서 발견되거나 환경에 의해 발전된다.
- 협력적 팀워크: 사례관리자는 홀로 움직이지 않는다. 동료 사회복지사, 다른 기관과의 협력은 사례관리 과정에 필수적이다.
- 거시적 · 중시적 그리고 미시적 수준에서의 개입: 사례관리자는 개인, 가족, 집단, 지역사회, 조직, 체계 그리고 정책의 효과적 변화를 위해 다양한 접근을 허용한다. 조직의 변화를 위한 옹호는 주요한 역할로 작용한다.

Woodside와 McClam(2006)은 유능한 사례관리자가 되기 위해서 다음을 준비해야 한다고 하였다(양점남, 권구영, 김화선, 최은정, 한예경, 2009에서 재인용).

• 다양한 역할 소화하기

사례관리자는 대상자를 옹호하는 역할, 중개하고 연계하는 역할, 조정하는 역할, 교육하고 정보를 제공하는 역할, 평가하는 역할, 감독하는 역할, 계획하는 역할, 문제를 직접 해결하는 역할 등 다양한 역할을 수행해야 한다.

• 시간을 효율적으로 조직화하고 사용하기

사례관리자가 자신의 시간을 효율적으로 조직화하여 사용하지 못하고 문서작업과 같은 업무에 매달리게 된다면, 이는 결국 대상자의 고통으로 이어질 것이다. 따라서 대상자를 위해 사례관리자가 시간을 효율적으로 조직화하여 사용한다는 것은 자신의 시간관리를 잘하는 것과 업무를 효율적으로 수행한다는 것을 말한다.

• 의사소통능력을 강화하기

경청하기, 질문하기, 요약하기, 정보 제공하기, 상담기술 등의 의사소통 기술은 원조관계를 형성하고, 욕구와 상황을 파악하고 사정하며, 대상자와 의견을 조율하고 설득하여 실행에 옮기도록 지지하고 격려하는 등의 과정 중의 필수도구이므로 사례관리에서 더욱 중요하다.

• 사회복지 분야뿐만 아니라 다양한 방면의 지식 쌓기

유능한 사례관리자가 되기 위해서는 사회복지업무와 관련된 일반적인 지식과 행정적 지식뿐만 아니라 의학 용어, 처방, 약물의 부작용 등과 같은 좀 더 전문화된 지식도 필요하다.

• 윤리적 의사결정을 유지함으로써 함정에 빠지는 오류 방지하기

사례관리자는 자기결정, 비밀보장, 상호존중 등과 같은 윤리적 이슈를 어떻게 처리해야 하는지 알고 있어야 하며, 스스로에게 질문하고, 각종 상황에

대한 전문적 반응을 할 수 있어야 한다.

• 대상자와의 관계를 항상 명심하기

오랜 기간 동안 한 대상자를 담당하다 보면, 대상자의 일상생활의 세세한 부분까지 알게 되는 경우가 많고, 지나치게 친밀해지는 경우도 있어 역할 갈등을 겪게 된다. 의존적이고 수동적인 대상자에게는 지나친 보호본능을 부추길 수도 있고, 저항적이고 공격적인 대상자에게는 사례관리를 종결하게 만들 수도 있지만, 이 모든 것이 사례관리자와 대상자 사이의 전이와 역전이 같은 부정적인 심리적 역동임을 알아야 한다.

• 비판적이고 명확하게 생각하도록 노력하기

대상자의 상황은 매우 복잡하게 얽혀 있는 경우가 많기 때문에 사례관리자들은 세부적인 사항에만 관심을 두고 에너지를 쓰게 된다. 그러나 개인적이고 작은 부분뿐만 아니라 전체적인 것과 흐름을 파악하고 객관적이고 명확한 사고를 할 수 있도록 노력해야 한다.

• 유능한 사례관리자가 되고자 하는 열망을 드러내고 노력하기

유능한 사례관리자가 되기 위한 개인적인 자질인 유연성, 인내심, 자신감, 모험심과 흥미를 가지고 적극적인 열망을 드러내고 노력해야 한다.

2) 사례관리자의 역할

사례관리자의 역할은 사례관리 초기부터 종결까지 과정의 특성과 기능에 따라 다양하다. 이 장에서는 사례관리자가 공통적으로 수행하는 역할에 대하여 살펴보고, 사례관리의 기능에 따른 직접서비스의 역할과 간접서비스의 역할을 살펴보았다.

(1) 사례관리자가 공통으로 수행하는 역할

사례관리자는 전문가로서의 가치, 지식, 기술의 요소를 갖추고 실천과정에서 다양한 역할을 수행해야 한다. Sheafor와 Horejsi(2006)는 다양한 역할을 수행해야 할 사례관리자가 공통적으로 담당하는 활동에 대해 다음과 같이 제시하였다(한국사례관리학회, 2012).

• 정보수집과 사정활동

사례관리 대상 이용자는 대체로 고위험군이다. 이들에 대한 포괄적인 정보수집은 사례관리자가 수행하는 업무 중 중요한 역할을 차지한다. 이용자와 관련된 정보를 수집하고 이용자의 욕구와 관심을 확인한다.

• 서비스 계획

사례관리자는 서비스 계획단계에서 무엇보다 이용자의 욕구와 관심사에 초점을 두어야 한다. 서비스 계획은 실행이 가능한가에 대한 전문적 의견을 고려해야 한다.

• 프로그램 배치 및 서비스 제공 · 조정 활동

이용자에게 적절한 프로그램과 서비스 제공자를 배치하고, 이용자에게 필요한 서비스 전달체계를 수립한다. 서비스가 통합적으로 제공되기 위하여 각 기관과 서비스를 조정한다.

• 사례계획의 수행 정도 점검

사례관리 수행에서 이용자 욕구를 충족시키는 데 사례관리 수행의 효과성을 점검한다. 이용자에게 보다 나은 서비스를 제공하기 위해 필요한 경우 계획 조정이 이루어진다.

• 지속적이고 원활한 의사소통

사례관리 서비스 제공에 있어 책임 소재를 확인하고 의사소통 수준을 확인한다. 사례관리 서비스는 다양한 서비스 제공과 다수의 기관이 서비스 제공자 역할을 담당하므로 이들 간 의사소통이 원활하게 이루어져야 한다. 사례관리자는 이 과정에서 중심 역할을 담당해야 한다. 대상자와 다양한 서비스 제공자가 서비스 전달과정 중 문제나 질문이 발생했을 때 그들을 원조할 수 있는 사람에게 신속히 접근할 수 있도록 한다.

• 옹호활동

기존의 서비스 체계에서 접근성이 제한되거나 서비스 제공자 체계에 존재하는 장벽으로 인하여 서비스 이용이 어려운 대상자들이 발생한다. 이들을 위한 직간접적인 옹호활동을 수행한다.

• 지역사회 활동

자역사회에 존재하고 있으나 활용할 수 없는 서비스를 대상자에게 지원해 주기 위한 활동으로서 지역사회 내의 타 기관과 전문가 및 지역사회 구성원들을 대상으로 활동을 수행한다. 또한 대상자에게 필요한 서비스와 프로그램을 개발하기 위해 지역사회 내의 다양한 구성원들에게 홍보 혹은 협력 활동을 수행한다.

(2) 직접개입 역할과 간접개입 역할

Moxley(1989)는 사례관리자의 역할을 직접개입 역할과 간접개입 역할로 구분하여 제안하였으며, 구체적인 내용은 〈표 3-1〉과 같다.

표 3-1 사례관리자의 역할

직접개입 역할	간접개입 역할
이행자	중개자
교육자, 상담자	의뢰자
안내자, 협력자	조정자
진행자	옹호자
정보제공자	사회적 지지망 구축자
조력자	기술적 지원과 자문 제공자

① 직접개입 역할

사례관리자의 직접실천 기능은 대상자가 자신의 욕구를 충족시킬 수 있는 능력을 강화하도록 지원하는 활동이다. 즉, 대상자의 역량이 강화되는 방법을 제공하는 임상가로서의 사례관리자 역할을 강조한다. 사례관리자의 직접개입 역할은 사례관리자와 대상자의 자기지향 능력 정도에 따라 달라질 수 있으며 직접개입 역할을 구체적으로 살펴보면 [그림 3-2]와 같다.

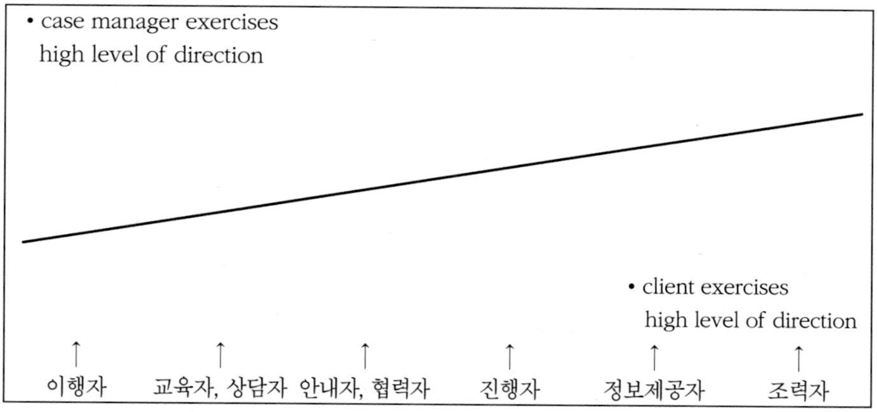

[그림 3-2] 사례관리자의 직접개입 역할

출처: Moxley (1989: 80).

• 이행자

이행자로서의 사례관리자는 대상자를 위해 많은 방향 제시를 해야 한다. 이 역할을 주로 위기 상황에 있는 대상자 혹은 무기력한 대상자에게 제한적으로 사용하게 되는데, 위기 시 심리적 지지를 제공하는 역할을 주로 수행한다. 경청, 감정이입을 위한 표현, 환기, 명료화, 조언 등의 실천기술을 사용한다.

• 교육자, 상담자

교육자로서의 사례관리자는 대상자가 그들의 욕구를 충족시키기 위해 필요한 기술을 습득할 수 있도록 교육을 수행한다. 교육과정의 단계는 다음과 같다. 첫째, 대인관계 기술, 친구 사귀기, 직장 구하는 방법 등 기술을 명확하게 가르치기, 둘째, 대상자가 원하는 역할모델 되기, 셋째, 역할연습을 훈련하고 실패했을 경우라도 염려하지 않도록 격려하기, 넷째, 물질적 강화, 사회적 강화, 자기강화 등 강화를 활용한 피드백 제공하기, 다섯째, 대상자가 습득한 기술을 실제 삶의 상황에서도 잘 적용할 수 있도록 지원하기이다.

• 안내자, 협력자

안내자, 협력자로서의 사례관리자는 대상자와 함께 필요한 지원과 서비스를 확인하고, 대상자에게 적합한 지원과 서비스를 확보하는 과정을 안내한다. 안내자, 협력자로서의 사례관리자 역할은 대상자의 문제해결 기술을 발전시키며, 함께 일하면서 여러 가지 본보기를 대상자에게 직접 보여 줄 수 있다는 점에서 의미가 있다.

• 진행자

진행자로서의 사례관리자는 대상자가 스스로 도울 수 있는 기본적 능력을 갖추고 있을 때 대상자에게 도움이 될 수 있는 적절한 서비스 선택과정을 확인하도록 돕고 지지한다. 이때 사례관리자가 전체 과정을 같이 할 수 있고 전문지식을 전달할 수도 있다. 이러한 역할은 대상자가 높은 수준의 자기지향을 수행할 수 있을 만큼 준비가 되어 있을 때 가능하다. 이와 같은 수준의 역할을 하는 사례관리자는 대부분 대상자와 정규적인 만남을 필요로 하지 않을 만큼 상황이 안정된 경우로, 2주 내지 1개월 간격으로 사후관리 차원에서 대상자와 접촉하는 관계를 유지하게 된다.

• 정보제공자

정보제공자로서의 사례관리자는 다양하면서도 전문적인 정보를 많이 가지고 있어야 하며 이를 서비스 대상자에게 전달해 주는 역할을 수행해야 한다. 이 역할을 위해서 사례관리자는 지역사회에서 대상자가 이용 가능한 대인서비스, 공공기관 서비스 전달체계, 기회 등에 대한 전문적 지식이 필요하다.

• 조력자

조력자로서의 사례관리자는 대상자가 자기옹호를 할 수 있을 때, 조력자로서의 역할수행이 가능하다고 본다. 이때에는 대상자가 일정수준의 지식, 기술, 자기인식 능력이 있어야 하며, 조력자로서의 사례관리자 역할은 직접서비스 역할 중 가장 최고점으로, 대상자는 자기옹호를 충분히 할 수 있어야 한다. 이 역할을 위해 사례관리자는 지식, 기술, 자기분석 및 자기인식을 모두 갖추어야 한다.

② 간접개입 역할

사례관리자의 간접실천 기능은 대상자의 욕구 충족을 위해 자원을 개발하고 문제해결을 해 나가는 과정에서 사례관리자가 관여하는 활동을 의미한다. 사례관리자가 사용할 수 있는 간접적 서비스 전략으로 중개자, 의뢰자, 조정자, 권리옹호, 사회적 지지망 구축자, 기술적 지원과 자문제공자 등의 역할을 들 수 있는데, 이는 행정가로서의 사례관리자 역할을 강조하는 측면이 있다.

• 중개자

중개자로서 사례관리자는 대상자를 지역의 기관과 자원에 연계함으로써 서비스 지원계획을 실행하는 역할을 수행한다. 사례관리자가 서비스 지원계획에 따라 서비스 공급이 가능한 기관과 지역사회 자원을 선택 · 연계할 때 효과적으로 중개하기 위해서는 서비스의 이용가능성, 적절성, 수용성, 접근성, 서비스 수급자의 자격기준, 서비스의 질, 서비스 공급량의 역량, 서비스 공급자의 동기, 기관이 공급하는 서비스의 범위에 대한 지식 등 자원에 대한 상세한 정보 획득이 필요하다.

• 의뢰자

의뢰자로서의 사례관리자는 대상자를 원조함에 있어서 장애요소를 제거하고 문제해결을 위해 필요한 서비스와 연계시키기 위한 역할을 수행한다. 효과적인 의뢰가 이루어지기 위해서 사례관리자는 의뢰해야 할 필요성을 알리고 의뢰에 대한 대상자의 감정을 다루며, 의뢰를 통해 달성될 수 있는 변화를 대상자에게 분명히 알린다. 의뢰기관에 제공할 정보에 대한 범위는 대상자와 합의하여 결정하며, 대상자에게 의뢰기관의 접근성에 대해서도 자세히 안내해야 한다.

• 조정자

조정자로서의 사례관리자는 대상자의 입장에서 서비스를 조정하는 역할을 수행하며 그 목적은 대상자의 욕구를 충족시키기 위해 서비스 제공자와 사회적 지지망의 서비스가 조화롭게 실행되도록 하는 것이다. 사례관리자는 서비스 조정과정에서 정보교환과 모니터링, 능력 개발, 적응 촉진, 네트워킹의 기술을 사용하며, 서비스 목표를 달성하기 위한 기구를 조직하고 유지함으로써 대상자를 위한 지지망 활동을 촉진한다.

• 옹호자

옹호자로서의 사례관리자는 기관의 책임자보다는 약자의 입장에 있는 대상자의 욕구를 그 기관에 대해 대행하는 역할을 수행하는 것을 말한다. 옹호 전략은 대상자의 원조를 거부하는 기관과 대결하여 협상하고 대상자를 원조할 수 있는 동기를 가지게 하는 것을 목표로 한다. 이때 사용하는 옹호 전략의 수준은 다음과 같다. 첫째, 직접 담당자에게 항의하기, 둘째, 특수한 지식 활용하기, 셋째, 담당자의 상사에게 항의하기, 넷째, 공식적 민원신고 이용하기, 다섯째, 외부 권위에 항의하기, 여섯째, 법적 대응하기의 순서로 발전시켜 나간다. 이때 유의할 사항은 가능한 한 낮은 수준의 전략부터 사용해야 하며 담당자와는 지속적으로 좋은 관계를 형성하고 유지해 나가기 위해 노력해야 한다는 것이다.

• 사회적 지지망 구축자

사회적 지지망 구축자로서의 사례관리자는 대상자를 지지하는 중요한 자원을 공급하는 공식적 자원망과 비공식 자원을 개발하고, 이들 자원이 사례관리 대상자의 욕구 해결에 도움이 되는 자원망이 될 수 있도록 역량을 강화시키는 지원활동을 수행한다. 이를 위해 가족, 친구, 이웃 등 비공식적 원조자로 구성되는 사회적 지지망을 구축하여 공식적인 서비스 공급체계에서 얻을 수 없는 자원을 공급할 수 있다.

• 기술적 지원과 자문 제공자

기술적 지원과 자문 제공자로서의 사례관리자는 타 조직이나 기관의 변화와 혁신을 장려하는 전략으로 대상자에 대한 서비스의 질을 높이기 위해 새로운 지식, 정보, 전망을 휴먼서비스 기관에 소개하는 등, 기술적 원조와 자문의 역할을 수행한다. 사례관리자는 기관의 요청에 반응하고, 기관대표와 만나며, 사례관리 대상자의 욕구와 특성을 기관에 교육하고, 서비스 전달상의 문제해결을 위한 접근방법을 개발하며, 실용적 대응이 되도록 기관을 격려한다. 이를 통해 사례관리자는 기관이 대상자의 욕구에 대응하는 역량을 높이는 데 도움을 줄 수 있다.

3) 사례관리자의 자격요건

'누가 사례관리자가 될 것인가'의 문제는 중요하다. 효과적인 사례관리를 위해서는 다학문적인 접근이 요구되며, 그 특성상 하나의 전문직이 사례관리를 독점할 수는 없다(Murer & Brick, 1997). 현재 사회복지학, 심리학, 간호학, 교육학, 보건학 등 다양한 학문 영역에서 사례관리를 가르치고, 현장에서 실천되고 있다.

사례관리자 자격요건의 주요 기준은 사례관리자가 수행해야 하는 핵심 과업을 수행할 수 있는 교육과 훈련이 이루어졌는가이다. 대개의 경우 사회복지전공 학사학위 이상을 취득하고 사회복지사 1급 자격을 취득한 자로 하는 것이 바람직한 것으로 제안되고 있다. 그러나 기관의 특성과 지역적 여건으로 인해 사회복지사 1급 자격증 소지자가 부재할 경우 사회복지사 2급 자격증 소지자도 사례관리자가 될 수 있다. 이런 경우에는 사례관리회의 실시와 슈퍼바이저의 지도감독을 강화함으로써 사례관리자의 전문성을 보완하는 것이 필요하다.

생 | 각 | 해 | 보 | 기

1. 사례관리가 성공적으로 이루어지기 위해 필요한 사례관리 구성요소와 각 구성요소의 개념에 대하여 설명하시오.
2. 사례관리자로서의 중요한 역할과 기능은 무엇이라고 생각하는가?
3. 예비 사회복지사로서 나는 어떤 역할을 잘할 수 있으며, 어떤 부분을 개발해야 하는가?

참 | 고 | 문 | 헌

김세진(2014). 복지관 사례관리 공부노트. 서울: 푸른복지.

박남준(2010). 그 아저씨네 간이 휴게실 아래. 서울: 실천문학사.

양점남, 권구영, 김화선, 최은정, 한혜경(2009). 사례관리. 경기: 양서원.

이근홍(2014). 사례관리. 경기: 양서원.

이기연(2012). 사례관리의 주요과정 이해, 사례관리 전문가 교육 실무자 기초과정. 한국사회복지사협회, 한국사례관리학회.

이준우, 최희철(2014). 사례관리론. 서울: 신정.

정순둘(2005). 사례관리실천의 이해. 서울: 학지사.

한국사례관리학회(2012). 사례관리론. 서울: 학지사.

Ballew, J. R., & Mink, G. (1996). *Case management in social work: Developing the professional skills needed for work whih multi problem clients* (2nd ed.). Springfield, IL: Charles C. Thomas Publisher.

Frankel, A. J., & Gelman, S. R. (2004). *Case management: An introduction to concepts and skills*. Chicago, IL: Lyceum Books.

Gursansky, D., Harvey, J., & Kennedy, R. (2003). *Case Management: policy, practice. and professional business*. NY: Columbia University Press.

Holt, B. (2000). ***The Practice of Generalist Case Management***. Boston: Allyn and Bacon.

Moxley, P. D. (1989). ***The Practice of Case Management***. Newbury Park, CA: Sage Publication.

Murer, C. G., & Brick, L. L. (1997). ***The case manager's source book: A guide to designing and implementing a centralized case management system***. NY: McGraw-Hill.

NASW. (2013). ***NASW Standards for Social Work Case Management***. National Standards of Practice for Case Management. https://www.socialworkers.org

Rothman, J. C., & Sager, J. S. (1998). ***Case management: Integrating individual and community practice***. Boston: Allyn and Bacon.

Sheafor, B. W., & Horejsi, C. S. (2006). Techniques and guidelines for social work practice (10th ed.). Boston: MA: Allyn & Beacon.

Woodside, M., & McClam, T. (2006). ***Generalist case management: A method of human service delivery*** (2nd ed.). Belmont CA: Thomson Brooks/Cole.

제2부

사례관리의 실제

제4장

사례관리 실천과정 I

들어가기

최근 우리나라에서 사례관리가 공공과 민간의 많은 사회복지기관에서 핵심 사업으로 진행되면서, 사회복지 분야별로 사례관리 실천과정에 따른 사회복지사의 구체적인 직무가 매뉴얼화되고 있다. 공공영역의 사례관리, 아동 사례관리, 청소년 사례관리, 노인 사례관리, 장애인 사례관리, 마을 사례관리 등 다양한 사회복지 분야에서 사례관리 실천과정이 조금씩 다르게 규정되기도 하나, 이 책에서는 일반적이고 공통적으로 활용될 수 있는 실천과정별 사회복지사의 과업과 기록에 초점을 두고 사례관리 실천과정을 기술하였으며, 사례관리 실천과정은 다음과 같이 5단계로 구분한다.

- 1단계: 초기단계
- 2단계: 사정
- 3단계: 계획
- 4단계: 실행과 점검
- 5단계: 평가와 종결

사례관리 실천과정 I에서는 초기단계의 사례발견 및 인테이크 과정과 사정단계에 대해 다룬다.

1. 초기단계: 사례발견 및 인테이크

사례관리의 초기단계는 사례관리자가 대상자를 발견하여 대상자가 새로운 도움 환경에 적응하고 문제해결을 위한 파트너십을 형성할 수 있도록 돕는 초기 접촉단계이다. 이 단계에서 사례관리자는 사례관리를 필요로 하는 대상자를 처음 만나 대상자가 호소하는 어려움들에 대해 공감하고 주변의 자원들을 탐색하면서 사례관리의 필요 정도를 확인하여(김세진, 2018), 대상자와 함께 사례관리 서비스 시작 여부를 결정한다. 사례관리자는 기관의 사례관리 대상자 선정기준 등을 고려하여 대상자에 대하여 사례관리 서비스를 진행할지 혹은 다른 기관으로의 연계가 필요할지 혹은 비교적 단순한 서비스 지원이 이루어지면 될지를 파악한다. 이후 사례회의 등의 공식적인 절차를 통해 사례관리 대상자 선정 여부를 결정하게 된다(한국사례관리학회, 2020). 사례관리의 초기단계에서는 대상자의 발견, 접수 및 초기상담(인테이크), 사례관리 대상자 선정 및 동의가 주요 내용이다.

1) 초기단계의 과업

(1) 대상자의 발견

사례관리에서 대상자의 발견은 사례관리자와 도움을 필요로 하는 사람이 처음 만나게 되는 단계이다. 대상자의 발견은 대상자의 직접 요청, 의뢰, 사례관리자에 의한 발굴(아웃리치) 등의 방법이 있다.

① 대상자의 자발적 요청

대상자의 자발적 요청에 의한 초기 접촉은 대상자가 자발적으로 직접 사례관리기관을 방문하거나 전화로 서비스를 의뢰하는 것을 의미한다. 이 경우 서비스 욕구가 강하며 변화의 의지가 크기 때문에 사례관리자가 개입하기에 용이할 수 있다. 그러나 한편으로는 사례관리 과정을 통해 해결하기 어려운 욕구를 가진 경우도 있어 초기면접에서 욕구를 명확히 하고 앞으로 이루어질 사례관리에 대한 기대를 적정하게 가질 수 있도록 할 필요가 있다.

② 의뢰

의뢰는 대상자가 다른 기관이나 사회복지사를 통해 연결되는 절차를 의미하며, 사례관리에서는 일반적으로 의뢰를 통한 대상자 발견이 가장 많다. 주로 기관 내 다른 팀원, 타 사회복지기관, 교회, 경찰, 학교 및 공공기관 등 지역사회 기관의 전문가, 대상자의 가족을 비롯한 지역주민이 대상자를 사례관리 서비스에 의뢰하게 된다.

③ 사례관리자에 의한 발굴(아웃리치)

사례관리 대상자를 초기 접촉하는 가장 적극적인 방법은 사례관리자가 잠재적 대상자들을 직접적으로 찾고 다가가서 발굴하는 경우이다. 아웃리치는 사례관리 서비스 욕구를 갖고 있으나 그 욕구의 충족을 위해 기관을 찾지 않는 잠재적 대상자들에게 서비스의 접근성을 높이도록 사회복지기관의 사회복지사가 직접 찾아 나서는 방법이다(한국사례관리학회, 2012).

아웃리치를 위해 사례관리자는, 첫째, 지속적으로 잠재적 대상자를 발굴할 수 있는 장소 및 네트워크 체계 등 지역사회 정보를 충분히 알아야 한다.

둘째, 발굴한 대상자와의 개별적인 상호작용을 통하여 이용 가능한 서비스와 자원을 안내하고 기관의 서비스 체계 내로 들어올 수 있도록 격려한다. 아웃리치를 통해 접촉하게 되는 잠재적 대상자들은 다양한 상황들로 인해 자신의 정보 노출에 대한 두려움, 자기방어, 무기력감, 서비스에 대한 비호의적 태도를 보일 수 있기에, 사례관리자는 이를 유의하여 관계형성을 시작한다.

셋째, 사례관리자는 정기적으로 아웃리치를 수행해야 한다. 아웃리치를 통해 발견되는 잠재적 대상자는 지역사회 내 서비스와 자원의 정보가 부족하거나 서비스의 활용 욕구가 낮으므로 사례관리자는 대상자의 비밀 유지와 자기결정의 권리에 민감하게 대응해야 한다. 또한 서비스의 활용 동기가 매우 낮거나 거부하는 경우 서비스의 이용을 강요하는 것도 바람직하지는 않다. 다만 잠재적 대상자의 욕구나 상황이 바뀌어 사례관리 서비스가 이루어져야 한다면 바로 사례관리체계에 진입할 수 있도록 지속적인 점검이 필요하다.

(2) 접수 및 초기상담(인테이크)

대상자 발견 후 사례관리기관은 사례를 접수하여 사례관리자가 대상자를 처음으로 상담하는 과정을 갖는다. 접수 및 초기상담 과정에서의 과업은 대상자의 욕구와 자원을 포함한 기본적인 정보들을 수집하여 기관의 사례관리 서비스 대상으로의 적절성 정도를 판단하는 것이다. 즉, 접수 및 초기상담(인테이크) 과정은 사례관리를 수행하기 위한 준비작업으로서의 성격을 가진다(한국사례관리학회, 2020).

초기상담을 시작할 때에는 대상자와 기관이 아직 사례관리 서비스 제공에 대해 동의하지 않은 상태이므로 너무 많은 질문을 하기보다는 대상자의 생활 전반과 대상자가 바라는 욕구, 희망, 기대를 중심으로 파악한다. 대상자의 보다 심층적인 욕구와 맥락적 상황에 대한 이해는 사례관리 계약 후 사정단계에서 보다 꼼꼼하게 다루는 것이 좋다.

초기면접자가 기관에서 서비스를 제공하기에 적합하지 않다고 판단할 때는 대상자의 문제가 해당 기관의 자원과 서비스의 범위를 벗어나거나 대상자가 해당 기관의 서비스를 이용하기 어려운 지역에 거주하는 경우가 많다. 이러한 경우에는 적합한 기관에 충실하게 의뢰하여 대상자가 적절한 사례관리 서비스를 받을 수 있도록 해야 한다. 또한 대상자의 욕구가 비교적 단순하여 기관의 1~2개 서비스 지원으로 이루어질 수도 있다. 초기면접자의 면접과정에서 대상자가 복합적인 욕구가 탐색되어 보다 통합적인 개입이 필요한 경우 사례관리 서비스에 진입할 수 있도록 진행해 나간다.

또한 스크리닝 과정을 통해 위기 및 응급 개입이 필요한 대상자인지를 파악하여 신속하게 적절한 서비스가 제공될 수 있도록 해야 한다. 이후 사례관리 과정에서 인테이크 시 이루어진 스크리닝 결과는 수정될 수 있다. 위기 및 응급사례에 대한 기준은 기관 특성 등에 따라 다소 다를 수 있으나 일반적으로 다음에 해당하는 경우 초기면접자는 위기 및 응급사례라고 판단한다(한국사회복지관협회, 2012).

- 학대 및 가정폭력으로 인해 긴급 분리조치가 필요한 경우
- 정신질환(알코올중독 포함) 및 심각한 건강문제로 시급한 의료적 처치가 필요한 경우
- 무연고자, 부랑인, 노숙인 등 긴급 주거지원이 필요한 경우
- 기타 시간적으로 긴급한 서비스가 제공되어 위기 상황으로부터 우선적 탈피가 필요한 경우

(3) 사례관리 대상자 선정 및 동의

초기상담을 통해 파악한 내용을 토대로 기관의 사례관리 지침에 의거하여 사례관리 대상자를 선정한다. 일반적으로 사례관리를 필요로 하는 클라이언트의 특징은 다음과 같다(남미애, 2018).

- 복합적인 어려움이 있어 3개월 이상의 중장기적 개입 필요
- 욕구 충족을 위해서는 기존 기관의 서비스만으로는 되지 않고, 다른 기관과의 연계 및 협력 필요
- 클라이언트가 사례관리에 동의하는 경우
- 사례관리에서 다루어질 내용은 클라이언트의 특정 문제에 초점을 두는 것이 아니라 생의 전반에 걸친 것임

잠재적 사례관리 대상자로 선정한 후에는 실제 접촉을 통해 사례관리 서비스 및 수행과정에 대해 보다 구체적으로 설명하고 사례관리 대상자와 사례관리자의 역할 등을 설명하며 사례관리 전반의 과정에 동참할 것을 안내한다. 이후 사례관리자는 사례관리 과정에 대한 사례관리 대상자의 동의를 얻고 사례관리 대상자와 사례관리기관의 역할에 관하여 계약하는 절차를 수행한다.

2) 초기단계의 기록

초기상담에서는 초기상담지를 작성하게 되는데, 초기상담지는 사례관리 대상자를 직접 면접하여 작성하는 것을 원칙으로 하며 의뢰인 또는 후견인과 함께 면접할 수 있다. 초기상담지는 대상자에 대한 기본 정보 및 상황을 이해할 수 있는 압축된 밑그림의 역할을 할 수 있는 사례관리에 가장 기본이 되는 양식이다. 기관의 사례관리자가 초기상담지를 작성하지만 초기상담자가 반드시 해당 사례의 사례관리자가 되는 것은 아니고, 기관의 사례관리팀의 운영규정에 의해 사례관리자를 배정한다(권진숙, 박지영, 2009).

(1) 초기상담지 작성방법

대상자와 초기상담을 하게 되면 사례관리자는 대상자가 가지고 있는 문제와 욕구를 파악하게 되고 그 내용을 초기상담지에 작성하게 된다. 초기상담지에는 대상자의 기본 정보, 가족사항, 도움요청사항, 상담자의 평가 등을 기록하게 된다. 초기상담 과정에서 너무 문제 중심으로 초기상담지를 작성하기 위한 질문에만 몰두하는 것은 적절하지 않다. 초기상담지에 작성해야 할 전형적인 정보뿐만 아니라 대상자의 삶 전체와 관련된 포괄적인 내용들을 파악할 필요가 있다. 또한 초기상담지에 작성되는 정보들은 왜 수집이 되는지를 명확하게 설명하여 대상자로 하여금 사례관리에서 어떤 일이 생길 수 있을지를 예측할 수 있도록 한다. 다음은 초기상담지에 포함되는 내용들이다.

- 접수경로: 초기상담에 이르게 된 경로를 선택
  - 대상자 요청: 대상자가 자발적으로 서비스를 요청한 경우로 전화, 이메일, 내방 등 상담 및 서비스 요청방법 기록
  - 사례관리자의 발굴: 사례관리자가 상담과정 혹은 가정방문 중 사례관리 대상자로 잠정 평가하여 직접 초기상담을 한 경우에 선택
  - 기관 내부 의뢰: 의뢰부서 및 의뢰자 기록
  - 타 기관 의뢰: 의뢰부서 및 의뢰자 기록
  - 지역주민 등 의뢰: 통장 및 이웃 주민 등을 통해 의뢰된 경우에 선택
- 의뢰사유: 내외부로부터 의뢰받은 경우(기관 내부 의뢰/타 기관 의뢰/지역주민 등 의뢰), 의뢰사유 및 상황 등을 구체적으로 확인하여 기록
- 상담유형: 내방, 가정방문, 전화 등을 선택
- 대상자: 대상자의 기본 정보를 기록함. 이름, 생년월일, 성별, 주소, 연락처, 학력, 직업, 보장대상 구분, 가구형태, 건강상태 등을 기록, 장기요양보험 대상자 여부 및 등급, 법정장애인인 경우 장애유형과 등급을 기록
- 가족사항: 가족원과 현재 동거인을 포함하여 기록
- 대상자의 욕구 · 문제: 초기상담을 통해 파악한 잠재적 사례관리 대상자가 호소하는 어려움의 내용, 욕구유형을 구분하여 서술함. 초기상담지에서는 욕구내용의 구체성이 다소 낮더라도 대상자의 언어로 서술하는 것이 바람직함.
- 상담자 의견: 초기상담자는 대상자의 진술과 파악된 객관적 정보를 중심으로 의견을 서술함. 기관의 사례관리 서비스 대상으로 적절한지 여부를 판단하기 위해 사례관리 대상자, 위기개입 대상자, 서비스 지원 대상자, 타 기관 의뢰 대상자 등으로 제안할 수 있음. 이때 초기상담자의 판단에 따라 위기 상황의 경우 위기개입 후 사례관리 서비스가 신속하게 진행될 수 있도록 함.

초기상담지

<table>
<tr><td colspan="2">접수일자</td><td colspan="2"></td><td>상담일자</td><td colspan="2"></td><td>담당부서/담당자</td><td></td></tr>
<tr><td colspan="2">접수경로</td><td colspan="7">□대상자 요청 □사례관리자 발굴 □기관 내부 의뢰
□타 기관 의뢰 □지역주민 등 의뢰 □기타( )</td></tr>
<tr><td colspan="2">의뢰사유</td><td colspan="7"></td></tr>
<tr><td colspan="2">상담유형</td><td colspan="7">□내방 □가정방문 □전화 □기타( )</td></tr>
<tr><td rowspan="7">대상자</td><td>이름</td><td colspan="2"></td><td>성별</td><td colspan="2"></td><td>생년월일(나이)</td><td></td></tr>
<tr><td>주소</td><td colspan="5"></td><td>연락처</td><td></td></tr>
<tr><td>학력</td><td colspan="2"></td><td>직업</td><td colspan="2"></td><td>종교</td><td></td></tr>
<tr><td>보장 대상 구분</td><td colspan="7">□맞춤형급여 대상(□생계급여, □의료급여, □주거급여, □교육급여, □기타) □조건부수급(□자활근로, □근로) □차상위 □기타( )</td></tr>
<tr><td>가구형태</td><td colspan="7">□독거 □노인부부 □한부모 □부부+자녀 □조손 □기타</td></tr>
<tr><td rowspan="2">건강상태</td><td colspan="3" rowspan="2">□양호 □보통 □허약
(질환:)</td><td colspan="2">장기요양보험</td><td colspan="2">□유(등급) □무</td></tr>
<tr><td colspan="2">장애명(등급)</td><td colspan="2"></td></tr>
<tr><td rowspan="5">가족사항</td><td>관계</td><td>이름</td><td>성별</td><td>나이</td><td>학력</td><td>직업</td><td>동거 여부</td><td>특이 사항</td></tr>
<tr><td></td><td></td><td></td><td></td><td></td><td></td><td></td><td></td></tr>
<tr><td></td><td></td><td></td><td></td><td></td><td></td><td></td><td></td></tr>
<tr><td></td><td></td><td></td><td></td><td></td><td></td><td></td><td></td></tr>
<tr><td></td><td></td><td></td><td></td><td></td><td></td><td></td><td></td></tr>
<tr><td colspan="2">대상자의 욕구·문제</td><td colspan="7">– 주요 욕구 및 호소내용(사례관리 대상자가 느끼고 있는 어려움)
– 현재 지지자원 및 이용 서비스(어려움에 대한 기존 대처방법)</td></tr>
<tr><td colspan="2">상담자 의견</td><td colspan="7"><사례관리 대상자 선정 판단>
□사례관리 대상자 □위기개입 대상자 □서비스 지원 대상자
□타 기관 의뢰 대상자</td></tr>
</table>

[그림 4-1] 초기상담지 양식의 예

* 한국사례관리학회(2012), 김성경(2017)에서 제시한 초기상담지 양식을 수정 활용함.

** 초기상담지 양식은 기관에 따라 경제상황(소득, 지출, 부채 등), 주거상황(주거형태, 주거환경), 이용서비스 등을 추가하여 작성할 수 있음.

초기과정 연습

1. 2명씩 짝을 이루어 초기면접 과정을 경험한다.

1) 사례관리 대상자 역할 측

- 상담을 앞둔 사례관리 대상자의 마음과 심정을 상상하여 어떤 상황인지를 구체화해 본다.
- 사례관리 대상자가 바라는 것은 무엇일지를 생각해 본다.
- 사례관리자가 어떻게 대하고 어떤 내용들로 이루어지면 초기상담이 만족스럽다고 느낄지 생각해 본다.
- 실제 사례관리 대상자 역할을 수행해 본다.

2) 사례관리자 역할 측

- 초기상담을 앞두고 미리 준비해야 할 것이 무엇인지 생각해 본다.
- 초기상담의 목적과 기관의 역할에 대해 다시 한번 정리한다.
- 초기상담에서 어떤 질문과 반응을 할지 상상해 본다.

3) 사례관리 대상자와 사례관리자의 역할수행에 대한 소감을 나눈다.

2. 초기상담 과정의 실천기술과 기록에 대해 분석한다.

1) 초기상담에서 잘된 점과 보완해야 할 점들을 나눈다.
2) 초기상담 과정에서 필요한 실천기술에 대해 토론해 본다.
3) 초기상담지를 함께 작성해 본다.
4) 초기상담지를 보며 보완사항들에 대해 토론해 본다.

(2) 사례관리 동의서 작성법

초기상담을 한 후 사례관리 대상자로 선정되는 경우 사례관리 과정과 내용에 대한 충분한 설명을 한 후 사례관리 방법 및 서로의 역할에 대한 동의서를 작성한다. 사례관리 초기단계에서 동의서를 작성하는 것은 사례관리 대상자의 자발적인 협조와 참여가 이루어지도록 하는 데 기여한다. 사례관리는 대상자의 문제와 상황에 따라 매우 장기간 지속될 수 있고, 많은 자원과 시간이 투입되는데, 이 과정을 사례관리 대상자가 사례관리자와 함께 자신의 문제 및 욕구를 해결해 나가는 적극적 과정이 아니라 마치 단순히 서비스를 받는 것으로 이해하면 대상자의 의존성만을 높일 수 있다. 사례관리의 과정은 사례관리자, 사례관리 대상자 그리고 기관이 모두 노력하여 사례관리의 효과를 얻을 수 있도록 하는 것이 매우 중요함을 서로 인식하고, 사례관리 동의서를 작성한 후 기관과 대상자가 각각 보관하고 있어야 한다.

동의서 작성에 예민하게 반응하거나 거부하는 경우

- 대상자가 모든 일에 걱정이 많아서 자신에게 손해가 되거나 나쁜 일이 생길까 봐 불안하고 두려워서 나타나는 반응일 수 있다. 사례관리자는 동의서 작성이 서비스를 제공하기 위한 과정이며 절차라고 설명하며 대상자가 동의하는 도움이 필요하다고 설명하여 대상자를 안심시키는 것이 필요하다.
- 동의서 작성을 거부하는 것은 사례관리자 개인을 거부하는 것보다는 대상자가 사회에 대한 불안이나 두려움, 불신 등이 큰 경우 나타날 수 있다. 사례관리자가 조금 더 많은 시간을 할애하고 상세하게 충분히 상담을 하는 것이 필요하다. 그래도 대상자가 거부할 때는 대상자를 기다려 주는 것이 좋다.

사례관리 동의서

- 본 ○○기관의 사업 및 사례관리 서비스에 대해 설명해 드리겠습니다.
- 본 ○○기관은 귀하의 사회복지 욕구를 해결하기 위해 최선의 사례관리 서비스를 진행하도록 노력하겠습니다.
- 아래의 목적 이외에 귀하의 개인적인 정보가 노출되지 않도록 하겠습니다.

○○기관장 (인)

본인은 귀 ○○기관에 관한 소개와 사례관리 서비스 과정 및 내용에 대한 설명을 충분히 듣고 이해했습니다.
본 동의서 작성으로부터 귀 ○○기관에서 제공하는 사례관리 서비스를 진행하는 것에 대해 동의하며 사례관리 서비스를 위해 필요한 정보를 제공하는 등 제반활동에 함께 참여하겠습니다.

_______년 _______월 _______일

성명: ____________(인)

대리인: ____________ / 관계: ____________(인)

[그림 4-2] 사례관리 동의서

3) 초기단계에서 필요한 실천기술

이 단계에서 사례관리자는 대상자에게 자신과 자신이 속한 기관을 소개함으로써 대상자가 자신의 문제를 함께 해결해나갈 전문가와 기관을 충분히 이해하고 신뢰하도록 한다. 또한 이 단계에서 사례관리자는 대상자가 우선적으로 필요로 하는 도움의 내용이 무엇인가를 잘 이해하도록 한다. 즉, 대상자가 자신을 잘 소개하고 본인의 욕구가 무엇인지를 정확하게 이야기할 수 있도록 격려하고 독려해야 한다(이준우, 최희철, 2014).

초기과정에서는 사례관리자에게 신뢰구축 기술, 부정적 감정을 다루는 기술, 기대를 명료화하는 기술 등이 주요하게 요구된다.

(1) 신뢰구축의 기술

대상자와의 신뢰를 구축하는 일은 사례관리 과정 전반에 미치는 영향이 매우 크기 때문에 중요한 단계라 할 수 있다. 신뢰를 구축하는 기술에는 대상자에게 애정을 보이는 것, 조직적이고 구체적으로 표현하는 기술, 솔직하게 표현하는 기술 등이 포함된다(권진숙, 박지영, 2009).

신뢰구축을 위해서는, 첫째, 대상자에게 애정을 보이는 것이다. 이는 사례관리자가 대상자의 말을 듣고 싶어 한다는 지속적인 메시지를 전달하는 태도를 의미하는 것으로, 대상자의 불안함을 감소시키고 사례관리자와 대상자 간의 상호지지적인 관계를 만들어 준다.

둘째, 조직적이고 구체적인 표현을 하는 기술은 대상자가 펼쳐 놓은 문제들을 조직력 있고 구체적인 표현으로 명료화하는 것이다. 이는 앞으로 사례관리자가 다뤄 나가야 할 대상자의 문제상황과 우선적인 문제를 규명할 수 있도록 한다. 또한 대상자와 해결을 위한 접근을 어떻게 진행해 나가야 할 것인지, 즉 실질적인 서비스의 제공방법과 형태 등을 체계적으로 잘 제시할 수 있도록 한다.

셋째, 솔직하게 표현하는 기술 역시 인간적인 관계형성 시 가장 중요한 영향을 미치는 기술이다. 사례관리자가 자신의 역할을 너무 크거나 작게 이야기하는 경우 대상자와 적절한 관계형성이 어려울 수 있다. 또한 문제해결 과정에서 생기는 다양한 선택과 결정을 해야 하는 경우에 대상자에 의해 사례관리의 방향성이 바뀌는 경우가 생길 수 있으므로 사례관리자는 자기의 능력과 경력에서 할 수 있는 것을 정확히 판단하여 대상자에게 전달하는 것이 매우 중요하다.

신뢰관계 형성을 위한 Tip

- 밝은 목소리, 따스한 눈빛, 간단한 스킨십 하기
- 좋아하는 것, 잘하는 것, 관심사에 대하여 이야기 나누기
- 강점을 발견하고 칭찬, 인정, 지지하기
- 공감을 느낄 수 있는 언어 사용하기
- 일상에서의 생활과 즐겨 하는 활동에 관심 갖기
- 수치심이 생기지 않도록 배려하고 존중하기
- 이웃처럼, 옆집 사람처럼 솔직하고 편안하게 대하기

(2) 부정적 감정을 다루는 기술

누군가에게 도움을 요청해 본 사람이라면 도움을 요청하는 것이 얼마나 다양한 심리 역동을 불러일으키는지 경험해 보았을 것이다. 대상자가 자신의 문제를 해결하기 위해 사례관리자에게 도움을 요청하기 위해서는 자신을 노출해야 하는 부담과 어디까지 노출해야 하는가에 대한 혼란, 과연 이 사례관리자가 자신의 문제해결에 도움을 줄 수 있을 것인가에 대한 의심 등 다양한 형태의 부정적 감정이 나타날 수 있다. 이때 사례관리자는 이러한 대상자의 태도와 반응을 자신과의 관계 속에서 발생한 대상자의 개인적인 감정으로 혼동하지 말아야 한다. 오히려 침착하게 전문적 관계에서 대상자의 저항과 부정적인 감정을 효과적으로 다루어 나감으로써 추후 변화과정의 원동력으로 사용할 수 있도록 하고, 이러한 부정적 감정을 극복하는 경험을 통해 대상자가 자신의 심리적 상황을 잘 통제할 수 있도록 격려해야 한다.

(3) 기대를 명료화하는 기술

사례관리자와 대상자 사이에는 상호 간에 공유된 기대도 있고, 경우에 따

라서는 각자가 문제해결에 대해 다른 기대를 가질 수 있다. 공유되었다고 하더라도 서로 합의되지 못한 기대도 있을 수 있다. 이러한 사례관리자와 대상자 간 기대의 차이는 사례관리 과정에서 서비스의 제외, 탈락을 빈번하게 할 수 있으므로 기대를 명료화하는 기술은 초기 사례관리 과정에서 필수적이다(한국사례관리학회, 2012).

첫째, 사회복지사는 대상자가 현실적으로 달성 가능한 기대를 가질 수 있도록 구체적으로 설명하는 기술이 있어야 한다. 사례관리의 과정에서 대상자는 자신이 기대하는 것과 자신들에게 기대되는 것에 관련하여 두려움이 있다. 대상자들은 자신들의 문제가 해결되기를 원하면서도 문제를 해결해 나가

사례관리자가 읽어 볼 만한 그림책『첫 번째 질문』

저자: 오사다 히로시 / 번역: 김소연 / 삽화가: 이세 히데코 / 발행인: 천개의 바람

오늘 당신은 하늘을 바라보았습니까?
하늘은 멀었습니까, 가까웠습니까?
구름은 어떤 모양이었습니까?
바람에서는 어떤 냄새가 났습니까?
당신에게 좋은 하루란 어떤 하루입니까?
……(중략)……
가장 하고픈 일이 무엇입니까?
인생의 재료는 무엇이라 생각합니까?
당신에게 있어서,
혹은 당신이 모르는 사람들에게 있어서,
행복이란 무엇이라고 생각합니까?

세상은 말을 소홀히 여깁니다.
당신은 말을 믿고 있습니까?

(이 책은 오사다 히로시의 시 「최초의 질문(最初の質問)」을 삽화와 함께 엮은 것임)

는 과정에서 자신들이 무엇을 할 수 있을 것인가에 대한 걱정과 고민을 하게 된다. 대상자는 사례관리자들이 어떤 도움을 줄 것인지, 어떤 결과를 얻을 것인지에 대해 이해할 수 있어야 하고, 자신이 사례관리 과정에서 무엇을 협조하고 할 수 있을지에 대해 충분히 설명을 들어야 한다.

둘째, 사례관리 초기과정에서 기대를 명료화하기 위해 두 사람 사이의 기대를 비교하고 갈등을 구체화하는 기술 또한 필요하다. 사례관리자와 대상자의 상이한 기대 수준을 적절한 내용과 정도로 조절하고, 갈등하는 부분이 있을 경우에는 갈등 해소를 위해 어떻게 대처할 것인가를 대상자와 모색하는 것이다. 사례관리자는 대상자와 서로 간에 적절한 수준에서 협상·타협하고 함께 기대 정도를 맞춰 가는 데 동의할 수 있도록 돕는 기술이 필요하다.

2. 사정단계

사정이란 사례관리자와 대상자가 함께 대상자의 욕구에 관한 정보를 수집하고, 분석하고, 우선순위를 정하고, 종합화하는 과정이다. 사정단계에서는 대상자가 필요로 하는 서비스가 무엇인지, 대상자의 충족되지 못한 욕구는 무엇인지를 종합적으로 검토하고 사례회의 등을 통해 논의하여 대상자에 대한 사례관리 실행의 수준과 서비스 계획의 기본 방향을 제시하게 된다. 이에 사정은 구체적인 사례관리 서비스 계획에 대한 정당성의 근거가 된다. 사정은 전 과정에서 대상자의 적극적 참여를 기반으로 협력적·상호의존적 관계하에서 이루어져야 할 뿐만 아니라, 이를 객관화하고 분석적으로 종합·정리하기 위해 사례관리자의 전문성에 기초한 독립적·성찰적 반성이 필요하다.

사정단계에서의 과업은 크게 욕구사정과 자원사정으로 구분할 수 있다. 욕구사정과 자원사정의 주요 내용 및 사정도구를 살펴보고, 종합적으로 사정을 위한 실천기술 및 기록을 중심으로 살펴보고자 한다.

1) 욕구사정

욕구사정이란 어떤 서비스가 필요한가를 결정하는 전 단계로, 대상자가 경험하고 있는 문제나 일반적으로 문제라고 인식되는 상황에 대한 정밀한 분석을 통해 변화의 방향이나 변화의 목표를 설정하기 위한 과정이다. 욕구사정의 주요 기능은 문제 혹은 서비스에 대한 요구를 욕구로 전환하는 것이다(한국사례관리학회, 2020).

(1) 욕구사정의 영역

욕구영역에 대한 구분은 학자별로 차이는 있지만 대체로 삶을 살아가는 데 필요하거나 확보되어야 할 다양한 영역이 포괄적으로 제시된다. 사례관리 시 준거로 삼고 참고할 수 있는 욕구의 영역은 Moxley(1989)가 제시한 12개의 욕구영역으로, ① 소득, ② 주택/보호처, ③ 고용/직업, ④ 건강/보호, ⑤ 정신건강, ⑥ 사회적/인간상호적 관계, ⑦ 여가선용과 휴식, ⑧ 일상활동 관련 어려움, ⑨ 이동수단, ⑩ 법적 욕구, ⑪ 교육, ⑫ 기타로 분류된다.

최근 공공영역, 아동, 노인, 장애인, 위기가족 등 분야나 기관 특성에 따라 제시된 욕구사정 영역을 보면 대상의 특성들이 반영되어 있으면서도 보편성이 있어 유사한 측면도 있다. 희망복지지원단의 통합사례관리 사정을 위한 욕구조사 영역을 보면(보건복지부, 2017a) 안전, 건강, 일상생활 유지, 가족관계, 사회적 관계, 경제, 교육, 고용, 생활환경, 법률 및 권익보장의 10대 영역으로 구분하고 있다. 장애인복지관의 욕구조사 영역은 이와 유사하나 의료·재활·건강지원, 돌봄·보호·휴식지원 영역이 추가되어 있으며, 사회복지관 욕구조사 영역에는 심리정서 영역이 추가되어 있다고 볼 수 있다.

욕구의 영역은 서비스 제공계획을 위해 유용하나 개인의 삶에서는 영역을 구분하기 어려울 정도로 영역 간에 서로 밀접한 관련을 가진다. 그럼에도 욕구의 영역을 구분하여 영역별로 어떠한 어려움을 겪고 있는지, 이러한 어려

표 4-1 사회복지 분야와 사정의 욕구영역

사회복지 분야	사정의 욕구영역 분류
희망복지지원단 욕구조사표 (보건복지부, 2017a)	① 안전, ② 건강, ③ 일상생활 유지, ④ 가족관계, ⑤ 사회적 관계, ⑥ 경제, ⑦ 교육, ⑧ 고용, ⑨ 생활환경, ⑩ 법률 및 권익보장
장애인복지관 욕구조사표 (박경수 외, 2013)	① 경제적 소득 지원, ② 교육지원, ③ 문화 및 여가활동 지원, ④ 의료 · 재활 · 건강지원, ⑤ 사회적 지원, ⑥ 돌봄 · 보호 · 휴식지원, ⑦ 직업 · 고용지원, ⑧ 기타
드림스타트 욕구조사표 (보건복지부, 2017b)	① 안전, ② 건강, ③ 일상생활 유지, ④ 가족관계, ⑤ 사회적 관계, ⑥ 경제, ⑦ 교육, ⑧ 고용, ⑨ 생활환경, ⑩ 법률 및 권익보장
사회복지관 욕구조사표 (한국사회복지관협회, 2012)	① 기본생활, ② 교육발달, ③ 심리정서, ④ 건강, ⑤ 안전, ⑥ 경제, ⑦ 가족관계, ⑧ 사회적 관계

출처: 김성경(2017: 101)에서 재인용.

움을 극복할 수 있도록 어떤 노력을 기울일 것인지를 계획하는 데는 욕구영역별 사정이 필수적이다. 한국사회복지관협회(2012)에서 제시하는 8대 욕구영역과 내용, 욕구와 연관될 수 있는 서비스 예시를 보면 삶에서의 욕구, 욕구해결을 위한 노력 간의 연결에 대한 이해가 보다 쉬울 것이다.

사례관리자는 또한 욕구사정 시 대상자가 제시한 주된 욕구영역과 내용을 기본으로 하되 의뢰자나 가족의 욕구도 동시에 염두에 두어야 한다. 사례관리자는 대상자와 가족이나 의뢰자의 욕구의 일관성과 차이에 초점을 두고 살펴볼 필요가 있다. 차이점이 발견된다면 이를 확인하고 합의하는 노력이 요구될 것이다. 그러나 합의가 어려운 경우 법적인 문제이거나 위급한 상황을 제외하고는 대상자의 욕구가 보다 우선되어야 한다.

표 4-2 욕구영역과 내용

영역	내용	서비스 예시
기본생활	일상생활을 유지하기 위한 기본적인 의식주와 관련된 욕구	식사, 밑반찬 지원, 주거환경개선, 생활품 지원, 가사도움 인력파견, 이동지원, 긴급생계비지원 등의 기초 생활지원 영역에 해당
교육·발달	인지·발달을 위한 적절한 지식습득과 관련된 교육·문화적 경험과 관련된 욕구	학습지도지원, 특기교육지원, 학습기자재지원, 캠프, 문화활동, 동아리활동 등
심리정서	적응, 행동 등과 관련된 심리·정서적 지원의 욕구	집단상담, 심리검사, 놀이/미술/음악치료 등
건강	신체적·정신적 질병 및 장애 등과 같은 건강관리와 관련된 욕구	재활치료프로그램, 질병검진지원, 보장구 지원 등
안전	신체적·정신적·물리적 폭력, 방임 등 보호와 안전과 관련된 욕구	방과후 보호, 긴급일시보호, 간병 보호 등
경제	소득, 취업 등 기본적인 생활을 위한 경제적 상황과 관련된 욕구	후원금 연계, 신용회복 지원, 취·창업 지원 등
가족관계	가족 구성원 간 관계, 구성원의 역할과 기능과 관련된 욕구	부모교육, 가족 문화활동 지원 등
사회적 관계	가족 외의 비공식적·공식적 사회적 관계망과 관련된 욕구	자조모임활동 지원 등

출처: 한국사회복지관협회(2012).

(2) 욕구사정의 내용

사례관리 대상자의 욕구를 사정할 때 사례관리자는 상담 속에서 대상자가 언어적 및 비언어적으로 표현하는 욕구들과 그 욕구와 관련된 대상자의 특성, 가족, 주변 상황들의 강점과 장애물들을 면밀히 파악한다. 사례관리자는 사례관리 대상자 욕구의 총체적인 내용과 수준, 시급성과 중요성 등을 점검한다. 욕구사정 과정에서 가계도, 욕구영역별 욕구사정 도구들을 활용할 수 있다.

① 가계도를 통한 가족구조와 패턴 파악

가계도는 Bowen의 이론에 근거한 사정도구로, 3대 이상의 여러 세대에 걸친 가족구조를 한눈에 파악할 수 있고 가족관계 및 정서체계에 대한 통찰력을 높일 수 있도록 고안되었다. 사례관리자가 가계도를 통한 욕구사정을 하면서 주의를 기울여야 하는 사항은 다음과 같다.

첫째, 사례관리자는 대상자 또는 대상자 가족과 함께 가계도를 작성한다. 모든 가계도를 대상자나 가족에게 그리도록 강요하는 것은 아니나 최소한 자신들의 가족구조가 어떠한지를 공유하는 것이 좋다. 둘째, 가계도는 도식화된 가족구조로 약속된 가계도 기호를 통해 누가 가족구조를 보더라도 쉽게 이해할 수 있도록 하나의 그림으로 드러내야 한다. 대상자의 가족 구성원은 누구로 구성되어 있는지, 몇 세대로 구성되어 있는지 등에 대한 구조적 특성을 그대로 제시한다(권진숙, 박지영, 2009). 셋째, 가계도가 많은 정보를 담아낼 수 있도록 작업하는 것이 중요하다. 가계도에 가족 구성원의 연령, 성별, 결혼상태, 질병, 직업 등 가족 구성원에 대한 개별적인 정보가 포함되어 있어야 한다. 넷째, 대상자와 가족이 가계도를 통해 변화가 필요한 욕구를 발견할 수 있는 통찰력이 생길 수 있도록 도와야 한다.

② 욕구사정 도구를 통한 세부 욕구내용 및 위기도 파악

우리나라 사례관리 실천현장에서 활용되는 욕구사정 도구들 중 공공영역의 희망복지지원단의 통합사례관리에서 제시하는 욕구영역별 욕구 및 위기도 조사 양식을 살펴보고자 한다. 이 책에서는 2020년 통합사례관리 욕구 및 위기도 조사 양식의 개선안을 기준으로 욕구영역과 욕구영역별 위기도를 점검할 수 있는 문항들을 중심으로 제시하였다(사회보장정보원, 2020). 이 사정도구는 사례관리 대상자의 욕구 내용과 심각성을 파악하는 데 도움이 되나, 사례관리자가 너무 사정도구에 의존하게 되면 대상자의 개별적인 삶에 기반한 다양한 욕구를 파악하는 데 한계가 생길 수 있고 대상자가 조사를 받는 듯

	여성, 70세		남성, 15세
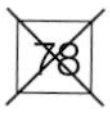	사망한 남성, 78세 사망	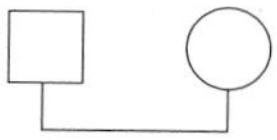	결혼
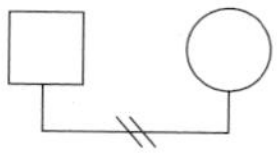	이혼	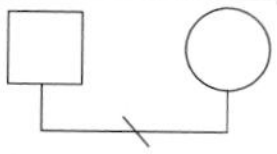	별거
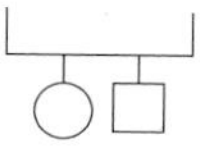	형제 순위	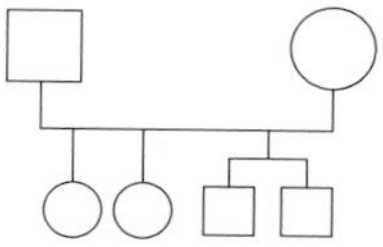	부모와 두 딸 그리고 쌍둥이 아들
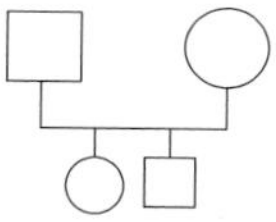	위탁이나 입양아동	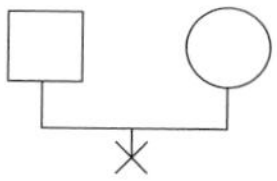	유산이나 낙태
	밀착된 관계		스트레스, 갈등관계
	미약한 관계	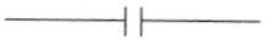	단절된 관계
	긍정적 · 지지적 관계		주고받는 관계의 방향

• 가족명: ____________
• 작성연월일: ____________
• 작성자: ____________

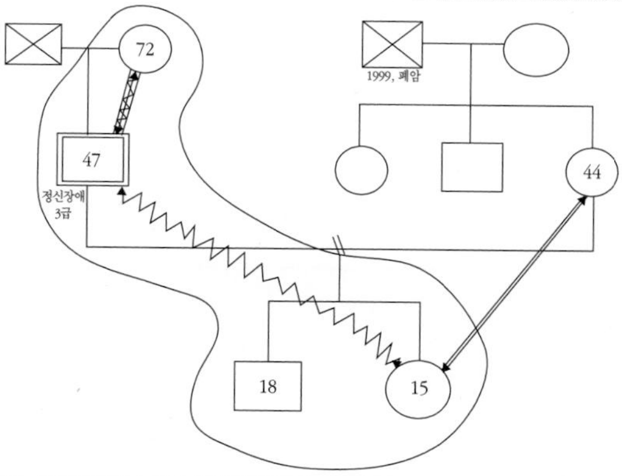

[그림 4-3] 가계도의 예시

• 2인 1조로 역할극을 통해 사례관리자와 대상자가 되어 대상자의 가계도를 그려 보고 가족관계 및 가족 간의 의미 있는 정보를 수집한다. • 가계도를 통해 대상자의 가족 관련 욕구를 사정해 본다.

인구학적 정보 '사실' 수집	• 출생, 결혼, 별거, 이혼, 질병, 사망(원인 포함) 등의 날짜 • 형제 순위 • 인종, 계층, 종교적 배경 • 교육, 소득 혹은 결혼을 통한 계층의 변화 • 현재 종교(활동) • 직업과 학력 등
가족의 기능 유형	• 반복되는 기능 • 역기능 • 순기능
가족관계 유형	• 매우 가까운 가족 구성원이 있는가? • 심한 갈등관계에 있는 가족이 있는가? • 중요한 생활사건(사망, 결혼, 이사, 이혼 등)이 있는가?
대상자 · 가족의 제시된 욕구	• 사례관리자의 의견

[그림 4-4] 가계도 작성 연습

한 느낌을 받을 수도 있음을 반드시 유의해야 한다.

• 경제: 기본적인 생활에 필요한 경제적 문제 및 자산관리상의 어려움 정도

경제	위기도 문항	0	1	2	3
기초 생활해결	1. 나 혹은 나의 가족은 돈이 없어서 어려움을 겪고 있다.				
재정관리	2. 나 혹은 나의 가족은 금전관리에 어려움이 있다.				
	3. 나 혹은 나의 가족은 빚과 관련된 문제를 해결하는 데 어려움이 있다.				

• 돌봄: 기능적 및 수단적 일상생활 유지상의 어려움 정도

돌봄	위기도 문항	0	1	2	3
돌봄지원	1. 나 혹은 나의 가족은 식사하기, 화장실 가기, 씻기, 옷 입기 등 기본적인 일상생활 동작을 수행하는 데 어려움이 있다.				
	2. 나 혹은 나의 가족은 보호가 필요한 가족원(노인, 장애인, 아동 등)을 돌보는 데 어려움이 있다.				
일상생활 지원	3. 나 혹은 나의 가족은 의식주 자원이 부족하여 일상생활을 유지하는 데 어려움이 있다.				

• 신체적 건강: 대상자 및 가족 구성원의 신체적 건강문제로 인한 어려움 정도

신체적 건강	위기도 문항	0	1	2	3
신체적 질환관리	1. 나 혹은 나의 가족은 신체적 질환으로 어려움을 겪고 있다.				
신체적 건강유지	2. 나 혹은 나의 가족은 신체적 건강 문제를 관리하는 데 어려움이 있다.				

• 정신적 건강: 대상자 및 가족 구성원의 정신적 건강문제로 인한 어려움 정도

정신적 건강	위기도 문항	0	1	2	3
정신적 질환관리	1. 나 혹은 나의 가족은 정신적 질환으로 어려움을 겪고 있다. [정신적 질환: 우울증, 조현병, 양극성장애 등의 정신질환, 중독문제(알코올, 약물, 도박, 인터넷 게임 등] 등				
	2. 나 혹은 나의 가족은 지난 6개월 동안 자살을 시도하거나 구체적인 방법을 생각한 적이 있다.				
심리정서적 건강 유지	3. 나 혹은 나의 가족은 심리정서적 건강문제로 어려움을 겪고 있다. (심리정서적 건강문제: 현재 진단받은 정신질환은 없지만 심리적·정서적 문제를 지니고 있는 경우)				

• 주거: 거주지의 내외부적 환경 문제로 인한 어려움 정도

주거	위기도 문항	0	1	2	3
주거 내외부 환경개선	1. 나 혹은 나의 가족이 거주하는 집의 생활환경이 열악하다.				
	2. 나 혹은 나의 가족은 거주하는 집의 안전상의 문제로 어려움을 겪고 있다.				
	3. 나 혹은 나의 가족은 거주하는 집의 주거공간 혹은 편의시설 부족으로 생활하는 데 어려움이 있다.				
주거지 마련	4. 현재 거주지가 불안정하거나 적절하지 못하여 어려움이 있다. (어려움 예시: 철거 및 퇴거 위기, 임대만료, 독립생활이 가능하지 않거나 위험요소 등)				

• 일자리: 취업 · 창업상 문제 및 직업유지의 어려움 정도

일자리	위기도 문항	0	1	2	3
취(창)업	1. 나 혹은 나의 가족은 구직에 어려움이 있다.				
고용유지	2. 나 혹은 나의 가족은 직장생활을 유지하는데 어려움이 있다.				

• 보육 및 교육: 일상생활 유지에 필요한 기초교육 습득 및 보육상의 어려움 정도

보육 및 교육	위기도 문항	0	1	2	3
기초학습 습득 및 향상	1. 나 혹은 나의 지녀는 일상생활 및 사회생활 유지를 위해 필요한 기초학습능력이 부족하다.				
교육환경 개선	2. (고등학생 이하) 나 혹은 나의 자녀는 학교생활에 어려움이 있다.				
	3. (고등학생 이하) 나 혹은 나의 자녀는 학업유지에 어려움이 있다.				

• 관계: 가족 및 사회적 관계 형성 및 유지상의 어려움 정도

관계	위기도 문항	0	1	2	3
가족관계	1. 나 혹은 나의 가족은 가족(동거 및 비동거 가족 포함)관계로 어려움이 있다.				
사회적 관계	2. 나 혹은 나의 가족은 일상적 어려움을 항시 의논할 사람이 있다.				
	3. 나 혹은 나의 가족은 일상적 어려움을 해결하는 데 실제로 도와줄 사람이 있다.				
	4. 나 혹은 나의 가족은 타인에게 피해를 주는 언행으로 이웃과 갈등을 유발하고 있다.				

• 안전: 가족 구성원 또는 외부인과의 관계에서 신변 보호상의 위기 정도

안전	위기도 문항	0	1	2	3
가족 내 안전	1. 나 혹은 나의 가족은 동거하는 가족으로부터 학대와 폭력을 당할 위험이 있다.				
	2. 나 혹은 나의 가족은 동거하는 가족에게 학대와 폭력을 행사할 것 같다.				
가족 외부로부터의 안전	3. 가족 외부로부터의 위험(직장폭력, 학교폭력, 성폭력, 범죄피해, 기타 등)으로 나 혹은 나의 가족의 안전이 위협받고 있다.				

• 법률 및 권익보장: 가족 구성원의 권익보장상의 위기 정도

법률 및 권익보장	위기도 문항	0	1	2	3
법률적 지원	1. 나 혹은 나의 가족은 법적 문제로 어려움을 겪고 있다.				
권익 보장	2. 나 혹은 나의 가족은 차별대우나 불이익을 받고 있다.				

표 4-3 욕구영역별 활용 가능한 척도들

욕구영역	표준화된 척도 및 객관적 정보
안전	위기분류척도(CTRS), 자살사고척도, 노인학대척도, 아동학대척도 등
신체건강	전문의 소견이나 진단(고혈압, 당뇨, 뇌졸중, 디스크, 희귀질환 등)
정신건강	ADHD(주의력결핍 과잉행동장애), Beck 불안척도, MSE(정신상태검사), BPRS(정신건강간이척도), 사회적 회피 및 불안척도, 충동성향 척도, 공격성 척도, 치매검사, 인터넷 중독, 알코올의존 척도
일상생활 유지	ADL(일상생활동작), IADL(도구적 일상생활동작)
가족관계/양육환경	가족응집력 척도, 가족관계척도, 양육환경 사정도구
사회적 관계	사회적 지지척도, 사회적 갈등척도, 대인관계능력척도, MCAS(지역사회적응척도)
경제	현금급여 수령액, 수입규모, 지출규모
교육/발달	지능검사, 기초학습기능검사, 아동발달사정도구, 자아정체성척도
취업	직무능력평가, 진로적성검사 등

사례관리자는 욕구사정 시 사례관리 대상자와 가족의 특성을 보다 면밀히 파악할 필요성이 있다고 판단될 경우, 필요에 따라 다음 〈표 4-3〉에 제시되어 있는 표준화된 척도 및 객관적 정보들을 활용할 수 있다.

2) 자원사정

자원사정은 욕구사정과 함께 사례관리의 사정단계에서 이루어지는 주요 노력이다. 사례관리실천에서 대상자와 가족이 원하는 변화는 내적 및 외적 자원의 활용과 확장으로 이루어진다는 것을 전제로 한다고 해도 과언이 아니다. 자원은 대상자의 내적·외적 자원과 대상자의 변화를 위해 필요한 물적 자원, 도움을 제공하는 사람들과 사회적 기관 혹은 조직 등 모두가 포함된다.

(1) 자원의 범주

자원의 소재에 따라 내적 자원과 외적 자원으로 크게 구분하고 자원 제공 주체의 성격에 따라 공식 자원과 비공식 자원으로 구분하여 볼 수 있다.

① 내적 자원

내적 자원은 욕구해결을 위한 개인의 강점이라고 할 수 있다. 가족에서의 내적 자원은 가족 간의 충성심, 정서적 지원을 강화하고 제공하기 위한 능력, 명료하게 의사소통하기 위한 능력, 가족구조의 유연성, 가족의 신념체계 등을 비롯하여 개인이 갖는 지능, 신체적 강점, 건강상태, 긍정적인 성향(정직, 자상, 낙관적, 인내, 친절 등), 영성 등을 포함한다(한국사례관리학회, 2012).

이 같은 자원이 대상자 개인과 가족의 변화를 위해 활용될 수 있을 경우에 자원이라고 할 수 있다. 예를 들어, 저소득 한부모 가정에서 엄마가 아동양육에 대한 욕구가 있을 때 아동의 기초학습능력이 일정 수준 이상이고 엄마가 아동에 대한 애정을 많이 표현하는 것은 큰 내적 자원이 된다. 사례관리자는 대상자 및 가족이 잘해 왔거나 잘할 수 있는 부분인 내적 자원들을 발견하여 이를 회복하고 생동할 수 있도록 도와야 한다.

② 외적 자원

외적 자원은 개인을 넘어서는 자원으로 비공식 자원과 공식 자원으로 나뉜다.

• 공식 자원

공식 자원은 기관이나 전문가에 의해 제공되며 기금이나 서비스 이용 요금을 통해 재원이 충당되며 기관, 조직, 전문가 정책과 규정에 의해 원조를 제공하는 것으로 법과 행정적 규칙에 의해 통제받을 수 있다. 공식 자원은 공공과 민간의 두 유형이 있는데, 공공 자원은 공적 급여와 같이 세금에 의해 운영되고 법으로 통제된다. 민간 자원으로는 정부보조금, 후원금이나 서비스 이용료에 의해 운영되는 사회복지시설이나 기관 등이 포함된다.

• 비공식 자원

비공식 자원은 친척, 친구, 이웃, 자원봉사자 등을 포함하는 광범위한 개념이다. 종교단체, 고용 관련 단체, 여가활동 단체, 사회단체뿐만 아니라 개인적 모임, 동료 집단, 통장, 반장, 슈퍼 아저씨, 경비 아저씨 등 대상자와 가까이에서 평소에 상호작용을 하고 있는 자원이 이에 속한다. 비공식 자원은 공식 자원에 비해 훨씬 더 융통성 있게 운용할 수 있어 더 중복적일 수 있다(한국사회복지관협회, 2012).

보건복지부에서 구축한 복지자원 통합관리시스템에서 구분한 제공주체별 자원의 분류는 다음과 같다. 이를 보면 보다 구체적인 공공 자원과 민간 자원, 비공식 자원 중 지역사회 자원에 대한 내용을 알 수 있다.

표 4-4 제공주체별 자원의 종류

제공주체 유형	개념 및 제공서비스 예시
공공 자원	• 조세를 이용하여 정부(중앙정부 및 지방자치단체), 공기업, 공단 등 공공기관 및 단체가 제공하는 현금, 현물, 바우처, 프로그램 및 대여/감면 서비스 • 제공서비스 예시 – 생계급여 등 국민기초생활보장법 및 긴급복지지원법에 의한 공적 급여, 기초연금, 장애인연금 – 노인 돌봄서비스, 보건소의 보건서비스, 방과후 돌봄서비스 등 공공서비스 – 공공근로, 저소득가정보조 등 지자체 자체예산으로 실시하는 복지사업 – 각종 바우처 사업

민간(중개) 자원	• 민간 재원을 사용하며, 사회복지자원을 제공받아 수혜자에게 전달하는 역할을 수행하는 기관 및 이들 기관이 제공하는 서비스 • 제공서비스 예시 – 종합복지관, 종별복지관 등 이용시설의 현금지원, 현물지원 및 서비스 프로그램 – 요양원, 그룹 홈 등 생활시설 내에서 제공하는 각종 프로그램 – 공동모금회의 예치금(시·군·구 지정기탁), 기획사업, 지정기탁(현물, 현금), 긴급지원사업 – 전국단위 민간기관(사회공헌단체)의 각종 서비스
지역 발굴자원	• 지역(시·도, 시·군·구 또는 읍·면·동) 내에서 직접 발굴되어 관리되는 민간 자원으로, 자원의 제공자와 자원의 수혜자 간의 직접적 서비스 연결이 이루어진다는 특징을 가지는 자원 • 제공서비스 예시 – 지역 내 개인 및 단체의 후원·기부금품 – 지역 내 개인 및 단체의 각종 프로그램 – 지역 내 개인 및 단체의 자원봉사

출처: 보건복지부(2017a).

(2) 자원사정 도구

사례관리자는 대상자와 함께 생태도, 사회적 지지망 그리드 등의 도구를 활용하여 대상자의 욕구 해결과 관련된 다양한 자원들이 무엇이 있는지, 어느 정도 이용 가능한지, 양이 적당한지, 이용이 용이한지, 대상자 특성에 맞는 자원인지 등을 파악한다.

① 생태도

자원사정을 위한 핵심적인 도구는 생태도라고 할 수 있다. 생태도는 일반적으로 지난 3개월을 기준으로 대상자나 가족을 중심으로 어떻게 환경체계들과 연계가 이루어지고 있는지를 확인하는 사정도구이다. 일반적으로 작성하는 방식은 다음과 같다.

첫째, 중앙의 점선으로 된 원 안에 대상자가 현재 주거를 같이 하고 있는 구성원들을 기초로 가계도를 그린다. 중앙의 점선을 중심으로 대상자와 관련 있는 환경체계들을 원으로 그린다. 이때 원의 크기는 영향을 미치는 자원의 정도를 나타낸다. 원이 가계도를 중심으로 가까우면 가까운 관계, 멀면 먼 관계를 의미한다. 둘째, 그 환경 속에 있는 인물 혹은 체계 등에 대해 전반적으로 대화한다. 셋째, 각 체계에 대한 대상자의 경험에 대해 대화한다. 이때 관계의 종류를 부호로 표시한다. 넷째, 완성된 그림을 확인한다. 다섯째, 대상자로 하여금 전체적인 인상에 대해 평가하게 하고, 차후 노력할 부분을 논의한다.

생태도는 대상자가 제시하는 주된 욕구 내용을 환경과 연결하여 좀 더 포괄적이고 전체적인 그림을 그릴 수 있게 해 준다. 뿐만 아니라 생태도를 통해 문제해결을 위한 도움이 될 수 있는 자원 및 장애물의 사정도 가능하다.

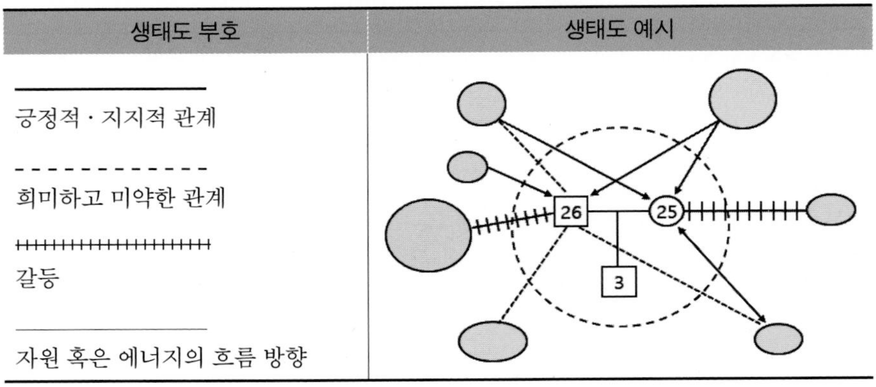

[그림 4-5] 생태도 부호 및 예시

② 사회적 지지망 그리드

사회적 지지망 그리드는 사회망과 더불어 Tracy와 Whittaker(1990)에 의해 개발되었다. 이 사정도구는 생활영역별로 사회적 지지의 종류, 원조방향, 친밀도, 빈도, 기간 등을 면밀히 파악할 수 있다는 장점이 있다. 사례관리자는 이러한 사회적 지지망 그리드를 활용할 수도 있고, 복잡한 경우 자원사정 과정 중 대상자의 속마음을 털어놓을 수 있는 사람이나 기관이 얼마나 있는지, 고민을 해결하기 위해 도움을 요청할 사람이나 기관이 얼마나 있는지 등을 파악하여 대상자의 사회적 지지망을 확인할 수 있다.

표 4-4 사회적 지지망 그리드의 예

생활 영역 (관계)	물질적 지지	정서적 지지	정보적 지지	평가적 지지	원조 방향	친밀도	만나는 빈도	알고 지낸 기간
	1. 거의 없다 2. 가끔씩 3. 거의 항상	1. 거의 없다 2. 가끔씩 3. 거의 항상	1. 거의 없다 2. 가끔씩 3. 거의 항상	1. 거의 없다 2. 가끔씩 3. 거의 항상	1. 거의 없다 2. 가끔씩 3. 거의 항상			

3) 사정을 위한 실천기술과 기록

(1) 사정을 위한 실천기술

앞서 욕구사정과 자원사정을 구분하여 개념, 사정도구 및 과업 등을 살펴보았으나, 실제 사례관리의 사정 시에는 욕구사정과 자원사정을 구분하지 않고 통합적으로 실시한다. 사례관리자가 대상자의 욕구 및 자원을 사정하는 과정에서 이루어져야 할 실천과업과 면접기술들을 한국사회복지관협회(2012)에서 제시한 준거들을 중심으로 살펴보겠다.

① 사정과정에서의 실천과업

• 대상자에게 중요한 것에서 시작하기

사례관리자는 초기단계부터 대상자에게 어떤 것을 제공해야 한다는 생각에서 벗어나 대상자와 진정한 관계를 맺고 그와 그의 환경을 이해하려고 해야 한다. 사정을 위해 사례관리자가 끊임없이 사고하여야 하지만 무엇보다 중요한 것은 대상자 자신의 욕구와 관점을 제외하고 생각해서는 안 된다는 것이다. 사례관리자의 전문적인 판단으로 더 우선되어야 할 사정 내용이 있다고 하더라도 대상자를 설득하거나 강요하기보다는 대상자와 합의된 욕구에 우선적으로 초점을 맞추어 대상자와 협력관계를 확고히 해 나가는 것이 중요하다.

사례관리자는 대상자의 단순한 물질적인 필요를 넘어 삶에서 가고자 하는 방향을 함께 탐색하기 위해 대상자가 원하는 것이 무엇이고 그것이 이루어졌을 때의 모습에 대해 자세히 사정할 필요가 있다. 대상자가 원하는 것이 이루어졌을 때 자신의 모습은 어떠할지, 가족들과의 관계는 어떠할지, 주변에서는 어떻게 그것을 알 수 있을지 물어보면서 점차 구체화하고 확장시켜 나간다.

• 대상자의 참여 우선하기

사정과정뿐만 아니라 사례관리의 전 과정에서 대상자의 참여와 결정은 매우 중요한 요소이다. 사례관리자는 대상자가 자기 자신과 자신의 삶에 대해 가장 잘 알고 있다는 것을 염두에 두고 사정과정에서 지속적으로 대상자가 원하는 방향과 내용을 잘 이해하고 초점이 맞춰지고 있는지 대상자에게 묻고 확인해야 한다. 구체적으로 사정과정에서 활용하는 가계도 등 사정도구들을 대상자가 충분히 참여하며 함께 작성하고 사정기록지 등을 공유하여 대상자의 의견을 듣고 보완하는 과정이 필요하다. 그 과정을 통해 사례관리자는 물론 대상자 자신도 자신의 문제와 욕구에 대한 이해와 통찰을 높일 수 있게 되며, 대상자는 자신이 존중받는 느낌을 받을 수 있어 사례관리자와 보다 협력적 관계로 발전하는 발판이 된다.

• 위계별 자원들을 꼼꼼히 확인하기

사례관리자의 이용 가능한 자원에 대한 정보력과 자원동원력은 대상자의 욕구 및 문제해결에 직접적인 영향을 미친다. 이에 대상자의 욕구를 충족시킬 수 있는 내적 · 외적 자원을 파악하기 위해서 사례관리자는 욕구를 중심으로 연결되어 있는 모든 사람과 면접을 해야 한다. 다양한 체계와의 접촉을 통해 기존의 연결된 자원을 확인하고 새로운 자원을 위한 정보수집과 연계를 위한 슈퍼비전 및 자문을 얻어야 한다.

자원을 위한 사정은 순서를 지켜 확인해 나가려는 사례관리자의 노력으로 보다 분명해질 수 있다. 자원사정을 위해 개인, 가족, 비공식 자원, 공식 자원의 순으로 위계별로 확인해 나가는 노력이 이루어져야 한다는 것이다. 자원의 위계를 모두 포함하는 것을 그물망이라는 단어로 표현하기도 하는데, 비공식 자원은 이 망을 더 촘촘하게 만드는 데 매우 중요한 기능을 한다.

② 사정 시 활용되는 면접기술

• 일상적인 것에서 핵심 문제나 욕구로 초점을 좁혀 나가기

대상자의 하루 일과, 즉 기상시간, 식사시간과 횟수, 수면시간, 주간활동 등을 확인하면서 대상자의 주요 욕구를 확인해 볼 수 있다.

• 질문은 이야기식으로 자연스럽게 풀어 나가기

가장 전문적인 상담은 편안하고 자연스럽게 진행되는 상담이라는 생각을 갖고 대상자의 이야기 안에서 공감을 바탕으로 한 질문으로 이어 나간다. 사례관리자는 욕구영역별 목록을 사전에 충분히 숙지하여 자연스럽게 다음 질문으로 이어 나갈 수 있도록 훈련해야 한다. 그 과정에서 이해가 안 되는 상황이나 욕구는 대상자에게 직접 질문하여 확인하는 것이 바람직하다.

• 대상자의 주변 환경을 꼼꼼히 관찰하기

가정방문 시 대상자의 방, 주방, 싱크대, 냉장고, 화장실, 마당, 집 주변, 지리적 특성, 지역 환경, 대상자의 문제와 관련된 법률 등을 전체적으로 파악한다.

• 요구를 욕구로 전환하고 욕구 충족을 위한 대상자의 선호 탐색하기

욕구사정 시 대상자 스스로가 자신의 욕구를 인식하고 표현하며 사례관리자와 합의하는 과정이 매우 중요하다. 사례관리자는 대상자가 직접적으로 요구하는 서비스에만 초점을 두지 않고, 그 이면에 있는 대상자의 욕구를 탐색할 수 있도록 한다. 어느 정도 욕구를 사정한 후 욕구영역별로 누락된 사정이 없는지 확인한다.

• 내적 · 외적 장애물을 사정하기

사례관리 대상자의 문제해결에 있어서 장애물은 욕구 및 자원을 사정하면서 반드시 파악해야 하는데, 내적 장애물은 개인력과 가족력을 파악하면서 사례관리 대상자가 특별히 민감하게 반응하고 문제로 여기는 것이 무엇인지를 확인한다. 내적 장애물은 특정한 상황, 특정한 관계, 특별한 태도, 특별한 인물, 특정 성격 등이 될 수 있다. 이것이 현재 대상자의 욕구해결의 장애물로 작용하고 있음을 대상자와 함께 인식할 필요가 있다. 또한 외적 장애물과 관련하여 가족환경, 지역사회 환경, 역사적 환경, 정치경제적 환경, 법적 환경 등이 사례관리 대상자 개인에게 장애물로 작용할 수 있음을 이해하고 확인한다.

(2) 사정기록

이에 사정과정에 대한 기록 또한 일반적으로 사례관리 대상자의 욕구와 자원을 종합하여 작성한다. 기관 특성에 따라 사례관리 대상자의 욕구사정기록지를 별도로 상세하게 작성하기도 하나 이 책에서는 일반적으로 사정기록지에 포함되는 항목들을 중심으로 작성법을 살펴볼 것이다.

① 사례관리 대상자의 개인력 및 가족력

개인력은 대상자 및 가족 구성원들이 제공한 정보를 통하여 사례관리 대상자의 발달단계 순으로 유아기, 아동기, 청소년기, 성인기 등에 경험한 발달정

보, 주요 사건 등 삶의 역사를 기술한다.

가족력은 사례관리 대상자를 중심으로 가족 호칭을 작성하고, 가족 내 구성원 간의 관계와 가족 구성원 상호 간에 미친 영향, 사건 등을 기록한다. 가족 구성원들의 주요 특성과 대상자와의 관계 등을 기록한다.

② 가계도 및 생태도

가계도는 원가족 정보가 있는 경우에 3세대 이상에 걸친 가족 구성원에 관한 정보와 그들 간의 관계를 도표로 기록한다. 원가족 정보가 없는 경우에는 파악된 가족의 구조 등을 가계도로 작성한다. 생태도는 생활공간 속에서 개인 또는 가족과 주변 자원체계를 상징으로 표시하여 사례관리 대상자와 다양한 체계와의 관계를 보여 준다.

③ 사례관리 대상자의 욕구 및 자원 사정

욕구사정은 욕구영역별로 우선순위에 따라 대상자의 현재 상황 및 문제, 욕구내용 및 심각한 정도를 작성한다. 욕구내용 작성 시에는 가능한 대상자의 언어로 기술한다.

자원사정은 일반적으로 먼저 대상자 자신이 가진 내적 자원을 사정하고, 다음으로 가족자원, 이후 지역사회 내 비공식 자원, 마지막으로 공식 자원에 대해 사정한다. 욕구에 따라 활용될 수 있는 강점과 욕구를 해결하는 데 장애물이 될 수 있는 요소를 기록한다.

④ 사례관리자의 의견

사례관리자는 사례관리 대상자의 주요 욕구 내용 및 이를 해결할 수 있는 내외적 자원과 장애물을 요약하여 정리한다. 이를 토대로 하여 사례관리 실행 수준에 대한 판단 결과를 위기(긴급) 사례관리 대상자, 집중 사례관리 대상자, 일반 사례관리 대상자 등으로 구분하여 작성한다.

사정기록지

<table>
<tr><td colspan="2">사례번호</td><td></td><td>사정일</td><td></td><td>사례관리자</td><td></td></tr>
<tr><td rowspan="7">인
적
사
항</td><td>이름</td><td></td><td>성별</td><td></td><td>생년월일(나이)</td><td></td></tr>
<tr><td>주소</td><td colspan="3"></td><td>연락처</td><td></td></tr>
<tr><td>학력</td><td></td><td>직업</td><td></td><td>종교</td><td></td></tr>
<tr><td>주거형태</td><td colspan="5">□아파트 □다세대/연립 □단독주택 □무허가/비닐하우스
□여관, 고시원, 쪽방 □기타( )</td></tr>
<tr><td>주거상태
(중복응답)</td><td colspan="5">□양호 □노후 □악취/불결 □긴급보수 요함 □한파 취약
□환기부족 □채광부족 □기타( )</td></tr>
<tr><td rowspan="2">경제상황</td><td>월수입</td><td colspan="4">월 원
(수급액 원 + 개인소득 원 + 기타 원)</td></tr>
<tr><td>월지출</td><td></td><td>부채</td><td colspan="2"></td></tr>
<tr><td colspan="2">개인력 및
가족력</td><td colspan="5"></td></tr>
</table>

<table>
<tr><td>가계도(그림과 서술로 작성)</td><td>생태도
(인적·물적 자원활용 및 관계 등을 기록)</td></tr>
<tr><td></td><td></td></tr>
</table>

<table>
<tr><td rowspan="4">욕구 및
자원 사정</td><td>영역</td><td>현재 상황,
문제</td><td>욕구</td><td>강점
(내/외적
자원)</td><td>장애물</td></tr>
<tr><td></td><td></td><td></td><td></td><td></td></tr>
<tr><td></td><td></td><td></td><td></td><td></td></tr>
<tr><td></td><td></td><td></td><td></td><td></td></tr>
<tr><td>사례관리자의
의견</td><td colspan="5">– 욕구 우선순위 및 주요 내용
– 사례관리수준 판단 내용
– 종합 의견</td></tr>
</table>

[그림 4-6] 사정기록지의 예시

출처: 김성경(2017: 115-116)에서 수정·보완.

생 | 각 | 해 | 보 | 기

1. 사례관리자가 대상자의 욕구사정을 위해 할 수 있는 질문 목록을 작성해 보자.
2. 사례를 하나 선정하여 사정 연습을 해 본 후 소감을 나누고, 사정기록지를 작성해 보자.
3. 초기 및 사정과정에서 사례관리자는 주로 대상자와의 직접 상담을 통해 접수, 욕구 및 자원사정을 하게 된다. 의사소통이 어려운 대상자에 대해서는 사례관리자가 어떻게 하면 좋을지 생각해 보자.
4. 타 기관이나 지역주민의 의뢰로 사례관리 대상자로 발견되어 접수된 사례에 대하여, 사례관리자가 사정을 위해 대상가정을 방문하고자 할 때 대상자가 오지 말라고 거부하는 경우 사례관리자는 어떻게 해야 할지 생각해 보자.

참 | 고 | 문 | 헌

권진숙, 박지영(2009). 사례관리의 이론과 실제. 서울: 학지사.

김성경(2017). 사회복지 사례관리론. 경기: 공동체.

김세진(2018). 복지관 사례관리 공부노트(개정판). 서울: 푸른복지.

남미애(2018). 아동 · 청소년을 위한 사례관리론. 경기: 양서원.

박경수 외(2013). 장애인복지관 사례관리매뉴얼 개발연구. 한국장애인복지관협회.

보건복지부(2017a). 희망복지지원단 사업안내.

보건복지부(2017b). 드림스타트 사업안내.

사회보장정보원(2020). 욕구 및 위기도 통합조사양식 개발연구.

이준우, 최희철(2014). 사례관리론. 서울: 신정.

한국사례관리학회(2012). 사례관리론. 서울: 학지사.

한국사례관리학회(2020). 사례관리론: 개념, 기술, 실천역량 이해. 서울: 학지사.

한국사회복지관협회(2012). 사회복지관 사례관리 매뉴얼.

Karls, J. M., & O'Keefe, M. E. (2008). ***Person-in-environment system manual.*** Washington, DC: NASW Press.

Moxley, D. P. (1989). ***Practice of Case Management.*** Newbury Park, CA: Sage Focus Editions.

Tracy, E. M., & Whittaker, J. K. (1990). The social network map: Assessing social support in clinical practice. ***Families in Society***, *71*(8), 461–470.

제5장

사례관리 실천과정 Ⅱ

1. 계획단계
2. 실행과 점검단계

들어가기

사례관리 실천과정 II에서는 사례관리 실천과정 중 계획단계와 실행 및 점검단계에 대해 다루게 된다. 사례관리 실천과정에서도 사회복지실천의 과정에서와 동일하게 사정 → 계획 → 실행의 과정이 서로 논리적으로 연결되어 있으며, 수시 및 정기적으로 이러한 실제와 논리적 연결이 효과적으로 잘 이루어지고 있는지에 대해 점검하게 된다.

1. 계획단계

계획단계는 사정을 통해 작성된 욕구목록을 실행으로 옮기기 위한 전략을 설정하는 단계이다. 계획단계에서는 사정을 통해 밝혀진 내용에 기반을 두고 달성하고자 하는 변화목표를 분명히 하며 이러한 변화목표를 달성하는 데 필요한 전략, 방법으로서의 서비스를 구성해 가는 논리적 과정이다(한국사례관리학회, 2012). 이 단계에서 사례관리자는 대상자가 자신의 문제를 직면하고 해결하기 위해 적극적으로 참여할 수 있도록 독려해야 한다.

1) 계획의 기능

계획수립의 기능은 다음과 같다(한국사례관리학회, 2012).

첫째, 대상자가 해결하기를 원하는 문제 및 그 우선순위를 선택할 수 있도록 사례관리자와 대상자의 사고를 구조화시키며, 이러한 과정에 참여하는 모든 사람(대상자와 가족, 사례관리자, 다른 서비스 제공자 등)의 주요 과업을 분명하게 해 준다.

둘째, 핵심적인 서비스 부분을 검토하고 어떤 방식으로 서비스가 전달되어야 하는지에 대한 구체적인 결정과정에 대상자가 참여함으로써 서비스 소비자로서의 대상자의 권리를 보장하게 된다.

셋째, 서비스 계획에 다양한 집단이 관여하게 됨에 따라 책임성이 희석되거나 불분명해질 가능성이 있는데 구체적인 서비스 계획을 통해 각각의 책임성을 분명히 할 수 있게 된다. 이를 위해서는 각각의 책임의 구체적인 내용이 서면으로 제시되어야 한다.

넷째, 계획은 사례관리의 안내체계, 즉 문제해결을 위한 지도로 이용될 수 있다. 이는 사례관리자에게도 중요하지만 대상자가 자신의 서비스에 대한 밑

그림을 이해할 수 있는 틀을 제공받음으로써 전체적인 과정에 좀 더 주체적이고 자율적인 참여나 관여를 가능케 한다는 점에서 대상자에 대한 옹호적 실천 전략으로서의 기능을 한다.

다섯째, 계획의 수립은 그 내용 안에 평가계획을 포함함으로써 잠정적인 효과성을 포함한다. 이는 개입의 주요 방향을 분명히 하고 목표달성의 가능성을 높이고 또한 그 성취 정도를 중간 점검하고 평가하는 데 중요한 지표가 된다는 것이다.

2) 계획과정의 단계

체계적인 사례관리 서비스를 계획하기 위해서는 구체적인 활동 전략을 세워야 한다. 활동 전략은 사례관리의 세부적인 수행 내용을 제시하는데, 첫째는 사정 요약하기, 둘째는 상호 간 합의된 목표 만들기, 셋째는 우선순위 정하기, 넷째는 전략 세우고 전략내용 분석하기이다.

(1) 사정 요약하기

사정단계가 지나온 삶에 대한 분석과 정리정돈이라면, 계획단계는 새로운 삶으로 향하는 방향 전환의 시작점이 될 것이다(이기연, 2012). 개별화된 서비스 제공계획을 수립하기 위해서는 전단계의 욕구사정 내용에 대한 검토가 이루어져야 한다. 이 과정은 사례관리자 스스로 생각하는 과정일 수도 있고 대상자와 함께 그의 지나온 삶을 이해하고 어떤 삶을 위해 어떠한 노력을 하고자 하는지에 대해 편안한 대화를 나누며 정리하는 과정일 수도 있다.

그 과정에서 욕구사정 결과와 사례회의 등의 내용, 대상자의 주 호소내용이 누락되지 않도록 유의해야 한다.

(2) 상호 간 합의된 목표 만들기

① 제시된 욕구와 합의된 목표

대상자의 제시된 욕구는 대상자가 희망하는 상태, 최종적으로 도달하려는 상태, 즉 문제가 해결된 상태이다. 사례관리 사정표에 제시된 욕구를 기록할 때는 대상자의 언어로 기록하여 대상자의 욕구를 사실적으로 표현하도록 하여야 한다. 그리고 제시된 욕구가 대상자 자신의 욕구인지, 가족의 욕구인지, 주변 사람들의 욕구인지도 기록함으로써 목표를 수립하는 데 참고해야 한다. 이러한 욕구는 대상자에게 확인하는 절차를 거쳐 합의된 목표를 설정하는 데 이해를 돕는 자료로 활용해야 한다. 대상자의 제시된 욕구가 달성 가능할 수 없는 희망 사항일 수도 있기 때문이다.

합의된 목표는 제시된 욕구의 해결을 위해 사례관리자와 대상자가 단계적으로 추진하고자 하는 목표이다. 합의된 목표는 대상자와 합의하는 것으로 목표를 향해 사례관리자와 대상자가 동의하는 목표이다. 대상자의 욕구가 5개 이상으로 다수 있더라도 현실 가능하고 우선적으로 변화되길 원하는 것을 선택하여 합의된 목표로 선정한다. 이 목표는 매우 구체적일수록 좋으며, 일정 기간 후 재사정을 통해 다음 단계로 진행할 수 있도록 해야 한다. 각각의 욕구에 대한 합의된 목표는 가능하면 3개를 넘지 않아서 목표달성에 부담이 되지 않도록 해야 한다.

② 단기 목표와 장기 목표

대상자의 욕구 해결 가능성을 보고 단기 목표와 장기 목표로 구분하여 설정할 수 있다. 단기 목표가 달성되면 장기 목표가 달성되는 것이며 단기 목표와 장기 목표는 위계적이며 연계적이다. 단기 목표는 통상 3개월 이내에 달성 가능한 목표를 말하며 추상적이거나 상징적이지 않고 명시적이며 구체적이며 행동적이어야 한다. 그래서 단기적으로 쉽게 해결 가능한 목표여야 한다. 예컨대, 남편이 음주 후 아내와 자녀에게 폭력을 행사하는 가정이 있다고 할 때, 목표는 부부간 주 1회 대화의 시간 갖기, 정신건강의학과 전문의와 상담하기, 전문가와 상담하기, 2개월 내 음주량 반으로 줄이기 등이 될 수 있다. 장기 목표는 사례관리가 종결되는 시점에 어떤 변화가 이루어질 수 있을지에 대한 달성 가능한 수준을 표현한 것이다. 대상자는 자신의 문제를 인식하고 이 문제나 상황이 어떻게 변화되었으면 하고 바라는 것이 있다. 이것은 희망사항이기도 하지만 장기적인 목표가 될 수 있다. 예를 들어, 아동 대상자가 '나는 아빠와 떨어져 살고 싶어요.'라는 소망을 이야기했다고 할 때, 대상자의 언어로 표현하고 이 목표가 적절한지 탐색하여야 한다. 친부모와의 분리가 목표로 합당하다면 장기적인 목표는 친부모와의 분리를 통한 아동의 안전한 삶 보장으로 정할 수 있다.

목표설정의 Tip

- 동사형(관찰 가능한 행동을 설명하는 용어)으로 서술하기
- 긍정적 용어 사용하기
- 투입 형태가 아닌 성과 형태로 서술하기
- 달성 가능한 수준으로 부분화하기
- 측정 가능하도록 가능한 구체적으로 수량화하기
- 대상자가 이해하기 쉬운 언어로 표현하기

출처: McClam & Woodside (2014).

(3) 우선순위 정하기

제시된 욕구 중에서 개입을 통해 변화를 도모하고자 하는 욕구를 선정하기

위해 우선순위를 정한다. 우선순위는 대상자가 원하는 것, 시급하고 위험하다고 판단하는 것, 구체적이며 실현 가능한 것 순으로 정한다. 우선순위에서 상위 세 가지 정도를 선정하여 목표 수립을 위한 단계로 진행하는 것이 좋다. 목표가 너무 많으면 대상자는 자신이 무엇을 추구하고 있는지 혼란스러워 집중하고 기억하기가 어렵다.

(4) 전략 세우고 전략내용 분석하기

① 실천계획 세우기

실천계획은 실행을 위한 구체적인 방안으로 사정에서 발견된 강점을 행동계획에 포함하고 가족과 이웃, 친구 그리고 지역사회 자원들을 개입시키고 그들의 행동과업을 구체적으로 기록하여야 한다. 행동계획은 빈도와 개입기간이 설정되어야 하며 계획수행에 참여하는 이들에게 각자의 역할을 분담시킨다.

사례관리 계획은 3개월 단위로 작성하는 것이 좋다. 장기간 지속되는 서비스일 경우에도 개입기간은 3개월 단위로 설정하여 정기적인 점검이 이루어질 수 있도록 한다. 서비스 계획의 기록은 제시된 욕구, 합의된 목표, 실행계획(빈도 포함), 담당자(내 · 외부), 개입기간, 점검의 내용이 포함된다.

② 계획 실행자의 선정

'목표달성을 위해 무엇을 해야 하는가'와 '누가 이것을 위해 움직일 것인가'는 동시에 고려되어야 한다. 계획 실행자는 실행방안의 이행자로서 사례관리 대상자 자신을 반드시 포함한다. 사례관리자는 목표실행을 위해 대상자의 내적인 능력을 향상시켜 스스로 문제를 해결할 수 있는 역량을 강화하는 한편 이 과정에 도움이 될 만한 자원을 검색하는 시도가 필요하다(이기연, 2012).

행동계획을 수행하는 사람은 대상자와 그의 가족을 포함한 비공식적 자원체계를 우선적으로 고려해야 한다. 대상자가 사례관리 서비스 종결 이후에도 그의 관계 속에서 자원을 발견하고 그로 인해 관계가 회복되고 발전하는 계기를 만들 수 있다. 비공식적 지지체계의 협력을 기대할 수 없거나 전문적인 서비스 제공기관을 통한 지원이 더 효과적이라고 판단된 경우에 지역사회 자원에 대한 탐색이 이루어져야 한다. 이 경우에는 대상자가 알고 있거나 이용한 경험이 있고 그가 선호하는 기관을 우선으로 선정한다.

③ 계획에 대한 협약

사례관리자는 사례관리 대상자와 향후 사례관리 계획 이행에 대한 협약을 하는 것이 좋다. 사례관리자는 대상자에게 함께 설정한 목표에 대해서 설명하고, 그것이 사례관리자의 일방적인 결정이 아니라 대상자가 참여한 공동의 결과라는 점을 다시 한번 확인하고 함께 이행해 나갈 것에 대한 동의를 구한다. 좋은 사례관리 계획에 관한 협약에는 대상자의 개입, 목표 설정을 위한 구체적 행동, 이행의 결과, 시간적 틀의 네 가지 요소가 포함된다.

표 5-1 계획과정의 단계

단계	내용
1단계 사정 요약하기	• 대상자가 제시한 욕구와 사례관리자가 사정한 욕구를 함께 확인하고, 대상자와 사례관리자가 우선적으로 해결하는 것으로 합의된 욕구를 도출한다.
2단계 상호 간 합의된 목표 만들기	• 합의된 욕구의 우선순위에 따라 대상자와 사례관리자가 함께 목표를 설정한다. • 상호 간 합의된 목표는 구체적이고 바람직한 결과여야 하고, 행동적 언어로 설명하도록 한다. • 목표설정 시 평가를 위해 목표를 달성할 기한을 제시하도록 한다. • 목표는 일반적으로 대상자와 그의 환경이 현재보다 향상될 것을 기대하지만 항상 긍정적인 변화가 있다는 것을 의미하지는 않는다. • 경우에 따라서는 부정적인 상태나 상황이 감소하는 것을 목표로 할 수도 있다.

3단계 우선순위 정하기	• 우선순위는 욕구와 요구의 차이 등을 고려하여 결정한다. • 우선순위 결정 기준은 대상자가 가장 중요하다고 생각하는 것, 생활과 자녀에게 당장의 위험이 있을 가능성이 있는지의 여부, 대상자가 좀 더 쉽게 성취하고 달성하기 용이한 것으로 한다.
4단계 전략 세우고 전략 내용 분석하기	• 목표를 달성하기 위한 전략은 대상자에게 적합하고 대상자가 활용할 수 있는 방법이라는 전제하에 브레인스토밍을 함으로써 다양한 전략을 모색할 수 있다. • 이때 전략은 실천가능하고 실천적인 성과를 용이하게 거둘 수 있는 것에서부터 어려운 수준으로 진행되도록 계획한다. • 전략들 중 선택하기로 한 장단점을 분석하고 분석 후 어떤 체계가 강화될 것인지를 알아보고 선택하도록 한다. • 사례관리 대상자와 사례관리 계획 이행에 대한 협약을 한다.

출처: 권진숙, 박지영(2008).

3) 계획과정에서의 기록

개입계획 수립단계에서는 사정 양식과 직접 연결되는 사례관리 실행계획서를 작성하게 된다. 이 양식에 포함되는 내용은 우선순위를 통해 걸러진 제시된 욕구와 합의된 목표, 대상자와 내 · 외부 담당자별 목표달성을 위한 실행계획 등의 내용을 포함하고 있다.

(1) 우선순위

사례관리 사정표에서 우선순위화한 욕구를 순서대로 재정렬하여 기록한다.

(2) 제시된 욕구

사례관리 사정표에 있는 제시된 욕구를 기록한다. 이때 누구에 의해 제시된 욕구인지 함께 기록한다. 대상자의 진술을 그대로 표기한 욕구는 변화목표가 대상자가 제시한 욕구를 해결하기 위해 합의한 목표임을 알 수 있게 함으로써 대상자의 이해와 참여를 독려하고 사례관리자로 하여금 욕구를 기반으로 실천할 수 있게 한다.

(3) 욕구수준

사례관리 계획단계(개입 전)와 평가단계(개입 후)에 제시된 욕구의 심각도를 10점 척도로 평가하여 기록할 수 있다. 대상자가 주관적으로 평가한 욕구에 대한 심각도의 낮은 수준(심각하지 않다)을 1점으로 하고, 높은 수준(매우 심각하다)을 10점으로 하여 평가하도록 안내하고 결과를 기록한다.

(4) 합의된 목표

합의된 목표는 제시된 욕구의 해결을 위해 사례관리자와 대상자가 단계적으로 추진하기 위한 목표이다. 합의된 목표는 장기 목표와 단기 목표로 세분화할 수도 있다. 합의된 목표는 행동적이고, 가시적이며, 수치화할 수 있도록 기술하며 단문으로 기술한다. 일반적으로 3개월 이내 재사정을 통해 다음 단계로 진행할 수 있도록 한다. 각각의 욕구에 대한 합의된 목표는 복수로 설정이 가능하지만 세 가지를 넘지 않는 것이 좋다(정선영, 손덕순, 오영림, 2017).

(5) 실천계획

합의된 목표를 달성하기 위한 실천방법으로서 계획의 실행자, 장소, 관련 자원 등을 포함해 구체적으로 기술한다. 이때 어떠한 형태나 규모라도 대상자의 역할을 반드시 포함하도록 한다. 실천계획에 의해 주당 서비스 제공 횟수 또는 담당자들의 해당 역할 활동 횟수를 기록한다.

(6) 담당

실천계획을 실행할 사람(기관)으로서 기관 내부자의 경우 부서와 담당자의 이름을, 기관 외부자의 경우 기관명과 담당자의 이름을 기록한다. 대상자 또는 가족 역시 담당자가 될 수 있다. 내부와 외부의 기관이 공동으로 담당할 경우에는 모든 기관을 기록하며 해당 서비스의 주 담당자(기관)를 표시한다.

(7) 개입기간

해당 실천계획의 실제적인 실행기간으로 기간의 종료일은 목표달성일과 평가일이 된다.

(8) 동의서

전체적인 실천계획을 수립한 후 대상자에게 내용을 설명하고, 서비스 실행

사례관리 실행계획서

<table>
<tr><td>사례번호</td><td></td><td>대상자</td><td></td><td>사례관리자</td><td></td></tr>
<tr><td>작성일</td><td></td><td>사례관리 수준</td><td>□긴급 □집중
□일반</td><td>유형</td><td>□신규
□재사정</td></tr>
<tr><td rowspan="2">우선 순위</td><td rowspan="2">제시된 욕구</td><td rowspan="2">합의된 목표</td><td colspan="2">목표달성을 위한 실행계획</td><td rowspan="2">기간</td></tr>
<tr><td>대상자</td><td>내·외부 기관</td></tr>
<tr><td>1</td><td></td><td></td><td></td><td></td><td></td></tr>
<tr><td>2</td><td></td><td></td><td></td><td></td><td></td></tr>
<tr><td>3</td><td></td><td></td><td></td><td></td><td></td></tr>
<tr><td colspan="2">사례관리자의 역할</td><td colspan="4"></td></tr>
<tr><td colspan="2">대상자의 역할</td><td colspan="4"></td></tr>
</table>

[그림 5-1] 사례관리 실행계획서의 예시

과 참여에 관한 동의서를 작성한다. 계약과정에서는 사례관리자와 대상자 및 대리인의 역할에 관해서 구체적으로 합의한다. 사례관리자와 대상자는 각각 서명한 원본을 나누어 가지며 이것을 서비스 실행에 대한 점검과 평가를 위해 사용한다.

2. 실행과 점검단계

실행과 점검단계는 정보수집 및 계획단계에서 작성된 계획의 목적달성을 위한 활동과정을 의미한다. 이 단계는 사례관리의 전 과정에서 사례관리자의 수행 내용이 가장 눈에 보이는 과정이다. 대상자는 계획된 바에 따라 문제해결 과정을 주체적으로 추진한다. 실행 역할을 분담받은 자원망은 대상자의 목표달성을 위해 대상자에게 정해진 서비스를 제공하고 실행계획상 함께 참여하는 다른 자원망 간의 원활한 소통을 위해 사례관리자의 점검과 조정에 협력하게 된다. 사례관리자는 대상자와 자원망에 대하여 각각의 계획 실행이 원만하게 이루어질 수 있도록 관리하는 기능을 하고 이들 간의 활발한 상호작용이 이뤄질 수 있도록 조정하는 역할을 수행한다.

1) 실행단계

(1) 직접실천

사례관리에 있어 직접실천은 사례관리자가 '대상자가 자신의 욕구를 충족시킬 수 있는 자신의 능력을 강화하도록 지원하는 활동'이며 '자율적이며 자기지향적인 능력을 향상시키도록 노력하는 것'으로 정의할 수 있다. 사례관리자가 수행하는 직접실천에는 위기개입, 대상자의 문제해결 역량을 강화하기 위한 교육·훈련과 정보 제공 활동, 대상자의 자발적 자원접근과 문제해결을 방해하는 내적 장애 요인 해결과 동기를 강화하기 위한 각종 협조 활동, 상담 · 치료, 자기 옹호 활동 등이 있다.

① 위기개입

사례관리자가 사례관리 대상자의 긴급한 의식주 문제 및 정신 · 신체 질환 증상의 응급한 안정을 위해 직접적으로 개입하게 되는 활동이다. 사례관리자들은 신속하게 자원을 사정하고 배치하며 위기로 인한 인지적 회복을 돕는 위기개입을 수행한다.

② 교육 · 훈련

사례관리자가 모델링, 코칭, 역할 바꾸기, 강화물 활용, 집단 교육, 실습 등 다양하고 창의적인 방법을 생각하여 사례관리 대상자에게 목표달성을 위한 직접적인 교육이나 훈련을 제공할 수 있다(김성경, 2017). 사례관리자는 대상자 스스로가 개입의 목표를 명확히 인지하도록 한 교육을 실시할 필요가 있고 대상자가 바로 실행에 옮길 수 있도록 구체화된 반복 경험을 제공하는 것이 좋다. 또한 대상자가 교육이나 훈련을 통해 습득한 기술을 실제 삶에 적용하여 연습해 볼 수 있는 기회를 제공해야 한다.

③ 협력적 활동

사례관리 대상자가 삶에 대한 주체의식을 갖고 문제해결 기술을 향상할 수 있도록 사례관리자는 대상자의 욕구를 충족시키기 위해 필요한 자원을 사례관리 대상자와 함께 의논하고 획득과정 전반에 협력하는 활동을 하게 된다. 주요 방법은 의논을 위한 접촉면접, 동행하기, 옹호하기 등으로 이루어진다.

④ 상담 · 치료

사례관리자가 실행과정에서 수행하는 상담은 동기 강화를 위한 상담, 자원

접근에 대한 장애물 대처를 위한 상담 등이다. 대상자가 목표달성을 위해 실행계획을 수행하는 데 장애가 되는 요인을 발견하고 해결하기 위해 대상자의 동기를 높이고 내부 장애물에 대한 상담과 치료, 문제해결을 위한 대상자의 실행 정도를 점검하는 내용들이 포함된다. 여기서의 상담과 치료는 매우 전문적이고 의도된 치료과정으로 사례관리 과정에서 이루어지는 일반적 면접과는 구분될 필요가 있다.

⑤ 정보 제공

사례관리자가 대상자에게 이해하기 쉽고 접근하기 쉽게 정보를 제공하는 활동이다. 자료 제작과 출판, 카드 · 책자 · 파일 · 팸플릿 제작, 워크숍, 설명회 등 다양한 방법이 사용된다. 정보는 대상자의 수준에서 이해가 쉽고 활용할 수 있는 언어를 선택하고 편집되어야 한다.

⑥ 자기옹호 활동의 지원

사례관리자가 대상자 자신이 욕구 충족을 위해 필요한 자원에 접근할 수 있고 자원을 찾아낼 수 있는 존재로서 여기고 주체적으로 사례관리 활동에 참여할 수 있는 동기가 강화되도록 지원하는 활동이다. 대상자가 자기옹호 과정에서 생기는 어려움에 대처하도록 사례관리자는 자신의 경험과 권위를 활용하여 도와주거나 심리적 지지를 해 주어야 한다.

(2) 간접실천

간접실천이란 대상자의 욕구 해결을 위해 탐색된 자원망이 반응적 대상자 지원망이 되도록 발전시키는 데 사례관리자가 관여하는 서비스를 말한다. 즉, 간접실천은 사례관리자가 대상자와의 직접 접촉을 통한 서비스 제공을 하지는 않지만 욕구 해결을 위한 자원 획득을 할 수 있도록 돕는 연계, 옹호, 조정, 자원망 개발과 자원망 개입이 이에 해당한다.

① 연계

연계란 대상자 지원계획에 정해진 서비스를 전달할 최선의 기관이나 자원을 선택하는 데 사례관리자가 관여하는 것을 의미한다. 사례관리자는 대상자의 욕구에 부응하는 자원을 사정하여 자료화하거나 자원망을 조직하고 이를 활용하여 대상자로 하여금 최선의 선택을 할 수 있도록 도와야 한다(권진숙, 박지영, 2009).

• 자료 분석과 정리

대상자가 최선의 선택을 할 수 있도록 돕기 위해 사례관리자는 다양하고 적절한 정보를 가지고 있어야 한다. 최신 자원정보 목록에는 무슨 서비스가 있는가, 어떻게 접근하는가, 대기자는 얼마나 있는가 등이 포함된다. 사례관리자는 지역사회 기관 목록, 각 협회가 제공하는 전화번호부, 홈페이지 정보, 전문가의 자문, 지역사회 회의나 모임 등을 활용하여 정보를 얻을 수 있다. 효과적 연계를 위해 사례관리자가 가지고 있으면 좋은 정보들은 다음과 같다(김성경, 2017).

- 서비스 이용 자격기준 등 서비스 이용성, 접근성에 관한 정보
- 대상자 욕구 해결을 위한 서비스 제공자의 역량 정보
- 서비스 제공자 및 기관의 평판 정보
- 홈페이지 등을 통한 기관의 주요 서비스에 대한 정보

• 자원목록에서 선택하도록 돕기

대상자의 욕구에 근거하여 다양한 대안과 그에 대한 장단점을 비교하여 제시함으로써 대상자가 선택하도록 한다. 이때 사례관리자가 소속 기관 서비스 위주로 자원을 소개하는 등 수집된 정보가 제한적이어서 최적의 서비스를 연계할 수 없는 경우가 생기지 않도록 유의한다.

• 연계할 기관에 대한 조직화

단순히 전화번호를 알려 주거나 안내지를 제공하는 소극적 정보 안내가 아니라 연계기관과의 연계활동에 대한 사전 협의와 연계절차를 구조화하여 서비스가 대상자에게 잘 제공되도록 한다. 또한 연계 이후 대상자가 서비스에 접근하는 데 어려움이 없는지 미리 알아보고 이에 대한 준비도 함께 제공되도록 한다.

② 옹호

옹호란 사례관리자가 힘이 약한 대상자의 입장을 대신 말하여 자원의 접근성과 활용성을 증진시키는 사례관리자의 활동을 의미한다. 이때 사례관리자의 과업은 대상자의 욕구에 부응하지 않으려는 자원들의 경향을 조정하는 것이다. 사례관리에 있어서 옹호활동은 대상자 개인의 옹호활동이 대부분이지만 사안에 따라서는 개인 수준의 대상자 옹호보다는 지역사회나 기관, 정책을 대상으로 옹호활동을 전개하기도 한다(김성경, 2017).

③ 자원망 개발과 지원

자원망 개발과 지원은 앞서 살펴본 간접실천인 연계와 유사할 수 있으나, 보다 공식적 및 비공식적 자원을 개발하고 강화하는 데 초점을 두는 실천방법이다. 사례관리자는 사례관리 대상자의 욕구 충족과 문제해결을 위해 공식 자원망과 비공식 자원망을 개발하고, 자원망들이 잘 기능할 수 있도록 지원하는 역할을 하게 된다. 기존에 자원을 동원할 때 발생한 제약요인들, 특히 사례관리자에 대한 편견이나 선입견을 낮추기 위한 노력들이 포함된다. 또한 잠재적인 자원망을 개발하기 위해 시민단체, 종교단체, 비영리단체 등과 협력하거나 모금활동 등을 통해 자원을 발굴하여 지원할 수 있다(강흥구, 2016).

④ 조정

조정이란 사례관리자가 대상자를 위한 서비스가 중복될 때 또는 자원망 간에 갈등이 일어날 때, 자원망 간의 역할분담이 필요할 때, 사례관리자가 각 기관의 역량에 적합한 역할분담을 하도록 관여하는 활동을 의미한다. 서비스 기관 간의 상황이 다양하고 대상자의 욕구가 있기 때문에 쉽게 갈등이 일어난다.

조정하는 사례관리자는 다음과 같은 점에 유의하여야 한다(김성경, 2017).

- 자원 간의 조정 시 대상자의 욕구에 초점을 맞추어 논의한다. 서로의 입장을 내세우다 보면 조정활동이 어려워질 수 있다. 대상자에게 초점을 두어 해결방법을 토론하여야 한다.
- 조정의 이점을 공유한다. 조정활동을 통해 얻을 수 있는 이점을 함께 누릴 수 있도록 배려하여야 한다.
- 사례관리자의 조정 노력을 통한 결과를 공유한다. 사례관리의 조정내용을 사례관리자 및 대상자, 그리고 관계된 서비스 지원들이 알 수 있도록 조정결과를 공유한다.
- 조정을 통한 시스템을 마련한다. 조정을 위한 시스템으로 지역 내 사회복지기관의 통합사례회의 또는 사례조정회의를 정기적으로 마련한다.

(3) 사례관리 실행기록

- 일시: 서비스가 제공된 일시를 기록한다.
- **사례관리의 진행 내용**: 진행된 사례관리의 주요 내용을 기록한다.
- **접촉방법**: 가정방문, 기관 내방, 전화, 온라인(메일, SNS 등) 등의 방법을 기록한다.
- **접촉대상**: 사례관리자가 대상자 외 자원개발 활동, 이웃 만남까지 기록한다.

사례관리 과정기록지

사례번호		대상자		사례관리자	
일시	사례관리 진행내용		접촉방법	접촉대상	비고

[그림 5-2] 사례관리 과정기록지의 예시

2) 점검단계

(1) 점검내용

사례관리에서 점검(모니터링)이란 전단계인 서비스 계획단계에서 계획된 서비스와 자원이 잘 전달되고 있는지를 확인하는 사례관리자의 중간 검토활동이다. 사례관리자는 점검을 통하여 대상자와 서비스 제공자의 노력 및 적절성을 파악하고, 목표달성에 영향을 미치는 장애요인을 발견하기도 하고, 새로운 욕구를 발견하여 재사정의 필요성을 제기하기도 한다.

점검의 내용은 다음과 같다(한국사례관리학회, 2016).

① 계획 이행도 점검

대상자와 서비스 제공자 모두 계획대로 과업, 활동, 책임을 다하고 있으며, 노력하고 있는가를 파악하는 것으로 서비스 계획에 따라 적절히 서비스가 이행되고 있는지를 검토한다.

② 목표 성취 점검

서비스 실행과정에서 단기 목표가 성취되어 가고 있는가를 점검하는 것이다.

③ 새로운 욕구 발견

서비스 실행과정에서 대상자의 새로운 욕구가 발견되거나 새로운 욕구에 대한 정보를 파악하는 것을 의미한다.

(2) 점검방법

점검의 영역은 크게 대상자 점검과 외부 자원망 점검으로 나뉘며, 그 내용에는 대상자와 자원 간의 상호작용을 포함해야 한다. 그리고 점검의 방법은 질적인 방법과 양적인 방법의 두 가지 방법을 조화롭게 시행한다.

점검결과는 사례회의를 통하여 외부 서비스의 기여도, 적절성 및 향후 방향 설정에 근거자료로 활용한다(김성경, 2017).

① 점검의 영역

• 대상자 점검

사례관리자가 서비스 목표달성을 위해 대상자의 노력 정도 및 참여도 등을 점검하는 것이다.

- 대상자 스스로 노력하고 있는가?
- 대상자가 적극적으로 참여하고 있는가?
- 대상자가 자신의 강점을 활용하고 있는가?
- 대상자가 목표달성 노력을 하고 있는가?
- 대상자의 외부 자원의 서비스 담당자와의 상호작용은 적절한가?
- 대상자에게 새로운 욕구가 발생하였는가?

• 서비스 점검

사례관리자가 외부 서비스 담당자의 서비스 목표달성을 위해 기여하고 있는 정도를 점검하는 것이다.

– 외부 서비스는 계획대로 적정하게 이행되고 있는가?
– 외부 서비스 담당자는 서비스 실행을 위해 노력하고 있는가?
– 외부 서비스의 질은 적절한가?
– 외부 서비스 담당자는 대상자와 적절한 상호작용을 하고 있는가?

② 점검의 방법

• 질적 점검방법

– 대상자의 노력: 대상자를 관찰, 가정방문, 대면접촉, 전화 등을 통해 점검 내용을 파악한다.
– 사례관리 서비스 이행도: 사례관리자가 기관방문, 대면접촉, 전화 등을 통해 직접 및 간접 사례관리 서비스 이행도를 파악한다.

• 양적 점검방법

사례관리 서비스의 이행 정도 및 대상자의 변화 정도를 척도를 통해 파악한다. 외부 서비스 담당자의 기록지, 결과지 등 양적 자료와 실행결과를 기반으로 점검한다.

(3) 사례관리 점검기록

① 사례관리실천 점검기록

사례관리 과정에서 대상자와 사례관리자 간에 합의된 목표를 적고 대상자의 참여 정도 및 문제인식도와 사례관리자를 포함한 내·외부 기관 노력의 적

사례관리 점검기록지

사례번호		대상자		사례관리자	
사례관리 수준	□위기/응급 □집중 □일반	작성일		점검자	

1) 사례관리실천 점검

합의된 목표	목표달성을 위한 세부활동 및 노력				기간	점검내용	
	대상자		내 · 외부 기관				
	참여 정도	___ /10	참여 정도	__ /10		목표달성 정도	___ /10
	참여 정도	___ /10	참여 정도	__ /10		목표달성 정도	___ /10
	참여 정도	___ /10	참여 정도	__ /10		목표달성 정도	___ /10

2) 욕구변화 점검

항목	구체적인 내용
욕구변화	
환경변화	

3) 사례관리 서비스 종합계획

점검결과 반영	□서비스 유지 □서비스 계획 변경 □재사정 □종결
종합의견	

[그림 5-3] 사례관리 점검기록지의 예시

절성 정도에 대해 10점 만점의 점수로 평가하여 기록한다. 실제 목표달성과 관련한 서비스 점검내용에 대해 기록하고 점검 당시까지의 목표달성 정도에 대해 평가한다.

② 욕구변화 점검기록

사례관리 대상자 욕구의 변화가 있는지, 욕구와 관련한 환경의 변화내용이 있는지를 확인하여 이와 관련된 내용을 작성한다.

③ 종합의견

사례관리 점검자는 사례관리실천을 위한 서비스 제공 노력 및 목표달성 정도, 욕구변화와 관련한 점검내용을 종합적으로 정리하여 기술한다. 또한 이를 바탕으로 현재 사례관리 서비스를 유지할 것인지, 서비스 계획을 변경할 것인지, 재사정이 필요한지 또는 현재 종결이 필요한지에 대해 판단한 내용을 기록한다.

생 | 각 | 해 | 보 | 기

1. 사례관리서비스 계획과정의 구체적 절차에 대해서 설명해 보시오.
2. 사례관리서비스 계획과정에서 합의된 목표를 설정하는 방법에 대해 정리해 보시오.
3. 사례관리 실행 및 점검과정에서 사례관리 대상자의 변화가 없어 보일 때 사례관리자는 어떻게 하는 것이 바람직할지 생각해 보시오.

참 | 고 | 문 | 헌

강홍구(2016). 사례관리. 서울: 정민사.

권진숙, 박지영(2009). 사례관리의 이론과 실제. 서울: 학지사.

김성경(2017). 사회복지 사례관리론. 경기: 공동체.

이기연(2012). "사례관리의 주요과정 이해" 사례관리 전문가 교육 실무자 기초과정. 한국사회복지사협회, 한국사례관리학회.

정선영, 손덕순, 오영림(2017). 사례로 배우는 사회복지실천기술론. 서울: 학지사.

한국사례관리학회(2012). 사례관리론. 서울: 학지사.

한국사례관리학회(2016). 사례관리전문가 심화과정교육. 서울: 학지사.

McClam, T., & Woodside, M. (2014). ***Generalist case management: a workbook for skill development*** (4th ed.). Belmont, CA: Brooks/Cole, Cengage Learning.

제 6 장

사례관리 실천과정 Ⅲ

1. 평가
2. 종결
3. 사후관리

들어가기

사례관리의 종결이 애초에 수립했던 목표를 성공적으로 달성하고, 계획했던 종결 시점대로 종결하는 것이 이상적이겠지만 실제에서는 쉽지 않다. 왜냐하면 사례관리 대상자의 욕구나 문제가 다면적이고 복합적이며, 지속적이고 만성적인 경우가 대부분이기 때문에 일정 기간의 사례관리를 통해 대상자의 욕구와 문제가 충분히 해결되고, 자립과 자활의 능력을 갖추기가 쉽지 않기 때문이다. 그렇다고 해서 종결을 하지 않고 무한정으로 사례관리를 진행하는 것은 제한된 자원과 효율성 측면에서, 또한 대상자가 사례관리를 통해 이루어 낸 변화를 계기로 추후 외부의 도움 없이 생활할 수 있다는 가능성을 간과한다는 점에서 바람직하지 않다. 따라서 사례관리의 종결은 적절한 시기에 이루어져야 한다.

사례관리의 종결은 평가와 사후관리가 포함되어야 한다. 평가는 성과가 강조되는 현실에서 매우 중요하다. 사례관리에서 평가는 종종 성과, 특히 실적만으로 오해되기 쉽다. 그러나 사례관리의 평가가 단순히 성과 위주, 비용의 효율성만을 의미하는 것이 아니라 사례관리 실천의 효과성에 대한 평가라는 인식을 가져야 한다. 이 장에서는 사례관리의 마지막 단계라고 할 수 있는 종결과 평가 그리고 종결 이후의 사후관리에 대해서 살펴보고자 한다.

1. 평가

1) 평가의 개념과 필요성

사례관리자는 사례관리 대상자의 복지를 극대화하고, 사례관리 서비스의 적합성과 효과를 평가하며 사례관리자의 역량을 확보하고, 실천을 향상시키기 위해 지속적인 평가에 참여해야 한다(NASW, 2013). 평가는 사례관리 서비스가 대상자의 목표를 달성할 수 있도록 적절하고 효과적이며, 적시에 서비스가 제공되도록 보장하기 위해서 필수적이다.

사례관리 과정에서 평가는 협의의 개념에서는 '사례관리 과정에 참여한 대상자가 그들의 욕구와 변화목표에 부합하는 서비스를 적절히 제공받고 이를 통해 원하는 변화를 성취하였는지를 확인하는 과정'이라고 할 수 있고, 광의의 개념에서는 '사례관리의 다양한 구성요소에 의해 계획된 서비스가 대상자의 변화목표에 부합하고, 실천원칙을 잘 반영하여 제공되었는지 확인하고, 실천의 내용들이 개입의 다양한 수준에서 기대된 변화나 성과에 기여하고 있는지를 통합적인 방법으로 확인하는 활동'까지 포함하는 과정이다(한국사례관리학회, 2012).

일반적 사회복지실천과 마찬가지로 사례관리에서도 서비스에 대한 책무성(accountability)과 이를 확인하기 위한 평가활동이 강조된다. 사례관리의 평가활동은 종결단계에 이르러 행해지는 한시적인 과업이 아니라 사례접수 초기부터 종결 시까지 지속적으로 이루어지는 하나의 과정(process)으로 이해되어야 한다. 평가활동의 궁극적인 목적은 대상자에게 더 나은 서비스를 제공하기 위한 방향으로 그 결과들이 환류되게 하기 위함이다(한국사례관리학회, 2016).

평가를 통하여 사례관리를 종결할 것인지 또는 유지할 것인지를 판단하게 되며, 평가는 사례관리를 위해 활용한 기술이나 방법의 효과성 평가 및 성과에 영향을 준 요인들의 구조적 분석을 하는 과정으로 사례관리의 발전을 위해서 필요한 활동이다. 사례관리 성과를 비용과 관련지어 평가하기는 쉽지 않지만, 사례관리 실천에 대한 효과성 평가는 반드시 필요한 부분이라고 할 수 있다.

또한 사례관리 평가와 실행이 분리되지 않도록 목표달성 정도 및 대상자의 변화를 평가하며, 목표달성을 위해 제공된 서비스에 대해 대상자의 만족도와 적절성을 평가한다. 필요한 경우 평가에 필요한 척도를 활용하는 것도 효과적이다.

2) 사례관리 평가내용

평가단계에서 가장 중요한 핵심 과업은 다음과 같다.

첫째, 평가에 필요한 적절한 자료원을 마련하는 것이다. 이를 위해서는 평가에 적절한 척도 등을 활용하는 것이 필요하다. 평가 시 사용할 척도에 대해서는 사례관리 계획에 포함하는 것이 바람직하다.

둘째, 사례관리 과정평가로 각 사례관리 단계별 목표달성 정도와 당면한 문제들에 대한 요인을 파악하는 것이다. 즉, 평가는 종결과정에서만 진행되는 과정이 아니라는 점을 숙지하고 각 단계별 평가를 진행하는 것이 최종적인 평가에서도 중요한 자료원이 될 수 있다.

셋째, 핵심 과업은 사례관리의 성과를 평가하는 것이다. 사례관리자는 대상자에게 사례관리를 통해 어떤 변화가 이루어졌는지에 대한 평가를 실시해야 한다. 제공된 서비스 내용의 적절성뿐만 아니라 양과 빈도에 대한 평가와 효과성도 평가해야 한다. 또한 이러한 평가과정은 사례관리자 중심의 일방향이 아니라 사례관리 대상자가 계획을 함께 수립한 것과 마찬가지로 평가과정에서도 대상자의 주체적인 참여와 당사자의 평가가 반영될 수 있도록 계획되어야 한다.

성과평가 (outcome evaluation)	• 사례관리 실천의 결과 • 변화내용 • 목표달성 여부의 평가 • 최종단계에서 평가
과정평가 (process evaluation)	• 사례관리의 전 과정을 평가 • 사례관리 전 단계에서 점검의 차원에서 수행

[그림 6-1] 평가의 종류

평가의 주체는 사례관리자와 사례관리 대상자가 된다. 사례관리 대상자에게 사례관리의 성과를 평가하는 일정 및 방법에 대해 계약단계에서 고지하여 대상자도 사례관리 과정을 자가평가할 수 있도록 하고, 평가에 참여할 수 있는 구조를 마련하는 것이 바람직하다. 평가방법으로는 서비스 측면, 대상자 측면, 목표달성 측면의 세 가지 관점에서 사례관리의 성과를 평가하게 된다. 구체적으로 살펴보자면, 서비스 측면에서는 사례관리 서비스 점검결과를 토대로 계획 대비 실제 서비스 이행 정도를 평가하는 것이다. 대상자 측면에서는 초기 욕구조사 결과와 비교하여 대상자의 문제 개선 및 해결 여부를 파악한다. 마지막으로는 목표달성 측면으로 서비스 제공계획 수립 시 설정한 장단기 목표가 서비스 제공 및 개입을 통해 어느 정도 달성되었는지 평가하게 된다.

한편, 기관의 서비스에 대한 만족도뿐만 아니라 사례관리 과정을 통해 제공된 서비스 전체에 대한 만족도로 사례관리를 평가해 볼 수 있다. 만족도 평가방법은 표준화된 척도를 일반적으로 활용하며, 만족도 평가에 활용할 수 있는 대표적인 척도로는 한국형 사회복지서비스 이용자 만족도 척도(CSI-K) 단축형이 있다(뒤의 [그림 6-2] 참조).

사례관리의 평가는 매우 다면적이고 광범위하게 진행되기 때문에 쉽지 않다. 무엇보다 양적인 수치로 분명하게 드러나는 성과를 보이기도 쉽지 않으며, 실제로 양적인 수치의 변화가 얼마나 되어야 성과로 평가할 수 있는지, 눈에 보이지 않는다고 해서 변화가 진행되었다고 평가할 수 없는 것인지 등은 논쟁거리인 것이 사실이다. 무엇보다 한 가지 명심해야 할 점은 사례관리는 구체적인 치료 모델이나 기법 혹은 기술이 아니라는 점이다. 따라서 임상에서 흔히 활용되는 평가방법인 사전·사후조사를 통한 변화의 결과 혹은 자원개발과 연결의 양적 변화만으로 사례관리의 성공을 단정할 수는 없다.

따라서 사례관리는 다양한 수준의 변화가 포함되어 평가되어야 하며, 결과보다 과정 중 보이는 대상자와 사례관리자의 관계에 평가의 초점을 맞추어야 한다(한국사례관리학회, 2016).

3) 사례관리 평가단계에서의 주요 활동 및 평가내용

미국사회복지사협회(NASW, 2013)는 사례관리의 평가단계에서 다음과 같은 활동들이 포함되어야 한다고 제시하고 있다.

- 대상자의 목표를 확인하고 달성하는 데 도움이 되었는지의 여부
- 측정 가능한 목표에 도달할 수 있도록 하는 전략적인 계획수립
- 사례관리 대상자에게 필요한 다양한 재정 지원 및 자원의 공평한 분배를 고려한 프로그램 예산의 확보
- 적절한 측정도구를 사용한 평가
- 과정 및 성과목표의 측정
- 사례관리자, 프로그램, 기관 차원의 자기평가
- 동료 사례관리자의 검토, 슈퍼비전, 자문의 활용
- 서비스 의뢰 또는 종결과정에 대한 평가

- 증거 기반 실천을 위한 질적 및 양적 연구 참여 및 사례관리 관련 문헌의 검토
- 대상자, 사례관리 예산 제공기관 등에서 평가자료 요청 시 사례관리 대상자의 개인정보 보호 및 비밀보장을 고려한 평가결과의 보급

한편, 평가되어야 할 주요 내용으로 NASW(1996)에서 제시한 사례관리자의 점검목록은 다음과 같다.

- 사례관리 과정별, 사례별로 정확하고 시기적절한 정보가 획득되었는가?
- 사례관리자의 활동에 대한 평가가 이루어지고 있는가?
- 주기적인 평가를 실시하였는가?
- 평가일정 및 평가방법에 대해서 대상자에게 충분히 설명하고 있는가?
- 사례관리를 통한 변화나 향상에 대해 대상자의 평가를 반영하고 있는가?
- 목표달성을 위한 서비스의 양과 질에 대한 평가가 이루어지고 있는가?
- 개입계획이 비용 효과적인가? 재정성과에 대한 지속적인 검토가 있는가?
- 대상자의 독립성을 개발하고 유지하기 위한 노력을 하고 있는가?
- 사례관리의 양적 효과에 대한 기록화 및 문서화가 이루어지고 있는가?
- 사례관리를 통해 대상자가 이용 가능한 지역사회의 프로그램 발전 정도 및 자원배분의 적합성이 검토되고 있는가?

사례관리 평가과정에서의 두 가지 평가기준에 주안점을 둘 필요가 있다.

첫째, 욕구평가이다. 사례관리 실천현장에 사례관리 대상자의 실질적인 종결은 현실적으로 쉽지 않다. 그렇다고 종결의 과정 없이 무한대로 사례관리를 진행하는 것은 바람직하지 않다. 따라서 때가 되면 평가를 통해 당사자의 더 나은 욕구를 찾아야 한다. 좋은 것을 이루려는 욕구, 강점을 강화하는 적극적 욕구를 찾아서 세워 나가는 욕구평가가 중요하다.

둘째, 자원활용 평가이다. 대상자가 여러 가지 자원을 활용하여 욕구를 해결할 수 있도록 진행하며 평가시기가 되면 이제 당사자가 활용한 그 자원들을 평가하고 지속적인 활용방안에 대해서 함께 평가해 본다(김세진, 2018).

평가단계의 Tip

- 서비스 제공계획에 따른 평가가 논리적으로 연결되어야 한다.
- 원래 수립했던 목표 대비 평가가 이루어져야 한다.
- 평가에 다양한 수준의 변화가 포함되어야 한다.

평가 관련 서식

- 이용자 만족도 평가: 사회복지서비스 이용자 만족도 척도(CSI-K) 단축형 문항

문항내용	1	2	3	4	5
사례관리자는 진심으로 나를 도와주는 것 같다.					
만일 다시 도움이 필요하다면 사례관리를 이용할 것이다.					
내가 이곳에서 받은 사례관리를 다른 사람에게도 추천하고 싶다.					
사례관리자는 자신들의 일을 성의껏 한다.					
나는 사례관리를 통해 진정으로 내가 필요로 하는 도움을 받았다.					
나의 사례관리자는 나의 모습을 있는 그대로 받아 준다.					
나의 사례관리자는 내 심정을 이해하는 것 같다.					
나는 사례관리자에게 속마음을 털어놓을 수 있을 것 같다.					
내가 사례관리에서 받은 도움은 기대 이상이었다.					

※ 1 전혀 그렇지 않다. 2 그렇지 않다. 3 보통이다. 4 그렇다. 5 매우 그렇다.

• 사례관리 만족도 설문지

	문항내용	전혀 그렇지 않다	별로 그렇지 않다	보통이다	그런 편이다	매우 그렇다
서비스 내용	1. 당신을 담당하는 사례관리자가 사례관리 과정을 자세히 설명하여 주었습니까?					
	2. 당신이 받은 사례관리의 내용과 서비스 면에서 만족합니까?					
	3. 사례관리자는 당신을 존중하면서 사례관리 과정을 수행하였습니까?					
	4. 당신은 사례관리자의 전문성에 만족하십니까?					
	5. 사례관리자는 당신의 욕구를 충분히 반영한 후 서비스를 제공하였습니까?					
	6. 사례관리 서비스를 받고 난 이후 전반적으로 당신의 욕구해결에 도움이 되었습니까?					
	7. 당신이 요청한 부분에 대해 사례관리자가 최대한 신속히 처리하려고 노력했다고 생각하십니까?					
	8. 사례관리자의 각종 복지서비스 안내가 시기적으로 적절히 제공되었습니까?					
사례 관리자의 태도	9. 사례관리자는 당신에게 친절하였습니까?					
	10. 사례관리담당자와 의사소통이나 대화가 원활하였습니까?					
	11. 사례관리자는 당신에게 서비스를 제공하기 위해 충분한 사전정보를 준비하고 있었다고 생각하십니까?					
	12. 당신은 사례관리자에게 항상 편안한 마음으로 도움을 요청하였습니까?					

출처: 보건복지부(2017).

• 서비스 평가표

개입목표		서비스 내용	① 수행률	② 욕구 충족률	③ 이용자 만족도
안전	① 생명의 위협을 받거나 받을 가능성 감소				
	② 가족 내 폭력 및 학대, 방임으로부터의 보호 및 안전 확보				
신체건강	③ 심각한 건강문제의 완화 및 회복				
정신건강	④ 심각한 정서적인 문제, 정신건강 문제(술, 약물, 자살 등)의 완화 및 회복				
일상생활	⑤ 가사지원 및 일상생활 기능강화				
	⑥ 간병 및 보육부담 완화				
가족관계	⑦ 부부/부모-자녀관계의 개선 및 가족기능 강화				
사회적 관계	⑧ 친인척/이웃/사회적 관계의 개선 및 지지체계 강화				
경제	⑨ 기초 욕구(의식주)의 충족				
	⑩ 소득보장 및 향상				
교육 및 직업	⑪ 학습능력 강화 및 교육기회 확대				
	⑫ 취(창)업 지원 및 직업적응력 강화				
지역 환경 및 지지 자원	⑬ 주거 및 주변환경 문제의 개선				
	⑭ 이동 및 교통수단 확보				
	⑮ 권리보장 및 옹호				
기타					
재사정 필요	□예	서비스 계획 수정필요	□예	종결필요	□예

* 종합평가 의견:

[그림 6-2] 평가 관련 서식

출처: 한국보건복지인력개발원(2011).

2. 종결

1) 종결의 정의와 원칙

종결이란 사례관리 서비스를 종결하는 것을 의미한다. 종결과업에 이르는데 도움이 되는 몇 가지 원칙은 다음과 같다.

첫째, 종결까지 사례관리자가 계속 애정(caring)을 갖는 것은 필수적 요소이다.

둘째, 사례관리 대상자가 사례관리자에게 계속 도움을 요청할 수 있지만, 종결 후 서비스는 제한적이라는 점을 분명히 이해하도록 한다.

셋째, 반드시 사례관리 대상자와 함께 사후관리 계획을 세우고, 필요시 언제라도 다시 연락을 취할 수 있도록 문을 열어 놓는 것을 잊지 말아야 한다. 이때 종결보고서에 반드시 사후관리를 명시하고 이를 대상자와 확인해야 하며, 필요시 언제라도 다시 기관의 사례관리 서비스를 이용하기 위해 연락을 취할 수 있다는 점을 상기시키면서 마무리하는 것이 적절하다(인천광역시 사회복지관협회, 사례관리연구회, 2009).

종결단계에서 사례관리자는 다음의 내용들이 고려되고 있는지 점검해야 한다. 먼저 사례관리 종결을 위한 계획을 수립하고 있는지이다. 종결은 처음 사례관리를 시작할 때부터 언급되어야 하며 그 기준과 시점에 대해서 대상자와 합의되어야 한다. 또한 서비스 종결이 예상될 경우 대상자에게 통보 여부가 점검되어야 한다. 물론 서비스 종결이 곧바로 사례관리 종결의 의미는 아니지만 종결을 고려해야 할 시점이라는 점에서 필요하다. 종결의 적절성이 검토되어야 한다. 이는 목표수립의 단계와 서비스 제공계획의 동의과정에서 논의된 바가 있겠지만 종결시점에서 보다 구체적으로 다면적으로 점검되어야 한다. 한편, 종결에 따른 추후 예상결과와 사후관리를 위한 연계기관이나 대상자 주변의 주요 인물들에 대한 역할 검토가 고려되고 있는지도 점검되어야 한다. 타 기관으로의 연계가 필요할 경우 적절한 기관으로의 의뢰가 고려되고 있는 것, 연계기관과의 협력과 의사소통의 원활함이 확보되어야 종결 후 사후관리로의 연결이 원활할 것이다.

2) 종결의 사유

사례관리 종결 기준 및 사유는 다음과 같다.

첫째, 대상자의 사망 또는 이사로 인해 타 지역으로 사례관리를 이관해야 할 경우로 인해 더 이상 사례관리를 진행할 수 없는 경우이다.

둘째, 대상자의 상황호전, 대상자의 외적 상황의 변화나 문제해결 등의 사유로 더 이상 사례관리 서비스가 필요 없는 경우이다.

셋째, 서비스 거절이나 포기의 경우, 연락두절이나 서비스에 대한 거부가 지속되는 경우, 또는 사례관리 서비스에 대한 동의 이후 계약에 대해 해지를 요구하여 사례관리의 중단이 야기되는 경우이다.

넷째, 기타 사유로 인하여 사례관리 종결이 필요한 것으로 판단되는 경우이다. 사례관리 종결기준은 사례별 특성을 고려하여 탄력적으로 적용하되, 사례관리 종결회의를 통하여 사례관리 종결근거와 종결 여부를 확정하는 것이 바람직하다.

또한 사례관리 종결 시 종결보고서나 종결심사서를 작성해야 한다. 종결보고서의 주요 내용은 다음과 같다.

- 장 · 단기 성과목표별 달성내역: 대상자와의 상담을 통해 서비스 제공계획 수립 시 설정한 장 · 단기 목표 달성 내역을 기록
- 담당자 의견: 성과목표 달성 여부 결과를 기초로, 서비스 지속 제공 여부 필요성, 타 기관 의뢰 필요성 등 종결에 대한 담당자 개인의 전문적인 의

견을 기술

- 종결평가 의견: 사례관리 대상자를 둘러싼 이해관계자 간의 사례회의를 통해 대상자의 변화를 유도하고 적절한 보호조치가 이루어졌는지 여부를 평가하고 대상자에 대한 종결 여부 논의 결과를 요약하여 기록
- 종결평가 결과: 대상자를 둘러싼 중대한 환경 및 욕구의 변화가 발생한 경우 욕구조사를 재차 실시하며, 그 외의 경우 종결 처리
- 해당하는 종결 유형에 표시: 대상자의 취업 또는 환경 변화로 인하여 욕구조사를 실시한 결과 사례관리 서비스에 대한 필요성이 높지 않아 종결할 경우 상황호전에 표기하며 거절이나 포기의 경우 거절 및 포기 사유를 기술

3) 종결단계에서 주의할 사항

서비스 제공계획에 따른 평가가 논리적으로 연결되어야 한다. 원래 수립했던 목표 대비 평가가 이루어져야 한다. 종결 후 사후관리 서비스에 대한 계획이 나타나 있어야 한다. 평가에 포함되어야 할 내용은 사례관리 후 대상자 및 대상자 가구의 변화가 양적 · 질적으로 측정되어야 한다. 종결 시 사례에 따라 대상자에게 안내가 되어야 할 내용들이 있는데, 별도 안내문 양식을 만들어 활용하는 방법이나 체크리스트 방식도 효과적이다.

효과적인 종결을 위한 노력으로는 종결에 대한 예고가 필수적이며 종결에 대한 대상자의 저항에 대한 인식과 대처가 필수적이다. 종결에 대한 저항을 파악할 수 있는 징후로는 대상자가 새로운 문제나 욕구를 제기하거나 직접적으로 종결에 대한 불안을 호소할 수 있다. 따라서 종결에 대한 대상자의 부정적인 정서를 효과적으로 다루는 것이 필요하다. 이를 위해서는 종결준비를 사례관리의 초기단계에서부터 시작해야 하며, 종결의 시점과 기준에 대해 대상자와 합의하며 종결시점이 다가올수록 이에 대해 환기와 재확인을 하는 것이 필요하다.

종결에 대한 부정적인 정서와 저항을 예방하기 위해서 사례관리 과정에서 대상자가 성취한 목표와 성과에 대한 축하와 지지와 격려의 시간을 충분히 할애해야 한다. 또한 앞으로 발생할 수도 있는 다양한 어려움에 대해서도 미리 나누고 어떻게 대응해야 할지 종결에서 다루어야 한다. 그래야만 종결에 대한 두려움을 줄이고 대상자의 대처능력 및 문제해결 능력을 확보할 수 있다. 위기 상황이 발생할 경우 언제든지 다시 사례관리자에게 도움을 요청할 수 있는 여지를 제공하고 안전감을 지닐 수 있도록 한다. 종결과정에서 성공적인 목표달성, 성취 등에 대해 축하할 뿐 아니라 실패한 것도 개방적으로 다루어야만 한다.

잘못된 종결의 대표적인 예는 다음과 같다.

- 종결의 근거가 부족한 경우
- 종결기준이 적절치 않게 적용된 경우
- 서비스 종결이 곧 사례종결로 된 경우
- 종결의 예고가 되지 않은 경우
- 종결 후의 사후관리가 계획되지 않은 경우

종결단계의 Tip

- 대상자가 종결을 잘 수용할 수 있도록 사례관리 초기 계약단계에서부터 종결기간을 고지하고, 종결시점이 일정기간 남았을 때부터 사전에 종결논의를 대상자와 함께 하며 종결을 서서히 준비해야 한다.
- 종결 이후에도 필요한 경우 사례관리자에게 도움을 요청할 수 있음을 안내하여 종결에 대한 대상자의 안전감을 확보하고 불안을 감소시켜야 한다.
- 욕구나 문제가 해결되어 종결된 대상자도 문제가 재발하거나 새로운 욕구가 발생할 수 있으므로 지속적인 사후관리를 통해서 대상자의 긍정적 변화 유지 여부를 반드시 확인해야 한다.

사례관리 종결보고서

<table>
<tr><td>사례번호</td><td></td><td>대상
자명</td><td></td><td>종결보고
일자</td><td></td></tr>
<tr><td rowspan="2">종결보고
담당자</td><td colspan="3" rowspan="2"></td><td>소속</td><td></td></tr>
<tr><td>연락처</td><td></td></tr>
<tr><td colspan="3">단기</td><td colspan="3">장기</td></tr>
<tr><td colspan="2">성과목표</td><td>달성 여부</td><td colspan="2">성과목표</td><td>달성 여부</td></tr>
<tr><td colspan="2"></td><td></td><td colspan="2"></td><td></td></tr>
<tr><td>담당자 의견</td><td colspan="5"></td></tr>
<tr><td>종결평가
의견</td><td colspan="5"></td></tr>
<tr><td>종결평가
결과</td><td colspan="5">□욕구 재조사 □종결</td></tr>
<tr><td>종결 유형</td><td colspan="5">□기간 종료 □사망 □이사 □상황호전( )
□거절이나 포기( ) □연락두절</td></tr>
</table>

[그림 6-3] 사례관리 종결보고서의 예시

3. 사후관리

1) 사후관리

종결평가 후 일정기간 대상자의 변화지속 여부를 모니터링하는 활동을 말한다. 사후관리의 내용으로는 변화지속 여부, 새로운 욕구나 문제의 발생 여부를 파악한다.

종결 이후의 결과를 확인하기 위한 활동으로, 서비스 종결 이후 일정기간을 두고 종결 이후의 변화상황 안정화 여부를 점검하고 재개입 필요성을 조기에 판단하기 위한 목적으로 수행한다. 즉, 사례관리 서비스 종결 후 대상자의 상황에 대한 후속적인 점검으로 대상자가 변화를 어느 정도 유지하고 있는가를 모니터링하여 대상자의 변화된 상태를 유지할 수 있도록 지원하고 위기 상황의 재발을 예방한다.

2) 사후관리의 방법

사후관리는 내방상담 및 전화상담, 연계된 서비스 기관 담당자 의견 등으로 평가할 수 있다. 사후관리에서 중요한 점은 무엇보다 사후관리의 계획이다. 종결단계에서 사례관리자가 지속적으로 점검한다는 점을 대상자에게 고지해야 한다. 사후관리의 방법이나 빈도, 내용에 대해서 소속기관에서 정해진 규정이 있다 하더라도 대상자와 논의하여 유연하게 수립해야 한다. 또한 사후관리 단계에서 연계된 기관이 있다면 지속적으로 관계유지를 통해 대상자에 대한 사후관리 정보를 공유하고 점검해야 한다.

사후관리 보고서

<table>
<tr><td>등록번호</td><td colspan="2"></td><td>등록일</td><td></td></tr>
<tr><td>성명</td><td colspan="2"></td><td>종결일</td><td></td></tr>
<tr><td>주소</td><td colspan="2"></td><td>전화번호</td><td></td></tr>
<tr><td rowspan="3">1차
사후관리</td><td>날짜</td><td></td><td>접촉방법</td><td>□전화상담
□내방상담
□가정방문상담
□기타</td></tr>
<tr><td>접촉대상</td><td colspan="3">□사례관리 대상자 □가족/보호자 (   ) □기타</td></tr>
<tr><td>현상황
요약</td><td colspan="3"></td></tr>
<tr><td rowspan="3">2차
사후관리</td><td>날짜</td><td></td><td>접촉방법</td><td>□전화상담
□내방상담
□가정방문상담
□기타</td></tr>
<tr><td>접촉대상</td><td colspan="3">□사례관리 대상자 □가족/보호자(   ) □기타</td></tr>
<tr><td>현상황
요약</td><td colspan="3"></td></tr>
<tr><td>사례관리자
종합의견</td><td colspan="4">□욕구 재조사 □종결</td></tr>
<tr><td>추후계획</td><td colspan="4">□재개입 □타 기관 사례관리 의뢰(   )
□종결확정 □기타</td></tr>
<tr><td>사례관리자</td><td colspan="2">성명 (서명 또는 날인)</td><td>작성날짜</td><td></td></tr>
</table>

[그림 6-4] 사후관리 보고서의 예시

출처: 한국건강가정진흥원(2013).

생 | 각 | 해 | 보 | 기

1. 사례관리의 다양한 평가내용에 대해서 설명해 보자.
2. 사례관리 대상자와의 종결과정이 원만하게 진행되기 위해서 사례관리자가 준비해야 할 것에 대해서 생각해 보자.

참 | 고 | 문 | 헌

김세진(2018). 복지관 사례관리 공부노트(개정판). 서울: 푸른복지.

보건복지부(2017). 읍·면·동 맞춤형 복지 업무매뉴얼.

인천광역시사회복지관협회, 사례관리연구회(2009). 인천광역시 사회복지관 사례관리 실천을 위한 매뉴얼 연구보고서.

한국건강가정진흥원(2013). 다문화가족 사례관리 실무활용 매뉴얼.

한국보건복지인력개발원(2011). 지방자치단체 사례관리매뉴얼.

한국사례관리학회(2012). 사례관리전문가 교육-실무자 기초과정. 서울: 학지사.

한국사례관리학회(2016). 사례관리전문가 심화과정교육. 서울: 학지사.

NASW (1996, 2013). NASW Standard for Social Work Case Management.

제3부

대상별 사례관리의 실제

제7장

장애인 사례관리

1. 장애인의 특성과 사례관리의 필요성
2. 장애인 사례관리 실천유형
3. 과정별 장애인 사례관리의 실제
4. 장애인 사례관리를 위한 법과 제도

들어가기

장애인은 일반인이 갖게 되는 다양한 삶의 문제 이외에도 장애로 인해 발생하는 그들만의 특별한 어려움이 있다. 신체장애인의 경우 대부분 사고나 질환에 의한 것으로 이전의 삶으로 되돌아가지 못하는 현실에 대한 부적응, 이전과 달라진 자신의 모습에 대한 회한과 슬픔 등의 문제를 갖기 때문에 자신의 장애를 수용하고 새로운 삶에 적응하기 위한 지원을 필요로 한다. 지적장애인과 자폐성장애인을 통칭하는 발달장애인의 경우 인지적 제한과 행동문제로 인해 지역사회에 적응하지 못하거나 외부인에 의한 학대 및 다양한 피해의 대상이 될 수 있기 때문에 이들의 지역사회 통합을 위한 다양한 지원이 필요하다. 이런 측면에서 장애인을 위한 사례관리는 그들의 다양한 요구에 부합되어야 하며, 이들 장애 당사자뿐 아니라 어려움을 함께 짊어지고 가야 하는 가족의 지원 측면에서 이루어져야 한다.

따라서 이 장에서는 장애인의 특성과 사례관리의 필요성, 장애인 사례관리 실천유형, 장애인 사례관리의 실제, 장애인을 위한 법과 제도 등을 중심으로 심층적으로 살펴보고자 한다.

1. 장애인의 특성과 사례관리의 필요성

장애인 사례관리(case management for people with disabilities)는 최소한의 비용을 가지고 장애인의 다양한 재활욕구를 효과적으로 충족시켜 줄 수 있도록 여러 종류의 서비스를 적절히 조정·운영하는 기능을 포함하는 일련의 과정이다. 또한 장애인에 대한 의학적·심리학적·직업적 특성에 대한 평가, 평가결과에 기초한 재활계획의 수립과 이행, 각종 서비스의 효과적 제공을 위한 적절한 조율과 모니터링, 다양한 의사소통 방법과 주변 자원을 활용한 서비스 성과와 재활결과에 대한 평가를 아우르는 조정과정이라고 할 수 있다(조성재, 2012). 따라서 장애인 재활서비스의 제공에 있어 사례관리자(case manager)의 역할은 장애인들에게 개별화되고 통합된 서비스가 제공되도록 다양한 재활서비스와 이들의 제공 주체들을 조율하고 관리하는 것이다.

1) 장애영역별 특성

「장애인복지법」에 의하면 장애유형은 총 15개 영역으로 구분되고, 「장애인 등에 대한 특수교육법」에 따르면 11개 영역으로 구분된다. 장애유형에 따라 당면문제와 욕구가 다르다. 따라서 사례관리자는 장애유형에 따른 특성을 충분히 파악하고 있어야 하며 이를 사례관리에 적용할 수 있어야 한다(변경희, 이용표, 이미정, 두진영, 2008).

(1) 발달장애(지적장애와 자폐성장애)

지적장애(intellectual disabilities)는 얼마 전까지 정신지체(mental retardation)라는 용어로 불렸는데, 'mental retardation'이라는 용어가 정신적으로 늦거나 지체됨을 의미하였기 때문에 현재는 '지적인 부분에 제한이 있는'의 의미를 갖는 지적장애를 공식적인 용어로 사용한다. 지적장애의 정의를 살펴보면 '지적장애란 일반적으로 지적 기능이 현저하게 평균 이하(IQ 70 이하 또는 2표준편차 이하)이고 적응행동에 어려움이 있으며 이러한 것이 발달기(18세 이전)에 나타나는 것'을 의미한다. 장애는 일반적으로 1~6급까지로 구분하는데, 6급은 경도, 1급은 중도 또는 최중도에 해당한다. 지적장애의 경우 이전에는 경도부터 최중도까지 나누어 지능 및 적응행동의 심각한 정도를 구분하였지만 1992년 미국정신지체협회의 9차 정의 이후 장애의 결함적 측면보다 필요한 지원 정도에 따른 분류체계로 재활하였다.

이전에는 〈표 7-1〉에서처럼 지능의 정도로 장애를 나누어 장애의 심각도에 따른 결함의 정도를 분류하였으나 1992년 미국정신지체협회의 9차 정의 이후로 지역사회 통합을 위해 필요로 하는 지원이 어느 정도인지에 따라 장애를 고려해야 한다고 보는 입장이 주를 이루었다. 최근에는 〈표 7-2〉에서처럼 지적장애인의 지역사회 통합을 위한 생활기능 향상 측면에서 필요한 지원을 목표로 하고 있다.

자폐성장애란 「장애인 등에 대한 특수교육법」의 정의에 따르면 '사회적 상호작용과 의사소통에 결함이 있고 제한적이고 반복적인 관심과 활동을 보임

표 7-1 지적장애의 심각도에 따른 분류

장애 정도	학업	일상생활	직업
경도	2~5학년 성취	높은 수준의 독립	전체 또는 일부 지원
중등도	기능적 단어의 인식과 수학기술	일부 감독하에 대부분의 자기보호와 지역사회 이동 가능	일부지원을 통한 지역사회 고용
중도	취학 전 또는 유치원 기술(숫자 세기와 색 인지)	높은 감독	감독하의 지역사회 또는 작업장
최중도	모든 기본적 욕구에 대한 보호요구		

출처: 정동영 외 공역(2008: 216).

표 7-2 지원의 강도에 대한 정의

간헐적 지원	'필요에 따른' 지원, 항상 지원을 필요로 하는 것은 아니며 인생의 재활기(예: 실직 또는 심각한 질병으로 위기 상황)에 단기적인 지원 등과 같은 일시적인 필요에 따른 지원을 말하며 간헐적 지원의 강도는 상황에 따라 높을 수도 있고 낮을 수도 있다.
제한적 지원	일정한 시간 동안 일관성 있게 지원이 필요하고, 시간 제한적인 성격을 띠며 집중적인 지원보다는 지원인력이 덜 필요하고 비용도 적게 든다(예: 시간 제한적인 직업훈련 또는 학교에서 성인기로의 재활을 위한 지원).
확장적 지원	적어도 몇몇 환경(직장 또는 가정)에서 정기적으로(예: 매일) 지원을 제공하는 것으로 시간 제한적이지 않은(예: 장기적 지원, 장기적인 가정생활지원) 지원수준
전반적 지원	전반적으로 모든 환경에 걸쳐서 제공되며 삶을 유지하는 데 필요한 모든 지원을 하는 것을 말한다. 이 경우 평생 동안 모든 순간에 누군가의 도움이 없으면 생을 유지하기 어려울 정도의 장애를 말하며 많은 수의 지원인력과 개입을 필요로 한다.

출처: 박원희 외(2009: 169).

으로써 교육적 성취 및 일상생활 적응에 도움을 필요로 하는 사람'이라고 정의 내리고 있다. 미국정신의학회의 『정신질환의 진단 및 통계 편람』의 다섯 번째 개정판(DSM-5)에서는 자폐성장애(Autism Spectrum Disorder: ASD)의 진단준거에 대해 다음과 같이 규정하고 있으며, 이는 준전문가가 사례관리를 위해 자폐성장애인을 처음 대면했을 때 이들이 자폐성장애인인지를 선별할 수 있는 준거가 될 수 있다.

① 다양한 맥락에서 사회적 의사소통과 사회적 상호작용의 지속적인 결함을 보이며, 이는 다음의 세 가지 모두가 현재 또는 이전부터 지속적으로 나타난다.

- 사회 및 정서적 호혜성에서의 결함(예: 비정상적인 사회적 접근과 주고받는 일반적인 대화의 실패, 관심 · 정서 · 애정 등을 다른 사람과 공유하는 데 제한, 사회적 상호작용을 시작 및 반응하는 데 어려움 등).
- 사회적 상호작용을 위해 사용하는 비언어적 의사소통 행동에서의 결함(예: 언어 및 비언어적 의사소통을 통합적으로 사용하는 데 어려움, 눈 맞춤과 몸짓과 같은 비언어적 행동에서의 비정상성, 몸짓의 이해 및 사용의 결함, 안면 표정과 비언어적 의사소통에서의 전반적 결함 등)
- 사회적 관계를 만들고 유지하고 이해하는 데 결함(예: 다양한 사회적 맥락에 맞게 행동하는 데 어려움, 상상놀이를 공유하거나 친구를 만드는 데 어려움, 또래에 대한 관심이 없음 등)

② 제한적이고 반복적인 행동, 관심, 활동을 보이며, 이는 다음 중 적어도 두 가지가 현재 또는 이전부터 지속적으로 나타난다.

- 상동적이거나 반복적인 동작, 사물 또는 말의 사용(예: 단순한 상동적인 동작, 장난감을 길게 줄 세우기, 사물 흔들기, 반향어 사용, 특이한 어구의 사용 등)
- 동일성에 대한 고집, 판에 박힌 일과에의 집착, 언어 또는 비언어적 행동의 의례적(예배의식과 같은) 패턴(예: 작은 변화에도 과도하게 불안해함, 전이의 어려움, 경직된 사고 패턴, 판에 박힌 인사하기 일과, 매일 동일한 일과 또는 동일한 음식 섭취에 대한 요구 등)
- 초점이 비정상적인 매우 제한적이고 고정된 관심(예: 특이한 사물에 대한 강한 집착이나 몰두, 과도하게 한정된 관심에의 몰두 등)
- 감각 자극에 대한 둔감 혹은 민감 반응 또는 환경의 감각 양상에 대한 특이한 감각적 관심(예: 고통 또는 온도에 대한 분명한 무감각, 특정 소리나 감각에 대한 혐오적 반응, 과도하게 냄새를 맡거나 과도하게 사물을 만

짐, 빛이나 움직임에 대한 시각적 강한 관심 등)

③ 증후가 초기 발달시기에 나타나야만 한다(그러나 발달시기별 사회적 요구가 제한된 능력을 초과할 때까지는 증후가 충분히 나타나지 않을 수도 있다. 또는 이후의 발달 시에 학습된 전략으로 인해 증후가 가려져서 나타나지 않을 수도 있다).

④ 증후가 사회적 · 직업적 또는 현재 기능수행의 다른 중요한 영역에서 임상적으로 유의미한 결함을 유발한다.

⑤ 이러한 어려움이 지적장애와 혼돈되어서는 안 된다. 하지만 지적장애와 자폐성장애는 자주 공존한다. 자폐성장애와 지적장애로 동시에 진단이 되려면 사회적 의사소통이 일반적인 발달에서 기대되는 수준보다 낮아야 한다(박원희 외, 2009: 385-386).

이상에서의 지적장애 및 자폐성장애에 대한 정의는 처음 장애인을 대면하는 사례관리자가 이들 두 장애를 선별하는 기준이 되는 것으로, 사례관리 이전에 지적장애 및 자폐성장애(두 장애를 합친 용어를 발달장애라 함)를 이해하는 데 있어 기본적 사항들이다. 특히 최근 장애인 분야의 이슈가 되고 있는 발달장애인의 성인기 삶의 진입을 위한 방안이나 발달장애인의 저항적인 행동에 대한 지원방안은 사례관리자가 직면하게 될 어려움이 될 수 있기 때문에 사례관리를 위한 준비로서 발달장애에 대한 이해가 반드시 선행되어야 한다.

발달장애는 체계적인 사정과 개별적인 접근이 매우 중요하다. 사정단계에서는 사회, 심리, 교육, 언어, 의료 진단의 종합적인 진단이 필요하며, 아동의 경우에는 언어, 놀이, 음악치료 등 필요에 따라 지역사회 내 치료센터와의 연계나 장애인복지관 내 치료센터에서 치료를 지원하는 경우가 많다. 성인의 경우에는 심리평가 및 직업평가를 통해 자립생활, 직업생활의 가능성을 충분히 검토하는 것이 필수적이며 그룹홈 등 주거에 대한 욕구도 높아지고 있는 추세이다. 이들은 대부분 지속적인 서비스가 필요하기 때문에 종결 및 사후관리에 대한 어려움이 있다.

(2) 시각 및 청각장애

시각장애는 시각을 전혀 사용할 수 없는 실명 상태라고 생각하는 사람들이 많이 있는데 이러한 실명의 상태(맹)뿐 아니라 시각을 사용할 수는 있지만 특별한 지원과 수정이 필요한 상태(저시력)도 포함한다. 현행 「장애인 등에 대한 특수교육법」에서는 시각장애인을 '시각계의 손상이 심하여 시각기능을 전혀 이용하지 못하거나 보조공학기기의 지원을 받아야 시각적 과제를 수행할 수 있는 사람으로서 특정의 광학기구, 학습매체 등을 통하여 학습하거나 촉각 또는 청각을 학습의 주요 수단으로 사용하는 사람'이라고 정의하고 있다(박원희 외, 2009).

청각장애는 농과 난청으로 구분하는데 농인(a deaf person)은 보청기기의 사용에 관계없이 청각을 이용하여 말소리를 이해하는 것이 거의 어려운 정도(90dB 이상; 90데시벨)의 청각장애를 가진 사람을 말하고 난청인(a hard of hearing)은 보청기기의 사용에 관계없이 청각을 이용하여 말소리를 이해하는 것에 어려움이 있기는 하나 불가능할 정도의 청력손실 정도는 아닌 청력(대개 35~69dB)을 가진 사람을 말한다(김원경, 신진숙, 박현옥, 김용욱, 김미숙, 2009).

시각장애, 청각장애를 가진 아동·청소년은 특수학교에서 교육, 치료접근이 이루어지는 것이 일반적이며 중도장애인의 경우 정보를 습득하는 데 어려움이 많기 때문에 다양한 관련 기관들과의 연계를 통해 종합적인 서비스를 제공하기 위한 노력이 필요하다. 사회적응훈련, 취업과 관련된 사례관리가 이루어지는 것이 일반적이다.

(3) 지체장애 및 뇌병변장애

지체장애는 「장애인 등에 대한 특수교육법 시행령」에서 '지체의 기능·형태상 장애를 가지고 있거나 몸통의 지지 또는 팔다리의 움직임 등에 어려움을 겪는 신체적 조건이나 상태로 인해 교육적 성취에 어려움이 있는 사람'으로 규정하고 있다(교육인적자원부, 2007). 지체의 기능 · 형태상 장애란 기형이나 절단, 골절, 화상 등과 같이 두개골, 관절, 근육 등의 문제로 인해 생기는 정형외과적 손상과 뇌성마비(cerebral palsy), 경련장애(seizure disorder), 이분척추(spinal bifida), 척수손상(spinal cord injury) 등과 같은 신경학적인 손상으로 인한 장애를 말한다(이소현, 박은혜, 2006).

지체장애는 사고나 질병에 의한 후천적 발생비율이 90%를 넘기 때문에 중도장애의 특성에 맞게 접근이 이루어져야 한다. 접수단계에서는 재활의 의지를 확인하고 동기부여를 하기 위해 초기면접과 상담이 매우 중요하다. 재활계획은 아동은 교육과 치료, 성인은 의료적 치료를 비롯하여 자립생활과 취업에 초점이 맞추어지며 대부분의 서비스들은 지역의 훈련기관, 직업재활 관련기관, 자원봉사자, 활동보조인 등을 통해 이루어진다.

뇌병변장애는 뇌성마비와 뇌졸중, 외상성 뇌손상 등을 포함한다. 이 장애영역은 같은 장애유형으로 묶이나 각각의 장애 발생 원인에 따라 다른 접근이 이루어져야 한다. 뇌성마비는 출산 전후, 영유아기에 발생하므로 조기발견과 치료, 교육 서비스를 중심으로 하며, 뇌졸중은 장 · 노년기에 나타나기 때문에 재활치료와 여가문화 생활, 신체보호에 대한 접근이 중심을 이루게 된다. 외상성 뇌손상의 경우에 장애 정도에 따라 중증인 경우에는 지속적인 치료 간병이 필요한 경우가 많고 경증인 경우에도 단기기억에 어려움이 있거나 언어를 비롯하여 신체기능에도 어려움이 남는 경우가 많아 일반적인 사례관리가 어려울 때가 많다.

(4) 장애인가족과 지원

가족 중 누군가 한 사람이 갖는 장애는 가족 전체에 광범위하게 영향을 미치게 된다. 따라서 장애인에 대한 지원은 장애인 당사자뿐 아니라 가족 모두에게 중요하다. 장애인가족에 대한 지원은 장애인의 교육이나 치료를 보다 원활하게 하기 위한 목적으로 이루어지기도 하고 혹은 장애인가족 그 자체에 대한 지원을 목적으로 이루어지기도 한다.

부모들이 겪는 양육 스트레스는 매우 심각하다. 일반적으로 장애아동의 어머니는 정상아동의 어머니보다 어머니의 역할에서 오는 스트레스로부터 유발된 좌절감, 긴장감, 피곤함, 귀찮음, 불행감 등 부정적인 감정을 더 많이 느낀다. 또한 장애아동의 가족은 비장애아동의 가족에 비해 경제적·교육적 혹은 일상생활 등 다양한 측면에서 더 많은 요구를 받고 있다. 이처럼 장애인이 있는 가족의 부모나 형제자매들이 겪는 어려움에 대한 지원을 포함하여 가족 간의 관계형성이나 정서적 지지 등 다양한 지원이 요구된다(김승돈 외 공역, 2000: 96-97).

2) 장애인 사례관리의 필요성

장애인의 경우 신체적·심리적·사회적·교육적·경제적 그리고 직업적인 영역에서 복합적인 욕구를 갖고 있을 뿐 아니라 이러한 욕구는 장애가 오랫동안 지속됨으로써 장기간 계속된다. 또한 장애인의 경우 본인뿐 아니라 그 가족들에 대한 지지 및 서비스의 제공도 수반되어야 하기 때문에 이를 위해서는 의료분야, 즉 건강증진, 예방의학 및 치료에 관계되는 서비스와 함께 재가복지, 교육, 직업, 생활환경, 여가, 스포츠 등 광범위한 분야를 포함하는 조직화된 종합적 재활서비스가 제공되어야 한다. 장애인이 가지는 욕구의 다양성은 장애인복지 실천에서 사례관리를 필요로 하는 하나의 중요한 특성이 되며 장애인은 사회복지에서 다루는 많은 대상자 집단 중에 대표적인 사례관리 대상 집단이 된다. 특히 장애인의 경우 장애인 개인의 다양한 욕구 외에 가족의 욕구도 중요한 사례관리의 대상이 된다.

한국보건사회연구원(2014)에서 조사한 '2014년도 장애인 실태조사' 결과에 의하면 재가장애인의 경우 장애 정도는 등록장애인 중 1~3급의 중증장애인이 39.1%, 4~6급의 경증장애인이 60.9%의 분포를 보이는데, 이는 장애인의 욕구가 일반인들의 기본 욕구와 별반 차이가 없음을 나타내고 있으며 이에 추가적으로 장애로 인한 특별한 욕구가 필요함을 알 수 있다. 장애 원인은 88.9%가 후천적 질환이나 사고로 인해 발생한 것으로, 장애인의 78.3%가 치료나 재활, 건강관리 목적으로 정기적인 진료를 받고 있는 것으로 나타났다.

기본적 일상생활동작(ADL)의 수행 정도를 살펴보면 스스로 수행하는 데 있어 도움이 가장 많이 필요한 항목은 목욕하기, 걷기, 입기 등인 것으로 나타났다. 또한 수단적 일상생활 수행능력을 살펴보면 스스로 수행하는 데 도움이 가장 많이 필요한 항목은 집안일, 대중교통 이용하기, 식사준비인 것으로 나타났다.

여성장애인의 경우 일반장애인이 갖는 신체적 · 정신적 제한에 따른 지원요구 외에도 출산과 육아에 따른 지원요구가 추가적으로 나타났는데, 이는 여성장애인이 갖게 되는 신체적 문제로 인한 출산과 양육 문제 이외에도 경제적 어려움이 큰 것으로 나타났다. 즉, 임신경험이 있는 여성장애인의 지원욕구를 조사한 결과 자녀가 장애를 가질까 봐 두려운 것(28.5%)이 가장 고민스러운 문제였으며, 이 외에 자녀양육을 잘 할 수 있을지에 대한 두려움(13.8%), 병원비 등 돈이 많이 드는데 이에 대한 대책이 부족함(11.9%) 등이 문제점으로 나타났다. 장애인은 신체적 문제나 인지적 문제로 외부활동에 많은 제약이 따른다. 신체적 문제가 있을 경우 이동의 어려움이 있고 인지적 문제의 경우는 실종이나 길을 잃어버릴 수 있는 문제로 인하여 집 밖 활동에 제한이 따르며 이를 위한 지원서비스가 필요하다.

사회적 차별경험에 있어서는 입학 및 전학, 결혼, 취업 시, 직장생활, 운전면허 취득 시, 보험계약 시, 의료기관 이용 시, 정보통신 이용 시 차별받은 경험이 있다고 하였는데, 특히 지역사회생활 중에서 장애로 인하여 차별을 가장 많이 받은 분야는 학교생활 중 또래학생으로부터(47.1%), 보험제도 계약 시(45.4%),

초등학교 입학 및 전학 시(38.8%)의 순이었다(한국보건사회연구원, 2014).

통계청(2011) 자료에 의하면 15세 이상 장애인의 경제활동참가율은 39.0%이며 실업률은 6.3%로 전체실업률 3.5%에 비해 1.8배나 높은 수준이었다. 실업 및 비경제활동 장애인의 현재 일하지 않는 주된 이유는 장애로 인해 업무를 제대로 수행할 수 없을 것 같아서가 38.1%로 가장 높았고, 장애 이외의 질병이나 건강문제(18.1%), 일하고 싶지 않아서(12.9%)로 나타났는데, 이러한 어려움들은 장애인들의 사회통합에 장해요인으로 작용하고 있다.

2. 장애인 사례관리 실천유형

1) 장애인 사례관리 실천유형(성프란체스코장애인종합복지관, 2016: 17-18)

① 사회적 모델

사회적 모델은 장애를 개인문제에서 기인한 것이 아니라 많은 부분이 사회적 환경에 의해 발생하는 것으로 보고 장애의 극복을 위해 사회가 적극적으로 지원해야 한다고 본다. 장애의 문제를 개인의 문제로 보게 되면 장애란 개인적 비극 또는 조상의 업보에 의한 것으로 개인이 떠안고 가거나 가족이 책임져야 하는 문제로 보게 되는데 사회적 모델에서는 많은 부분이 사회적 환경에 의해 발생한다고 보고 있다.

사회적 모델은 장애문제를 관리하기 위해서 사회적 개입이 필요한데 장애가 있는 개인이 사회생활의 모든 영역에 참여하기 위해 필요한 환경을 개선해야 하고 이에 따른 사회의 책임이 있다고 보는 관점이다. 사회적 모델에서는 장애가 손상(impairment)에서 비롯된 것은 인정하나 개인과 사회의 맥락 속에서 장애를 정의 내릴 것을 강조한다. 따라서 장애인이 장애로 인한 차별(discrimination)을 경험하지 않고 손상으로 인해 심각하고 장기적인 영향을 받지 않도록 해야 한다고 강조한다.

② 강점 중심의 접근

장애인을 독특한 존재로서 그들의 다양성을 존중하며 그들의 단점보다는 강점에 초점을 두고 가능한 모든 자원을 활용하여 이용자의 역량을 실현해 나가도록 돕는 것을 강조한다. 따라서 사례관리자는 이해와 공감의 자세를 가지고 장애인과 그 가족과의 협력적 관계를 수립하고 장애인의 변화가능성에 대한 존중을 바탕으로 이들의 역량을 강화시키고 이들이 보유하고 있는 다양한 자원을 발견하여 활용하도록 해야 한다.

③ 장애인 참여와 권리에 기반을 둔 서비스

최근 장애인 복지영역에서 장애인 당사자 중심과 자기결정은 장애인복지 실천영역에서 중요한 가치로 부각되고 있으며 장애인이 선택하고 결정하는 장애인 당사자가 강조된다. 이는 욕구사정이나 서비스 실시계획, 서비스 평가에 대한 대상자의 동의, 선택, 참가를 촉진함과 동시에 의사결정 능력에 상당한 제약이 있는 발달장애인의 경우 자기결정권의 대리, 옹호를 제공하는 등 대상자 권리의 강화가 요구된다.

④ 임파워먼트 관점

장애인으로 하여금 자신의 삶에 대한 결정과 행동에 힘(power)을 가질 수 있도록 돕고, 능력을 발휘하지 못하게 하는 개인적·사회적 장애물을 제거하여 자신의 기능과 능력을 기를 수 있도록 권한을 찾아가게 하는 활동을 말한다.

⑤ 네트워크 중심이론

사례관리는 부족한 자원을 다른 기관과의 협력을 통해 극복하려는 노력으로 누락된 이용자를 발굴하고 서비스의 단절을 극복한다. 또한 서비스와 프로그램의 중복조정 등을 통해 효율성을 증대시키고 부족한 자원을 동원하는 것을 실천원칙으로 한다(원연미, 2010). 이는 장애인에게 포괄적이며 지속적인 서비스를 제공함으로써 서비스의 효과성을 제고하고 사례관리 실천의 효율성을 강화할 수 있기 때문이다.

2) 장애인 사례관리 실천원칙

사례관리는 다양한 지원욕구를 가진 장애인 입장에서 그들의 욕구에 맞는 서비스를 조정 및 제공하는 것을 말한다. 따라서 효율적인 사례관리를 위해서는 장애를 가진 대상자에게 필요한 서비스를 연결 또는 조정해 주고 이들로 하여금 잠재력을 최대한 발휘할 수 있도록 하는 사례관리적인 접근이 필수적인 것이다. 사례관리 서비스를 제공함에 있어서 필요한 실천원칙들을 살펴보면 다음과 같다.

첫째, 사례관리자는 수요자 수준에서 활동한다. 즉, 수요자 요구에 대응하기 위해 그들과 함께 활동하는 것을 의미한다. 사례관리자는 장애인의 입장에서 그들에게 어떠한 서비스 또는 지원이 가장 적절할 것인지에 대해 사정을 하고 그러한 사정에 입각한 서비스 계획을 세워야 하는데 그 과정에서의 초점은 항상 장애인에게 맞추어야 한다는 것이다.

둘째, 사례관리자는 책임성의 근거지로서의 역할을 담당한다. 사례관리자는 서비스 전달에 있어서 책임적이어야 한다는 것이다. '책임성'은 사례관리자가 수요자가 겪고 있는 문제나 욕구를 명백히 하는 데 책임을 질 수 있도록 대상자에 대한 충분한 지식과 정보를 가지며 이러한 욕구와 문제들에 대응할 수 있는 계획과 서비스의 배치를 보장하는 것을 의미한다.

셋째, 사례관리자는 서비스 전달의 통합을 달성하기 위해 노력한다. '통합'이라는 것은 수요자에 대한 서비스와 지지가 상호보완적인 방법에서 제공되도록 하고 궁극적으로 대상자의 자율성, 기능화, 자기지향성을 확장하고 발전시키도록 기여하는 것을 의미한다. 따라서 통합의 성취는 조직화되고 이행되는 서비스와 지지가 상호중복적인 목적을 가지는 상황에서 이루어지지 않도록 하려는 것이다.

요약하면, 장애인에 대한 사례관리 제공서비스는 장애인의 욕구에 부응하기 위해 서비스를 고안할 때 공적인 대인서비스가 그들 자신의 보호능력을 감소시키지 않도록 보장해야 하고, 아울러 수요자의 요구에 효과적으로 대응할 수 있는 사회적 망의 능력도 감소시키지 않도록 보장해야 한다는 것이다(Moxley, 1989: 신현석, 2004: 213-214에서 재인용).

3) 효과적인 장애인 중심 사례관리 방안

보다 효과적인 장애인 중심의 사례관리를 위해서는 지역사회 인프라 영역, 사례관리 교육영역, 제도적인 영역, 기타 장애인지원시설 영역 등과 같은 측면에서 서비스가 제공되어야 한다.

첫째, 지역사회의 장애인 복지서비스 인프라가 구축되어야 한다. 지역사회의 각종 장애인 복지서비스는 장애인들의 사회적인 기능을 향상시키는 데 있어서 결정적인 역할을 수행하는 핵심적인 요소이다. 그러나 우리나라의 경우 장애인 및 그 가족들의 다변화된 복지욕구에도 불구하고 이를 적절히 충족시킬 수 있는 지역사회의 서비스 프로그램이 양적 · 질적으로 부족한 실정이다(안한수, 2002). 이러한 상황에서 장애인 수준에서의 수요자 중심 서비스를 효과적으로 제공하기 어려울 뿐만 아니라 장애인들의 다양하고 복합적인 욕구를 충족시키기 위한 포괄적인 서비스를 제공하는 데 있어서도 적지 않은 한계점을 지닐 수밖에 없다.

둘째, 장애인 사례관리에 대한 전문적인 교육이 이루어져야 한다. 사례관리자는 사례관리 과정에서 전문적인 역할을 수행하게 된다. 즉, 대상자를 확인하고 계약하여 그들의 욕구를 사정하고 적절한 서비스와 자원을 발견하며,

서비스를 활용하기 위한 계획을 세워 대상자와 자원을 연결하며 서비스를 조정하고 효과적인 서비스 전달을 위해 점검하며 서비스의 효과성과 효율성을 평가한다. 서비스 기관들과의 협상에 관여하기도 하고 서비스 제공과 관련된 기록을 보존하기도 하며 서비스의 전달과 접근이 용이하도록 대상자를 상담하고 옹호하는 역할을 수행한다(이근홍, 2001: 신현석, 2004: 217에서 재인용).

셋째, 사례관리에 대한 제도적인 규정이 이루어져야 한다. 미국의 경우 1975년 제정된「장애아동교육법」은 최초로 국립학교에서 사례관리 접근방법의 형태를 공식화하였고, 1970년대 후반부터 1980년대 초반까지 상당히 많은 주에서 사례관리에 대한 법률을 제정하기에 이르렀다. 그 이후 사례관리는 장기보호를 요하거나 복합적인 욕구를 가진 대상자들에게 서비스를 전달하는 효과적이고 적절한 대인서비스 전달방식으로 자리 잡게 되어 사례관리는 최근 장애인복지 영역에서도 가장 널리 보급되어 있는 서비스 전달방식이 된다(이근홍, 2001: 신현석, 2004: 218에서 재인용).

넷째, 장애인 자립생활센터의 공식적인 설치와 지원이 필요하다. 장애인 자립생활센터는 장애인 스스로 자신들의 생활을 관리할 수 있도록 조언과 지원을 제공하는 것을 목적으로 설립된 기관으로서 현재 미국 전역에는 약 300개소, 일본에서는 약 90개소가 운영되고 있다. 제공되는 주요 서비스는 ① 권리옹호서비스, ② 자립생활 기술훈련(신변처리, 보장구의 사용, 요리, 세탁, 청소, 물건 사기, 소비생활에 필요한 지식, 법률), ③ 동료 간 상담, ④ 개호서비스, ⑤ 이동서비스, ⑥ 주택 관련 서비스 등이다(김종인, 2001: 신현석, 2004: 218에서 재인용). 여기에서 중요한 사실은 이러한 서비스들이 장애인들의 한계점 및 문제보다는 그들이 지니고 있는 잠재력과 강점(strength)에 초점을 두는 사례관리적인 접근방법을 취하고 있다는 것이며, 이를 통하여 장애인들이 스스로 자신의 삶을 선택하고 관리할 수 있는 능력을 가지게 된다.

3. 과정별 장애인 사례관리의 실제

1) 초기단계

(1) 초기상담

내담자 정보

성명	김○○ (남)	나이	23세
주소	서울시	학력	○○ 특수학교 고등부 졸업
진단명	지적장애 2급		
면접경로	고등부 2학년에 ○○특수학교로 전학 온 후 본교 전공과(고등부 졸업 후 직업준비를 위해 2년 연한의 계속교육기관임)에 입학하여 학업 중임		
가족사항	부는 10년 전에 사망하였고 모, 누나와 함께 살고 있음		
가정환경	현재 방 2개인 13평 정도의 전셋집에서 살고 있고 모가 식당에서 월 120만 원 정도 받고 있으며 누나는 회사에 취직하였음		
주 욕구	인지학습과 직업훈련		

당면 문제	• 전공과에 입학하여 직업전 교육을 받는 중인데 사회성 기술이나 직업적 이해도에 비해 인지학습이 뒤떨어짐 • 한글은 거의 읽거나 쓰지 못하며 숫자도 1~5까지 읽을 수 있음 • 기본 학업능력이 되지 않기 때문에 취업을 위한 마지막 면접에서 떨어지거나 취업해도 한 달을 넘기지 못하고 퇴직함		
진료 및 치료사항	• 돌 무렵부터 놀라거나 체하면 경기를 일으켰으며 초등학교 저학년 때는 일반학교 특수학급에서 수업했으나 교우들의 괴롭힘이나 집단따돌림으로 두 차례 전학하였음 • 특수학교로 전학 후 학교에 적응을 하였으나 발달시기에 맞는 인지학습을 하지 못해서 취업을 위한 기본 학업기술을 습득하지 못하였음		
발달사항	• 신체발달: 전반적으로 또래와 비슷한 발달과정을 보임 • 언어발달: 또래에 비해 지연되었으며 언어적 표현이 부족하여 몸짓, 표정 등의 비언어적 표현으로 대신함 • 정서발달: 정서적으로 유순하며 교우들과 잘 지내는 편임		
직업훈련 및 직업경력	• 신체가 건강하여 정교한 일보다 대근육을 사용하는 활동중심으로 실시함 • 아직 특수학교를 졸업하지 않아 취업 전이고 지역사회 실습을 두 차례 나감(물류공장, 김치공장)		
담당자 소견	• 직업능력평가 및 직업훈련, 취업지도가 필요함 • 지시 따르기 및 직업생활을 위한 기본 소양교육이 필요함		
적격성 심사	(○) 적격 / ( ) 부적격: 부적격 사유		
서비스 동의	(○) 동의 ( ) 거절	계약자명	유○○ (모) (인)

[그림 7-1] 사례관리를 위한 내담자 정보

2) 사정단계

(1) 사회적 사정

본 대상자는 현재까지 교육 및 직업훈련의 기회가 거의 없었음. 특히 적절한 학습 및 교육을 받아야 할 시기에 일반학교 교우들의 괴롭힘으로 여러 차례 전학다님. ○○ 특수학교 전공과에 입학 후 유사한 특성을 가진 교우들과 사회적 관계를 형성하고 있으며 언어적 기술이 부족하여 말을 천천히 하거나 몸짓이나 표정으로 자신의 의사를 표현하고는 함.

모(母)의 정보 부족, 경제적 어려움 등으로 교육적인 부분에서 거의 방치되었음. 가족환경을 보면, 이용자의 모는 아들이 학교에 가면 오전에 식당에 나가 저녁까지 일하기 때문에 방과 후에 혼자 동네를 돌아다니거나 집에서 모를 기다린다고 함. 모는 협압이 높고 건강이 나빠 의료적 지출이 많은 편임. 누나는 고등학교 졸업 후 개인회사의 경리로 일하고 있음.

(2) 직업진단: 현장평가 실시

기본 일상생활은 대부분 독립적으로 가능한 반면 인지 및 학습능력이 부족하여 지역사회 자원활용이나 적응 면에서 어려움이 있음. 예를 들면, 관공서를 이용하는 방법이나 현금인출기를 활용한 금전관리, 그리고 대중교통 이용을 위한 기본 숫자 이해가 부족하여 취업으로 연결되기 어려움. 본 이용자는 지금까지의 가족지원과 경험의 부족으로 다소 발달이 지체되어 있으므로 자원활용 기술 및 경제활동과 관련된 훈련이 필요할 것으로 보임. 따라서 직업적응훈련 프로그램을 이용하면서 인지학습을 동반해서 실시하는 것이 적절할 것으로 평가됨. 이와 함께 직업의식 및 자아상 강화, 적절한 지원을 통해 직장적응력을 향상시킬 수 있는 훈련이 필요할 것으로 보임.

3) 계획단계

교내 재활교육 교사 및 복지관 직업재활 팀장 그리고 직업평가사 등 협력팀이 모여 내담자의 진단결과에 대해 공유하고 추후 재활서비스 설정을 위한 재활계획 회의를 실시하였으며 그 결과는 다음과 같다.

(1) 내담자에 대한 개입

- 적성 및 직업평가를 실시하여 직업적성과 선호도 등을 재평가하는 것이 필요함.
- 단절된 대인관계를 회복하고 사회성 증진을 위하여 사회성 향상 프로그램이 필요함. 이를 위해 직업적응훈련 프로그램 내 사회성 증진활동 및 자연스러운 상호작용의 접근이 필요함.
- 수줍음이 많기 때문에 적절한 자기표현을 위하여 심리적 지원이 필요함. 이를 위해 타 기관 상담 관련 프로그램 안내 및 상담전문 자원봉사자와 연결함.
- 추후 취업지원 및 적응지도 실시로 내담자가 직업적으로 자립할 수 있도록 도움.

(2) 환경에 대한 개입

- 가족이 내담자의 장애에 대한 이해와 직업재활 관련정보가 취약함으로 이에 대한 보완을 위해 정기적인 상담 및 교육이 필요함.
- 학교와 가족 간 상호연계를 위해 가족 중 한 사람과의 정기적 만남을 계획하고 실행함.
- 현재 수급자가 아니나 모의 적은 수입과 병원비 지출 등으로 경제적 부담이 크므로 경제적 지원을 위해 지역사회 자원을 연결해 줌.

4) 실행단계

구분	계획	개입/실행과정	세부 내용
내담자에 대한 개입	1) 직업훈련 프로그램 및 인지 학습	4. 18. 재활계획 회의의 결과를 가지고 모와 상담함	• 진단결과에 대해 설명하고 이에 대한 개입방향에 대해 논의함. 직업 전 교육 실습반에 대기됨을 안내함. 저소득 모자가정 지원에 대한 정보제공

내담자에 대한 개입	2) 직업훈련 실시	4. 25. 직업적응훈련 및 집중적인 인지학습 시작	• 과제분석을 통해 6개월간의 활동계획을 10단계로 나누고 기본적이고 용이한 과제부터 시작하기로 함
		5. 2. 1차 사례관리 평가 실시	• 직업적응훈련 및 인지학습에 관한 초기평가를 실시함. 내담자의 적응이 빠르고 훈련과정에도 충실히 따르고 있어 추후 취업연계 시도가 가능할 것으로 보임
	3) 지속적인 상담 실시	5. 9. 상담	• 적절한 감정표현 태도 형성지도. 사회적응훈련 중 고집을 부리거나 수업에 참여하지 않고 운동장을 돌아다니는 행동이 나타남 • 이와 관련하여 담임교사 및 인지학습 지도교사와 상담 실시. 취업을 위해서는 자신의 감정을 조절해야 하며 그래야 일반인들과 교류할 수 있다고 상담함
	4) 취업알선 및 적응 지도	5. 11.~ 인지학습지도	• 한글과 숫자에 대한 이해가 어느 정도인지 확인함. 한글은 쓰거나 읽지 못하였고 숫자는 4까지 읽을 수 있음 • 지적장애인의 인지적 특성을 고려해서 구체물을 통한 인지학습을 시작함 • 1~10까지의 숫자 이해를 위해 몬테소리 수 교구를 이용함(바둑알 놀이, 방추형 봉의 수 놀이)
		5. 14. 진로상담	• 현장실습 기회제공 및 취업관련 욕구를 파악하기 위해 진로상담을 실시함. 자신이 무엇을 잘할 수 있고 재미있어 하는지 잘 이해하지 못하고 있음. 따라서 시청각 자료를 통해서 다양한 직업군에 대한 정보를 알려 주고 흥미 있어 하는 직업이 무엇인지 유심히 살펴봄. 언어적 표현에 제한이 있기 때문에 그림카드로 보이면서 내담자의 적성과 흥미에 대해 탐색함

내담자에 대한 개입	4) 취업알선 및 적응 지도	5. 14.~ 직업적응훈련 시작	• 외부인에 대한 인사하기 및 상황에 따라 옷차림을 바르게 하기 연습을 실시함. 다양한 상황을 제시하고 그에 맞는 의상을 준비해서 외부인 만나는 연습을 함 • 한 가지 일에 대해 30분 이상 집중이 어려워서 대상자가 선호하는 작업을 중심으로 타임워치를 통해 경기하듯 시간 늘리기 작업을 실시함. 예를 들면, 다양한 공구세트, 즉 드라이버, 스패너, 펜치, 망치 등 공구와 공구를 활용해서 할 수 있는 도구로 물건을 교정시키는 연습을 실시하고 시간을 잼 • 처음에 정확하게 다루는 연습을 실시한 후 작업이 안정되었을 때 속도를 내서 시간단축을 위한 연습을 함
		7. 4. 인지학습 수준을 상향 조절함	• 1~10까지의 숫자 읽기가 가능해져서 읽기와 쓰기를 반복함. 11~30까지의 숫자 이해를 위해 몬테소리 교구 중 세강판 1과 2를 활용해서 숫자 만들기를 반복함. 11~19까지의 숫자를 읽고 이해할 수 있게 됨 • 숫자를 이해하고 읽게 되는 상황에 대해 만족감을 표시함 • 한글은 그림 글자카드를 활용해서 읽고 연결시키는 활동을 함. 자신과 가족 이름, 학교, 주소, 일부 전화번호를 읽을 수 있게 됨
		7. 12. 취업 전 교육	• 면접 및 직장적응 시 유의사항 지도 • 이력서 쓰는 연습과 이력서에 의한 면접연습을 함 • 면접 보기 전에 대기실에서의 예절과 면접장소에서 어떻게 행동해야 하는지에 대해 반복적으로 연습함

내담자에 대한 개입	4) 취업알선 및 적응 지도	7. 21. 재활교육협력팀 평가회의	• 1학기 동안 실시한 인지학습기술과 직업적응 훈련의 성과에 대해 평가하고 방학 동안 가정과 어떻게 연계해서 계속교육을 실시할 것인지 논의함 • 방학 동안 가정에 혼자 있을 것을 우려해 과제를 주고 일주일에 한 번씩 당직을 맡은 전공과 협력팀 교사들이 확인하기로 함
환경에 대한 개입	5) 정기적 부모상담	5. 10. 부모상담	• 재활교육 관련 초기평가와 관련하여 모와 상담을 실시함
		7. 19. 부모상담	• 인지학습 및 직업적응훈련에 대해 안내하고 가족의 협조를 요청함. 취업알선 업체에 대한 안내 및 취업알선 동의를 구함. 대상자가 훈련을 받으면서 성격도 밝아지고 자신감도 생긴 것 같아서 덜 걱정된다고 하심
		10. 7. 부모상담	• 취업안내 및 취업 시 부모 협조사항을 안내함. 내담자의 성향이 적극적으로 변화하고 있음을 기뻐하고 장기적으로 유지할 수 있도록 지원해 줄 것을 요청함 • 저녁에 담임교사에게 전화를 해서 대상자가 달력을 읽었다고 눈물을 글썽이며 좋아함. 돌아가신 아버지의 기일을 이야기했다고 함. 대상자가 1~30까지 읽을 수 있게 됨
		10. 21. 부모상담	• 취업을 위해 집중적으로 실습지도를 하고 있음을 설명함 • 신체가 건강하기 때문에 배달 및 물품분류 관련 사업체에 취업알선을 하려고 한다고 설명하였고 모도 취업할 수 있다면 어디든 좋다고 이야기함. 또한 자신의 아들이 취업할 수 있다는 사실이 기쁘다고 함

환경에 대한 개입	6) 외부 자원의 활용	11. 8. 거주지에 대해 정보 제공	• 부모상담 때에 반지하에서 생활하고 있는데 전세값을 올려야 해서 월급을 더 받을 수 있는 곳을 찾고 있다는 모의 이야기 후 구청을 통해 인근지역에 공공임대아파트 분양에 대해 알아보고 기초생활수급자 우선의 정보를 모에게 알려 줌 • 이후 모가 가지고 있던 청약저축을 가지고 은행에 가서 상담 후 대기자 명단에 올라가게 되었음
	7) 취업 알선과 사후지도	11. 14.~12. 2. 3주간 물류회사에서 지원고용을 위한 실습	• 지역의 장애인복지관 직업재활팀과 연계하여 지원고용사업에 참여함. 3주간 대상자 및 사업주 그리고 복지관 직무지도원에게 복지부가 실습비 명목으로 소정의 활동비를 지급하고 실습 후 취업됨
		12. 27. 사후지도	• 실습 후 취업되었는데 상사의 지시에 대한 이해가 부족하고 동료들과의 원활한 소통을 위해 대상자의 특성을 설명해 주고 또 대상자에게 직장에서의 예절을 확인시키기 위해 사업체를 방문하여 지도함 • 이후 1회 더 방문 후 종결함

[그림 7-2] 사례관리의 실행과정

5) 종결단계

- 대상자의 취업을 위해 지역 장애인복지관 직업재활팀과 연계하여 방과후에 취업을 위한 직업평가를 재실시하고 적성에 맞는 취업처를 알아봄. 대근육 활용 업무가 적합하다고 판단하여 물류센터를 1차로 탐색하고 물품 분류하는 작업을 실습하기로 함. 인근의 물류회사를 연결하여 사업주의 의사를 알아보고 장애인 고용 의사가 있는 사업주를 찾아냄. 그곳은 대상자 외에도 몇 명의 지적장애인 및 자폐성장애인이 물품분류 작업을

하고 있는 곳임.

- 취업 후 한글에 대한 이해가 부족하여 물품을 분류하는 데 어려움을 나타냄. 이 때문에 직장 상사 및 동료로부터 면박을 받기도 함. 복지관 직업재활팀과 협력회의 후 인지 및 생활지도를 담당했던 담임교사가 사업체를 방문하여 물품분류를 위해 숫자를 통한 코드를 만들고 코드번호에 따라 물품을 분류하도록 지도함. 이후 1회 더 방문하여 적응하고 있는지 확인 후 종결함.

4. 장애인 사례관리를 위한 법과 제도

1) 「장애인복지법」에 명시한 장애인 지원제도

일반적으로 장애인에 대한 지원은 그들의 인간다운 삶과 권리보장, 장애발생 예방과 장애인의 의료 · 교육 · 직업재활 · 생활환경개선, 자립생활 · 보호 및 수당지급 등 장애인의 생활안정에 기여하는 등 장애인의 복지와 사회활동 참여증진을 통하여 사회통합에 있다(「장애인복지법」 제1조).

(1) 장애인 지원에 대한 기본정책

국가와 지방자치단체는 장애발생 예방(「장애인복지법」 제17조), 장애인이 생활기능을 익히거나 되찾을 수 있도록 필요한 기능치료와 심리치료 등 재활의료를 제공하고 장애인의 장애를 보완할 수 있는 장애인보조기구 제공(제18조), 장애인이 재활치료를 마치고 일상생활이나 사회생활을 원활히 할 수 있도록 사회적응 훈련 실시(제19조), 장애인이 연령 · 능력 · 장애의 종류 및 정도에 따라 충분히 교육받을 수 있도록 교육 내용과 방법 개선과 전문 진로교육 실시(제20조)를 하고, 모든 교육기관은 교육 대상인 장애인의 입학과 수학 등에 편리하도록 장애의 종류와 정도에 맞추어 시설을 정비하거나 필요한 조치를 해야 한다(제20조).

또한 국가와 지방자치단체는 장애인이 적성과 능력에 맞는 직업에 종사할 수 있도록 직업 지도, 직업능력 평가, 직업 적응훈련, 직업훈련, 취업 알선, 고용 및 취업 후 지도(제21조), 정보에의 접근보장(제22조), 공공시설과 교통수단 등을 안전하고 편리하게 이용할 수 있도록 편의시설 설치와 운영(제23조), 안전대책 강구(제24조), 사회적 인식개선(제25조), 선거권 행사를 위한 편의제공(제26조), 공공주택 등 주택을 건설할 경우에는 장애인에게 장애 정도를 고려하여 우선 분양 또는 임대 및 주택의 구입자금 · 임차자금 또는 개 · 보수비용의 지원(제27조), 문화생활과 체육활동을 늘리기 위하여 관련 시설 및 설비, 그 밖의 환경 정비 및 지원(제28조)을 하도록 노력해야 한다.

그리고 국가와 지방자치단체, 공공기관, 지방공사 또는 지방공단은 장애인과 장애인을 부양하는 자의 경제적 부담을 줄이고 장애인의 자립을 촉진하기 위하여 세제상의 조치, 공공시설 이용료 감면을 해야 한다(제30조).

(2) 장애인에 대한 경제적 지원

국가와 지방자치단체는 장애수당 및 장애아동수당과 보호수당을 지급하고(「장애인복지법」 제49조 내지 제50조), 장애인이 사업을 시작하거나 필요한 지식과 기능을 익히는 것 등을 지원하기 위해 자금 대여를 할 수 있다(제41조). 또한 생활이 어려운 중증장애인에게 장애인연금을 지급한다(제1조 및 제3조).

그리고 국가와 지방자치단체, 공공단체는 장애인이 사용하는 자동차 등에 대한 조세감면 지원(제39조), 소관 공공시설 안에 매점이나 자동판매기의 설치 등을 통한 생업지원을 할 수 있다(제42조).

장애인은 장애인복지 실시기관으로부터 의료비(제36조), 자녀교육비(제38조), 자립훈련비(제43조)를 받을 수 있다.

(3) 장애인에 대한 자립생활 지원

국가와 지방자치단체는 중증장애인의 자기결정에 의한 자립생활을 위하여 활동보조인의 파견 등 활동보조서비스 또는 장애인보조기구의 제공, 그 밖의 각종 편의 및 정보제공 등 필요한 시책 강구(「장애인복지법」 제53조), 중증장애인자립생활지원센터를 통한 각종 지원서비스 제공(제54조), 중증장애인이 일상생활 또는 사회생활을 원활히 할 수 있도록 활동지원급여 지원 및 임신 등으로 인하여 이동이 불편한 여성장애인에게 임신 및 출산과 관련한 진료 등을 위하여 경제적 부담능력 등을 감안하여 활동보조인의 파견 등 활동보조서비스 지원(제55조), 장애인이 장애를 극복하는 데 도움이 되도록 장애동료 간 상호대화나 상담의 기회 제공(제56조)을 하도록 노력해야 한다.

2) 발달장애인에 대한 지원제도

발달장애인에 대한 지원제도를 「발달장애인 권리보장 및 지원에 관한 법률(이하 발달장애인법)」을 중심으로 살펴보면 다음과 같다.

(1) 발달장애인에 대한 지원 목적

발달장애인에 대한 지원접근은 발달장애인의 의사를 최대한 존중하여 그들의 생애주기에 따른 특성 및 복지 욕구에 적합한 지원과 권리옹호 등이 체계적이고 효과적으로 제공될 수 있도록 하여 발달장애인의 사회참여를 촉진하고, 권리를 보호하며, 인간다운 삶을 영위하도록 하는 데 있다(제1조).

(2) 발달장애인의 권리보장 내용

발달장애인은 자신의 주거지의 결정, 의료행위에 대한 동의나 거부, 타인과의 교류, 복지서비스의 이용 여부와 서비스 종류의 선택 등을 스스로 결정할 수 있는 자기결정권이 보장되고(제8조), 성년후견제 이용지원(제9조), 의사소통지원, 특히 교육부 장관은 발달장애인이 자신의 의사를 원활하게 표현할 수 있도록 학습에 필요한 의사소통도구를 개발하고 의사소통지원 전문 인력을 양성하여 발달장애인에게 도움이 될 수 있도록 학교와 평생교육기관 등을 통하여 필요한 교육을 실시해야 한다(제10조). 또한 형사·사법 절차상 권리를 보장받고(제12조), 발달장애인 대상 범죄 방지(제14조) 및 발달장애인에 대한 유기 등에 따른 현장조사 및 보호조치(제16조, 제17조)를 받을 수 있다.

(3) 발달장애인에 대한 복지지원 및 서비스

발달장애인은 활동지원급여, 장애아동 발달재활서비스 지원, 장애아동 가족지원, 장애아동 돌봄 및 일시적 휴식지원 서비스 지원, 장애아동 지역사회 전환 서비스 지원, 장애아동 문화·예술 등 복지지원, 재활 및 발달 지원, 문화·예술·여가·체육 활동 등 지원, 보호자에 대한 상담지원, 휴식지원 등의 복지지원 및 서비스, 사회보험, 공공부조 및 사회서비스를 스스로 신청하거나 또는 보호자가 신청하거나 사회복지 전담공무원이 직권으로 신청할 수 있다(제18조).

신청을 받으면 지역발달장애인지원센터장은 해당 발달장애인 개인의 특성을 고려한 복지서비스를 제공받을 수 있도록 개인별 복지서비스에 관한 제공계획(개인별지원계획)을 수립하고, 발달장애인과 그 가족에게 개인별지원계획에 따라 복지서비스 제공기관 등을 연계하여야 한다(제19조, 제20조).

한편, 국가와 지방자치단체는 발달장애인의 장애를 조기에 발견하기 위하여 검사도구의 개발, 영유아를 둔 부모에 대한 정보제공 및 홍보 등 필요한 정책을 강구하고 보건복지부 장관은 발달장애가 의심되는 영유아에 대하여 발달장애 정밀진단 비용을 지원할 수 있다(제23조). 그리고 발달장애인에게 재활 및 발달 지원, 특히 발달장애인의 특성과 요구에 맞는 체계적이고 효율적인 의료지원을 위하여 발달장애인 거점병원을 지정할 수 있고, 자해·공격 등 행동문제로 인하여 일상생활에 곤란을 겪는 발달장애인을 전문적으로 지원하기 위하여 행동발달증진센터를 설치 · 운영할 수 있다(제24조). 또한 고용 및 직업훈련 지원(제25조), 평생교육 지원(제26조), 문화 · 예술 · 여가 · 체육 활동 등 지원(제27조), 발달장애인의 특수한 어려움을 고려하여 발달장애인이 적정한 생활수준을 유지할 수 있도록 장애인 연금제도 등을 통한 소득보장(제28조), 거주시설 · 주간활동 · 돌봄 지원(제29조)을 할 수 있다.

(4) 발달장애인 가족 및 보호자 지원

국가와 지방자치단체는 발달장애인의 보호자가 발달장애인을 적절하게 보호 및 양육하는 데 필요한 정보제공과 교육(제30조), 발달장애인과 동거하는 보호자에게 전문적인 심리상담 서비스 제공(제31조), 발달장애인 가족의 일상적인 양육부담을 경감하고 보호자의 정상적인 사회활동을 돕기 위하여 돌봄 및 일시적 휴식 지원 서비스 제공과 발달장애인의 형제 · 자매로서 발달장애인이 아닌 아동 및 청소년이 건전하게 성장할 수 있도록 이들의 정서발달과 심리적 부담 해소 등을 위한 프로그램 운영 지원(제32조)을 할 수 있다.

생 | 각 | 해 | 보 | 기

1. 장애인은 장애영역별 특성에 따라 사례관리의 요구가 조금씩 다르게 나타난다. 그중 지체장애 및 뇌병변장애, 지적장애 및 자폐성장애를 가진 이용자들이 갖는 사례관리 요구에는 무엇이 있을지 생각해 보자.
2. 장애인 사례관리는 사례관리자가 갖는 관점에 따라 서비스의 질이 달라질 수 있다. 장애인 사례관리를 효율적으로 실행하기 위해 요구되는 실천과정에 대해 논의해 보자.

참 | 고 | 문 | 헌

교육인적자원부(2007). 장애인 등에 대한 특수교육법 시행령 제13조 1항 관련 별표 제8호. 법률 제7395호.

김승돈 외 공역(2000). **형제자매**. 서울시장애인종합복지관.

김원경, 신진숙, 박현옥, 김용욱, 김미숙(2009). **최신 특수교육학개론**. 경기: 양서원.

박원희 외(2009). **함께하는 사회를 지향하는 특수교육학**. 경기: 교육과학사.

변경희, 이용표, 이미정, 두진영(2008). 지적장애인 사례관리 조사연구보고서. 한국지적장애인복지협회 연구보고서.

성프란체스코장애인종합복지관(2016). 장애인복지관 사례관리 실천매뉴얼. 성프란체스코수녀회.

신현석(2004). 장애인복지시설의 사례관리에 대한 연구. **한국시민윤리학회보**, 16, 207-220.

안한수(2002). 장애인복지시설의 운영실태에 관한 연구. **인천시민자원봉사회 연구논문 제4집**.

원연미(2010) 사회복지기관에서의 사례관리에 대한 사회복지사들의 인식과 실행에 대한 연구. 대구대학교 대학원 석사학위논문.

이소현, 박은혜(2006). **특수아동교육**. 서울: 학지사.

이근홍(2001). **케이스메니지먼트**. 서울: 대학출판사.

정동영, 김주영, 김형일, 김희규, 유장순, 정동일, 최혜승 공역(2008). **정신지체: 지역사회 통합을 위한 접근**. 서울: 박학사.

조성재(2012). 사례관리의 개요. 한국재활심리학회 연수회, 178-199.

통계청(2011). 한국통계월보.

한국보건사회연구원(2014). 2014년도 장애인 실태조사. 보건복지부.

Moxley, D. P. (1989). *The Pactice of Case Management*. Newbury Park, CA: Sage Publication, Inc.

제8장

정신장애인 사례관리

1. 정신장애인의 특성과 사례관리의 필요성
2. 정신장애인 사례관리 실천유형
3. 과정별 정신장애인 사례관리의 실제
4. 정신장애인 사례관리를 위한 주요 법과 제도

들어가기

한국의 「정신건강복지법」은 1995년에 제정되었고 이 법을 기반으로 단기입원 및 탈시설화를 비롯한 정신장애인 대상의 지역사회 정신건강사업이 추진되었다. 초기의 사례관리는 주로 조현병을 겪는 만성 정신장애인을 대상으로 진행되어 왔으나, 최근의 사례관리는 다양한 정신건강상의 문제나 욕구를 가진 대상층으로 확대되었다. 아동·청소년의 정신건강, 우울장애를 가진 인구집단, 자살생존자나 자살 고위험군까지 사례관리가 확대 적용되고 있다. 정신장애인들에 대한 사례관리의 적용은 이들이 시설 내 환자가 아닌, 그들이 태어나고 성장한 지역사회에서 '한 인간, 한 시민으로서의 삶'을 살아갈 수 있도록 현실적인 지원을 하는 데 큰 의미를 갖는다. 즉, 정신장애인의 건강한 생활경험을 증진시키고 사회적 기능을 향상시켜 재입원을 예방하며 삶의 질을 높이고자 한 것이다.

한편, 사례관리를 적용할 때에 같은 진단명을 가지고 있는 경우라도 각 정신장애인마다 당면한 발달과업, 증상의 심각도 및 생활상의 적응문제들은 차이가 날 수 있으므로 개별화된 사정과 그에 따른 서비스 제공이 필수적이다. 이 장에서는 정신장애인의 특성과 사례관리의 필요성, 정신장애인 사례관리 실천의 유형, 과정별 정신장애인 사례관리의 실제, 정신장애인 사례관리를 위한 법과 제도에 대해 설명하고자 한다.

1. 정신장애인의 특성과 사례관리의 필요성

정신장애인 사례관리에서 주요 대상자는 정신장애인과 가족이다. 다음에서는 정신장애인 및 가족의 특성을 알아보고 이들에게 왜 사례관리가 필요한가에 대해 살펴보고자 한다.

1) 정신장애인의 특성

첫째, 최근의 정신장애인 사례관리에서는 서비스 대상자를 심각한 정신적 문제를 장기적으로 겪는 다양한 사람들로 규정하고 그 범위를 확대해 왔다. 즉, 질병에 있어서도 조현병 외에도 양극성 정동장애, 반복성 우울장애, 자살고위험군 등 다양한 문제를 포함시키고 있고, 연령에 있어서도 아동·청소년부터 성인에 이르기까지 점차 그 범위를 넓혀 왔다. 이는 사례관리 대상을 특정 질환군에 한정하기보다는, 장기적이고 집중적인 정신건강 욕구를 가진 시민들에게 사례관리를 제공하고자 하는 정책적 의지가 반영된 것이라 볼 수 있다.

둘째, 그럼에도 사실상 정신건강 사례관리 영역에서 가장 핵심적인 서비스 대상자는 망상이나 환각 등의 정신증적 증상(psychotic symptom)이 심각한 '조현병(정신분열증) 또는 조현정동장애'를 가진 사람들이다. 정신병적 증상을 겪는 대상자들은 사고, 감각, 정서 영역에서의 복합적이고 심각한 증상을 갖기 때문에 현실적인 사회적응과 실제적인 자립생활에 큰 어려움을 겪는다. [그림 8-1]은 DSM-5에서 제시하는 조현병 스펙트럼장애로, 가장 오른쪽에 배치된 조현병과 조현정동장애가 가장 증상이 심각한 질환으로 분류된다.

조현병(調絃病)은 정신분열증의 새 이름으로 조현(調絃)은 '현악기의 줄을 고르는 것'을 뜻한다. 즉, '뇌의 신경망을 튜닝(조절)한다는 의미'에서 명명된

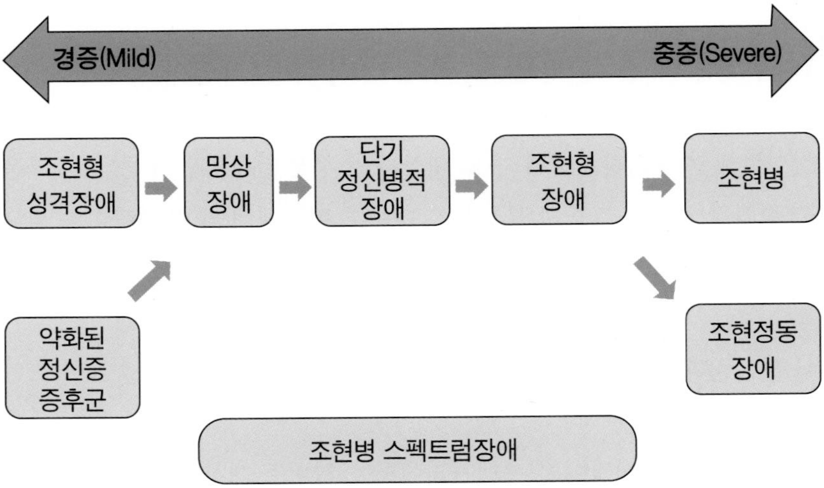

[그림 8-1] 조현병 스펙트럼장애에 속하는 정신장애

출처: 권석만(2013).

것이다. 사실상 조현병은 망상, 환각, 혼란스러운 언어 등 현실을 왜곡하는 뚜렷한 정신병적 증상들을 나타내고, 정서적 둔마, 언어의 빈곤, 의욕의 저하, 쾌락의 감소, 대인관계의 무관심 등의 사회부적응적 증상도 동반하는 만성적이고 심각한 정신장애이다(권석만, 2013). 주요 증상으로는 양성증상과 음성증상이 있다. 양성증상은 일반인에게는 나타나지 않고 조현병 환자에게만 나타나는 증상으로, 대표적인 것이 망상, 환각, 지리멸렬하고 비논리적인 혼란스러운 언어 등이다. 음성증상은 사회적응적 기능이 결여된 상태로 감소된 정서표현, 무언어증, 무쾌락증, 비사회성 등이 대표적인 양상이다.

한편, 조현정동장애는 조현병의 증상과 동시에 기분 삽화(주요우울 또는 조증 증상)가 일정한 기간 동안 지속적으로 나타나는 질병이다. 전형적인 증상 패턴은 처음에는 현저한 환청과 피해망상이 2개월 정도 나타나는데 조현병 증상과 우울증 증상이 공존하는 경우가 많다. 갑작스러운 환경적 스트레스에 의해 급성적으로 시작되고 심한 정서적 혼란을 동반하지만, 상대적으로 조현병보다 예후가 좋은 편이다.

셋째, 조현병의 발병원인으로는 생심리사회적 요인들이 복합적으로 작용되어 병이 발생한 것으로 설명된다. 조현병의 발병과정을 설명하는 여러 관점 중 특히 취약성-스트레스 모델이 중시되고 있다. 이 모델에서는 조현병이 생물학적 요인 및 심리사회적 요인과 같은 취약성과 과중한 환경적 스트레스가 통합적으로 상호작용하여 발생한 것으로 설명한다. 즉, 병에 걸리기 쉬운 소질이나, 뇌의 생화학적인 취약성, 심리적 취약성, 외상경험, 일상의 누적된 스트레스, 지지적이지 않고 부적응적인 가족양육 환경 등이 복합적인 상호작용을 하면서 조현병을 발병하게 한 것이다(민성길, 2006). 취약성 정도는 개인마다 다르며 유전적 요인과 출생 전후의 신체적·심리적 요인에 의해 결정된다. 이 모델은 유전적 취약성을 지닌 사람도 과중한 환경적인 스트레스에 노출되지 않으면 조현병의 발병 없이 살아갈 수 있다는 가능성을 제시한다. 그리고 환경적 스트레스가 줄어들면 증상도 감소할 수 있다고 하였다. 다시 말해서, 취약성-스트레스 모델에서는 병이 발병할 때 취약성과 환경적 스트레스 둘 다 공존하는 상황이라는 것을 강조하면서, 설령 취약성이 높은 사람에게도 환경적 스트레스원 자체를 감소시키거나 스트레스에 대한 대처능력을 향상시키면 병의 발병을 예방하거나 지연시킬 수 있다고 설명한다.

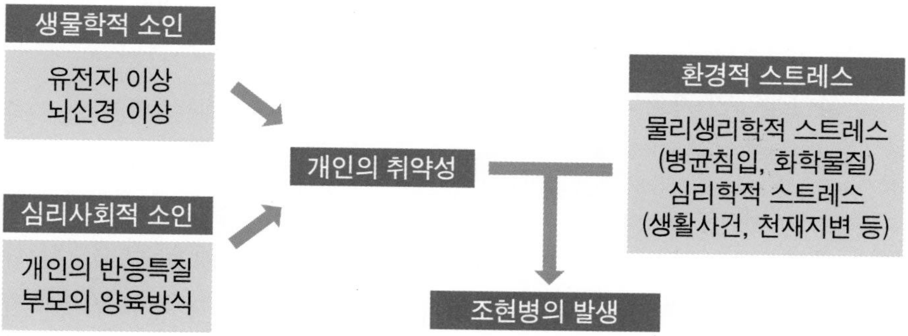

[그림 8-2] 조현병에 대한 취약성-스트레스 모델

넷째, 조현병 치료를 위해서는 약물치료, 심리상담 및 재활치료 등의 다학제적인 통합적 노력이 필요하다. 조현병 치료방법에는 입원치료 및 외래치료, 약물치료, 전기충격치료, 지지적 상담, 행동치료, 사회적 기술훈련, 집단치료, 가족교육 및 상담, 사회복귀훈련, 작업치료 등이 포함된다. 조현병은 병의 예후에 있어서도 회복과 재활이 가능하여 자립적인 생활을 하기도 하지만, 많은 경우에 입퇴원을 반복하고 경우에 따라서는 일생 동안 질병으로 인해 자립적인 생활에 많은 한계를 갖기도 한다. 경제적 관점에서도 조현병의 재발로 인한 개인적 · 사회적 비용 부담에 따른 고통이 매우 크다.

지역사회에서 사례관리자가 조현병 및 관련 증상을 가진 대상자들을 발견하게 되면, 먼저 정신건강전문의 및 정신건강복지센터에 연계하여 정확한 진단 및 진단에 따른 약 처방을 받고 치료계획을 세울 수 있게 한다. 이때 입원치료 또는 외래치료를 통하여 지속적인 약물치료가 이루어질 수 있도록 한다. 이후 사례관리자는 정신건강복지센터 및 재활기관에 연계하여 약물치료와 병행 가능한 다양한 심리 · 재활치료 프로그램에 연계하고, 가족에게 질병과 치료의 이해 및 정신장애를 가진 가족원과의 효과적인 의사소통 방법에 관한 가족교육을 제공한다. 사례관리자는 지속적으로 대상자의 가정을 방문하여 지지하고 모니터링하여 지역사회에서의 건강한 생활이 유지될 수 있도록 도와야 한다.

2) 정신장애인 가족의 특성

정신장애인 가족들은 정신장애인의 주요 지지체계인 동시에 사례관리의 주요 대상이기도 한다. 가족들은 가족원의 정신장애로 인해 높은 수준의 심리사회적 스트레스를 장기간으로 경험하기 때문이다. 정신장애인 가족들이 겪는 문제요인들은 1차적으로 정신장애인의 증상으로 인한 것이고, 2차적으로는 그로 인해 발생하는 심리사회적인 문제들이라고 볼 수 있다. 1차적인 스트레스 요인들로는 기괴한 행동을 비롯한 망상, 환청 등의 양성증상 행동이 53.2%로 가장 높았고, 사회적 고립 및 위축된 행동을 비롯한 음성증상 행동이 22.7%였다. 공격적인 행동은 19.1%였다. 그러한 증상으로 인해 2차적으로 제기되는 스트레스 요인들은 정신질환 치료에 따른 수입 감소 등의 경제적 영향, 다른 가족원들과의 관계 및 역할의 변화에 미치는 영향, 여가 및 사회생활, 건강 등에 미치는 영향, 환자의 장래에 대한 근심 등이다(김철권 외, 2000).

특히 정신장애인 배우자들이 겪는 심리적 상실, 스트레스, 역할 부담은 더 클 수밖에 없다. 배우자들은 정신장애인의 증상이 심각할수록, 배우자가 여성일수록 더 심각한 우울증이 있는 것으로 밝혀지고 있다. 정신장애인 배우자의 가장 큰 정서적 고통은 정신장애인에 대해 남편 또는 아내, 친밀한 대상으로서가 아닌 '평생 동안 돌보아야 하는 대상'으로 느끼는 것일 수 있다(전혜성, 2012).

3) 정신장애인 사례관리의 필요성

정신장애인 사례관리의 필요성은 복합적인 정신장애인 및 가족의 욕구에 의해 제기된다.

첫째, 정신장애인들은 정신증적 증상으로 인해 스스로 충족시키기 어려운 만성적이고 복합적인 욕구를 갖고 있다. 많은 경우 정신장애인들은 정신건강의학과 진료 및 기관에서 제공하는 재활서비스를 제외하고는, 스스로 계획이나 동기를 가지고 일상생활을 유지하거나 사람들과 자연스럽게 만남을 갖거나 대인관계를 원활하게 유지하려는 욕구 등을 잘 표현하지 못한다. 따라서 이들이 한 인간으로서 갖는 기본적인 여가 및 사회적 관계형성 욕구, 교육 및 직업 욕구, 사회적 차별과 불이익에 대한 법적인 옹호 욕구 등 다양한 삶의 영역에서 기본적인 삶을 보장받기 위한 도움과 지원이 필요하다. 실제로 지역사회 내에 정신장애인들이 필요로 하는 서비스가 부재하거나 불충분할 수 있고, 정신장애인들이 다양한 '서비스의 정글'에서 자신에게 필요한 서비스를 찾고, 서비스에 접근하기 위한 기술이 부족한 경우가 매우 높다(한국사례관리학회, 2012). 또한 정신장애인의 욕구를 충족시키기 위해 정신건강, 대인관계, 교육, 직업 등 다양한 측면의 지원서비스들이 지속적으로 필요함을 고려하면, 이들에게 복합적인 서비스를 장기간 제공해 주는 사례관리가 매우 적합한 접근이다(민소영, 2006).

둘째, 정신장애인 가족은 정신장애인의 정신병적 증상 및 잦은 병의 재발로 인해 신체적·심리적·경제적·사회적 차원의 복합적인 어려움을 경험하고 있다. 정신장애인 사례관리에서 정신장애인 가족은 정신장애인의 치료와 재활을 위한 우선적인 지지체계 자원이기도 하지만, 중요한 사례관리 서비스 대상자이기도 하다. 정신장애의 증상 호전이 쉽지 않고 장기적으로 지속될 가능성이 높을 뿐 아니라 정신질환에 대한 사회적 낙인도 심해서, 정신장애인의 일차적인 돌봄제공자이며 지원체계인 가족들의 부담과 고통 또한 매우 크다. 이에 사례관리자는 가족이 겪는 심리적·정서적·사회적·경제적인 문제에 대해 민감하게 사정해야 하고 이를 위해 사례관리를 통하여 적절한 지원서비스를 제공하는 것이 필요하다(전혜성, 2008).

2. 정신장애인 사례관리 실천유형

한국의 정신건강영역에 사례관리가 도입된 이후 가장 대표적인 정신건강서비스로 발전해 왔으며 여러 형태의 사례관리 실천모형이 적용되고 있다. 이미 2000년대 중반부터 정신건강복지센터의 사회복지사들이 사례관리 서비스를 제공하고 있는 경우가 96%에 달하고 있어 대부분의 센터에서는 사례관리 서비스를 제공하고 있는 것으로 나타났다(황성동, 2008). 각 정신건강기관마다 가장 중점을 두고 지향하는 모델이 있을 수 있지만, 더 근본적인 적용기준은 각 대상자의 욕구, 증상 호전도, 일상생활능력 및 대인관계 유지능력, 재활의지 등에 따라 가장 적합한 모델을 선택하는 것이다. 정신장애인 사례관리 유형은 사례관리자의 우선적 개입목표 및 서비스 내용에 따라 중개모델, 재활모델, 임상모델, 적극적 지역사회 치료모델로 구분될 수 있다.

1) 중개모델

사례관리자는 대상자가 필요로 하는 자원연결에 우선적인 초점을 둔다. 사례관리자는 대상자에게 직접적인 서비스를 제공하기보다는, 대상자가 원하는 다양한 서비스 자원을 연계하고 조정하려는 기본 입장을 갖는다. 이 모델에서는 서비스의 연계에 중점을 두며 지역사회의 다양한 서비스를 충실히 중개·조정하는 데 초점을 맞춘다. 정신장애인을 위한 여러 지역사회 모델 중 주로 정신재활시설에서 활용할 수 있는 모델이다(황성동, 2008). 이는 정신재활시설의 주된 목적이 만성 정신장애인의 직업훈련과 고용과의 연계를 통한 사회복귀 및 재활이라는 관점에서이다.

2) 재활모델

사례관리자는 정신장애인이 한 사람의 건강한, 독립적인 성인으로서 살아가기 위한 기능획득 및 역량강화에 우선적인 관심을 갖는다. 이에 대상자가 자신의 일상생활 유지, 대인관계 형성, 취업 등을 할 수 있도록 교육에 집중하고 이러한 목적달성에 필요한 자원도 연결한다. 이 유형은 연계서비스 외 기본적인 치료와 지지적인 상담서비스를 포함한다.

3) 임상모델

사례관리자는 정신장애인의 질병관리에 초점을 두면서 정신장애인의 건강을 위한 상담과 치료를 우선시하는 접근이다. 전문적 치료와 심층상담에 초점을 두는 모형으로 의료적 특성이 강한 기관에서 더 적합한 모형이라고 평가되기도 한다. 정신장애라는 질환의 특성상 정신장애인들은 입퇴원을 반복하는 회전문 현상을 가지고 있고 정신병적 증상이 호전되었다가도 악화될 수 있는 가능성을 잠재적으로 지니고 있다. 이에 정신건강영역의 사례관리자는 정신장애에 대한 전문적 치료를 위해 정신과 전문의와 긴밀한 협력관계를 유지해야 하고 정신장애인의 심리적 지원을 위한 심층상담의 능력을 배양해야 한다.

4) 적극적 지역사회 치료모델

정신장애인이 지역사회에서 건강한 성인으로서 살아가기 위해서는 통합적 서비스 접근이 필요하기 때문에, 적극적 지역사회 치료모델이 가장 바람직한 사례관리 모델로 평가되기도 한다. 이 모델은 중개모델과 임상모델을 보완하기 위한 모델로 등장하였고 크게 두 가지 주요 특징을 가지고 있다. 첫째, 다학제 팀 접근을 통해 대상자가 필요로 하는 모든 서비스를 포괄적이고 통합적으로 제공함으로써 집중적 사례관리를 위해 낮은 사례분담을 중요시한다. 여기서는 정신장애인에게 필요한 서비스들을 외부 자원을 통해 연계하는 것이 아니라, 정신건강의학과 전문의, 간호사, 사회복지사, 직업재활전문가 등 특정의 전문 인력들이 한 팀이 되어 팀 내에서 서비스를 제공하는 것이다. 둘째, 다양한 직접적 서비스와 그 외 응급입원, 위기 상황 등의 서비스까지 포괄적으로 제공하려는 시도를 함으로써 비용부담은 크지만, 재발방지 및 재입원 감소, 입원기간 단축 등 대상자의 지역사회 적응에 매우 효과적인 모델로 평가되고 있다는 것이다.

「정신건강복지법」 시행에 따른 편견과 낙인

(기사출처: http://www.rapportian.com/news/articleView.html?idxno=103128)

「정신건강증진 및 정신질환자 복지서비스 지원에 관한 법률(이하 정신건강복지법)」이 시행되었다. 「정신건강복지법」은 기존 「정신보건법」을 전면 개정하면서 법안의 명칭도 바꾼 것이다.

이름이 바뀐 「정신건강복지법」은 정신질환자를 격리와 배제의 대상이 아니라 지역사회 구성원으로 받아들여 그 속에서 치료하고 재활할 수 있도록 지역사회 지지체계를 구축하는 데 의미를 부여할 수 있다. 「정신건강복지법」의 핵심 내용은 강제입원 제도 개선을 통한 정신질환자 인권보호 장치를 강화하고, 정신질환자에 대한 복지서비스 지원 근거 마련, 전 국민 대상 정신건강증진사업 근거 마련 등이다.

그런데 이 법의 시행에 있어서 '정신질환자 퇴원 대란'이라는 우려가 잇따라 제기되고 있다. 비자발적 입원의 제재 규정을 담은 「정신건강복지법」 제43조 '보호의무자에 의한 입원 등'에 관한 규정을 둘러싼 논란이 커지고 있다. 기존 「정신보건법」은 보호의무자 2명의 동의가 있고 정신건강의학과 전문의가 입원이 필요하다고 판단하면 정신질환자의 강제입원이 가능하다. 그러나 새로 시행되는 「정신건강복지법」에서는 보호의무자가 원하여도, 국공립병원 소속 전문의 등을 포함한 소속이 다른 정신건강의학과 전문의 2명 이상이 환자의 입원필요성에 동시에 동의하지 않으면 2주 이상의 입원이 불가하기 때문이다.

……〈하략〉

<https://www.google.co.kr/search?q=%EC%9D%B4%EB%AF%B8%EC%A7%80&source=lnms&tbm=isch&sa=X&ved=0ahUKEwiUiIPe7J7VAhWFXrwKHRXeC9EQ_AUIBigB&biw=1280&bih=610#tbm=isch&q=%ED%83%88%EC%8B%9C%EC%84%A4%ED%99%94&imgrc=osgAM6bYhYKAoM:&spf=1500793845901>

3. 과정별 정신장애인 사례관리의 실제

사례

미진이는 최근 정신증적 증상이 악화되었다. 반 아이들이 못생겼다, 재수없다고 욕하는 등의 환청과 누가 나를 해칠 것 같다는 피해망상을 가지고 있었다. 사람들이 자신을 이유 없이 괴롭히는 것이 힘들다는 이유로 수업시간에도 교실 밖으로 뛰어나가는 모습을 본 담임선생님이 미진이를 인근의 신경건강의학과로 데려갔다. 당시 조현병으로 진단을 받고 두 달간 입원을 하였다. 퇴원 후 가족 간 갈등은 지속되었다. 가족만의 노력으로는 대상자 증상의 재발가능성, 지속되는 가족갈등, 학교부적응, 치료비 부담 및 경제적 어려움 등의 문제해결이 힘겹게 느껴졌다. 미진이가 입원했던 정신과 병원의 사회복지사의 소개로 정신건강복지센터에 의뢰되었다.

1) 초기단계

초기면접을 통하여 한정된 자원과 인력, 기관 여건 내에서 사례관리에 적합한 대상자를 선정하는 것은 매우 중요한 과업이다. 일반적으로 사례관리 대상자는 복합적이고 만성적인 정신장애를 가진 사람들로 혼자서 자립적인 생활을 유지하기 어렵고 심각한 수준의 사회적응 문제를 갖는다. 이들은 대체로 장기적으로 사물을 판별하거나 의사를 결정할 정신적 능력이 불완전한 상태에서 일상생활 및 사회생활에 상당한 제약을 받아 지속적으로 다른 사람의 도움을 필요로 한다.

초기면접 기록지

<table>
<tr><td>성명</td><td colspan="3">김○○</td><td colspan="2">면접자명</td><td colspan="2">전○○</td></tr>
<tr><td>생년월일</td><td colspan="3"></td><td colspan="2">면접일시</td><td colspan="2">2017. 9. 22.</td></tr>
<tr><td>연락처</td><td colspan="7">(휴대전화) 010-36×× -2866 (집) 033-309-5×××</td></tr>
<tr><td>주소</td><td colspan="7">춘천시</td></tr>
<tr><td>의뢰경로</td><td colspan="7">학교에서 '귀에서 말소리가 들린다, 친구들이 괴롭힌다, 자살하겠다' 등의 말과 행동으로 정신건강복지센터에 의뢰됨.</td></tr>
<tr><td rowspan="5">가족사항</td><td>성명(연령)</td><td>관계</td><td>동거</td><td>직업</td><td>도움제공</td><td>건강</td><td>비고</td></tr>
<tr><td>김○○( )</td><td>부</td><td>별거</td><td>일용직</td><td></td><td>보통</td><td></td></tr>
<tr><td>이○○( )</td><td>모</td><td>동거</td><td>무직</td><td>의식주</td><td>우울감</td><td></td></tr>
<tr><td>김○○( )</td><td>오빠</td><td>동거</td><td>비정규</td><td></td><td>보통</td><td></td></tr>
<tr><td></td><td></td><td></td><td></td><td></td><td></td><td></td></tr>
<tr><td rowspan="8">사정</td><td colspan="7">정신건강(정신병적 증상, 약물정보, 음주 및 약물 문제)
조현병(Schizophrenia, paranoid type), 환청, 자살 및 타해 사고 표출</td></tr>
<tr><td colspan="7">위험성영역(자살 및 자해 위험, 타해 위험)
자살을 시도하지는 않았으나, 자살사고에 대해 2번 표출</td></tr>
<tr><td colspan="7">신체건강(다양한 건강관련 문제)
특별한 건강문제 소견 없음</td></tr>
<tr><td colspan="7">정서상태(불안, 우울, 초조, 무의욕, 정서적 둔마)
현재 불안, 초조감이 높고, 누가 해칠까 봐 두려움이 큼</td></tr>
<tr><td colspan="7">대인관계(가족관계, 친구관계, 이성관계, 지인)
정서적으로 가족과 친밀하지 않고 엄마와 갈등관계임. 담임선생님이 관심을 가지는 것 외에는 지지적인 대인관계 없음</td></tr>
<tr><td colspan="7">일상생활(의식주, 자기관리, 주간/여가활동, 생활비, 교통수단)
기본적인 자기관리가 가능하나, 최근 증상이 심해지면서 잘 씻지 않음</td></tr>
<tr><td colspan="7">학업 및 직업영역(학업, 직업, 교육 및 훈련)
학업적 동기가 낮고 증상발현에 따라 학업에 집중하기 어려움</td></tr>
<tr><td colspan="7">경제영역, 지역사회 자원 활용(경제적 지원, 공식·비공식 자원)
현재는 해당사항 없음</td></tr>
<tr><td>적격성 심사</td><td colspan="7">(∨) 적격, ( ) 부적격 부적격 사유</td></tr>
<tr><td>서비스 동의</td><td colspan="7">(∨) 동의(본인 및 가족), ( ) 거절</td></tr>
</table>

[그림 8-3] 초기면접 기록지

접수과정의 Tip

정신장애인 사례관리에는 어떤 사람들이 대상자로 선정되는가?

초기면접에서 사례관리에 적합한 대상자를 선정하는 것은 매우 중요한 과업이다. 사례관리자는 접수상담에서 내담자가 장기적으로 사물을 판별하고 의사결정을 할 정신적 능력이 불완전하거나, 망상 및 환각 등의 정신증적 증상으로 혼란스럽거나, 불안정한 정서로 인해 일상생활 및 사회생활에 상당한 제약을 받고 지속적으로 다른 사람의 도움이 필요한가를 우선적으로 판단해야 한다.

접수상담에서 정신장애인과 어떻게 의사소통을 하는 것이 바람직한가?

초기면접에서 망상 및 환각 증상 등을 가지고 있는 정신장애인과 효과적인 의사소통을 하는 것은 매우 중요하다. 때로 정신장애인이 논리적인 말로 표현하지 못하고 안절부절못하거나 무덤덤한 표정으로 무관심함을 보이더라도, 사례관리자는 당황하지 말고 정신장애의 특성을 이해하여 무엇보다 대상자의 호소를 진지하게 경청하고 따뜻한 관심을 보이는 것이 필요하다.

2) 사정단계

이 단계에서 사례관리자는 종합적인 사정활동에 집중하게 된다. 사정의 내용은 대상자의 문제, 자기관리 능력, 대인서비스에 대한 욕구, 대상자의 사회적 네트워크, 이러한 네트워크가 대상자의 욕구에 부응하는 능력 등으로 매우 복합적이고 다양하다. 이때 사례관리자는 대상자의 욕구와 문제해결에 관련된 중요한 정보를 발견하기 위한 체계적인 질문을 하게 된다.

(1) 정신병력 사정

중학교 2학년, 수업시간에 뒷자리에 앉아 있던 아이들이 미진이의 귀에다 시끄럽게 욕하는 소리가 들리기 시작했다. 수업시간에 누군가 시끄럽게 자신을 욕하는데도 다른 아이들은 아무도 뭐라 하지 않아 이상하게 생각하였다. 미진이는 반 아이들이 자기에게 욕을 하고 죽으라고 얘기하는 것 같아 불안하였고 학교 선생님들까지도 합심하여 자신을 괴롭힌다는 생각이 들었다. 여러 번 아이들에게 왜 그러냐며 물어도 보고 주변 친구들에게 욕하는 소리 못 들었냐고 물어보았지만 반 아이들이 미진이를 이상하게 쳐다보며 피했다.

중학교 3학년 말 무렵 미진이는 버스에 탄 사람들이 자기를 쳐다보며 욕을 한다는 생각에 버스를 탈 수가 없어 걸어 다녔다. 밖에 나가면 모두가 자신을 욕하는 것이 너무 힘들다는 이유로 학교를 무단결석하기 시작했고 자퇴하고 싶다고 어머니에게 말하였다. 미진이는 수업시간에 여러 번 뛰쳐나갔고 자신을 욕하는 반 친구들에게 보복하고 자살하겠다며 학교에 큰 소란을 일으켰다.

- 정신건강의학과적 증상요약
  - 진단명 및 주요 증상: 조현병(Schizophrenia, paranoid type), 환청, 자살 및 타해 사고 표출, 대인관계 위축
  - 양성증상: 환청(반 아이들이 전부 나에게 못생기고 재수없다고 하는 욕이 들린다), 피해망상(반 아이들과 선생님들이 합심하여 자신을 괴롭힌다고 생각한다, 버스에 탄 사람들이 자기에게 욕을 한다고 생각해 버스를 탈 수 없다)
  - 음성증상: 대인관계에 대한 기본적인 욕구는 있으나, 정신증적 증상으로 인해 점점 더 위축되고 혼자서 고립됨. 또래관계 형성 및 유지가 힘듦.

- 약물관리 상태: 자신의 병적인 증상에 대해 이해도가 낮으며 규칙적인 약물복용을 하지 않고 있음.

(2) 개인력

미진이는 정상분만으로 3.2kg의 건강한 아기로 태어났다. 출생 당시 아버지의 잦은 외박 및 경제적 무능력으로 부모의 갈등이 심한 상태여서 어머니는 분노와 화가 가득한 불안정한 정서상태였다. 어머니는 아기를 돌보는 것이 몹시 힘들었고 경제적으로도 아기 우윳값이 없을 정도로 어려워 출산을 후회하였다.

미진이는 또래보다 언어발달이 다소 늦고 말수가 적었지만 정상범위 내였고, 어렸을 때부터 혼자 조용히 놀거나 어린이집에서도 소수의 아이들과만 가깝게 지냈다. 초등학교 시절에는 성적이 중하위권이었으나 읽기, 쓰기, 기초수학 등은 가능하였고, 친구관계는 소극적으로 두세 명과만 어울려 지냈다. 중학교에 입학하면서 학업 부담감이 높아졌고 친구 한두 명과는 대화를 하고 지냈으나 깊이 마음을 나눌 정도는 아니었다. 증상이 시작된 중2 때부터는 학교에서 주로 혼자 지내게 되었다. 원래 기본적인 자기관리는 가능하였으나 최근 증상이 심해지면서 잘 씻지 않는 등 외모관리도 소홀해졌다.

(3) 가족사정

① 가계도

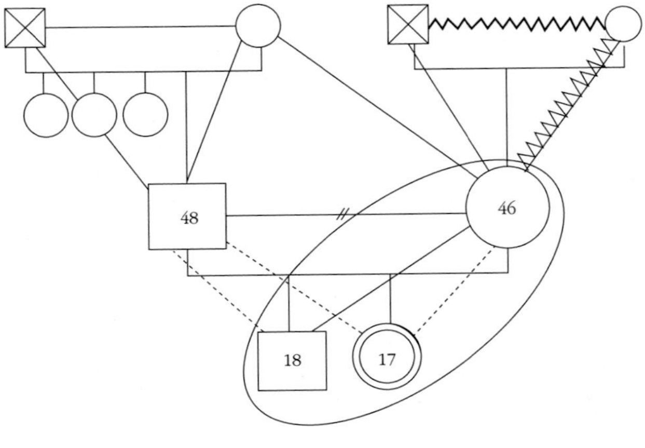

② 가족정보

- 부부체계(부 48세, 모 46세): 어머니가 장남을 임신했을 때부터 아버지의 외도가 시작되었고 이후 부부갈등은 계속되었다. 최근에 아버지는 집에 잘 들어오지 않고 연락이 안 될 때도 많다. 어머니는 남편이 무능력한 가장이라며 늘 화가 나 있다. 어머니는 종종 식당일이나 청소일을 하지만 힘에 부쳐 오래 버티지 못하였다. 현재 허리디스크로 인한 통증이 있고 우울증세로 더욱 일하려는 의지가 낮은 상태이다.
- 부모-자녀체계: 아버지는 기본적으로 자녀들에 대해 무뚝뚝하고 관심 표현도 없다. 어머니는 딸의 정신장애에 대해 이해 및 관심 수준이 낮고 치료비에 대한 대책이 없다. 딸의 치료에 대한 동기도 낮으며 유일하게 아들에게만 관심이 높다. 딸은 무관심한 어머니에 대해 늘 서운한 반면, 아들은 어머니의 관심을 부담스러워한다.
- 형제체계: 오빠는 고등학생으로 참을성이 없어 뜻대로 되지 않을 때에는 집안의 물건을 던지는 등 폭력적인 성향을 지녔다. 미진이와는 초등학교 시절까지는 사이가 좋은 편이었으나 미진이가 중학교에 입학한 후 거의 교류 없이 지내 왔다. 동생의 정신장애에 대한 소식을 접한 후 안타까운 마음을 갖고 있으나 어떻게 관계를 회복해야 할지 모른다.

(4) 대상자의 강점과 역량

초등학교 때까지는 비교적 학교생활을 성실히 수행하여 읽기, 쓰기, 수학 등의 기본적 학습이 가능하였고 매 학년에 서로 대화하고 지내는 친구도 한두 명은 있었다. 환청 및 피해망상으로 주변 사람들을 회피하고 경계하지만 사례관리자와 관계를 형성하고 도움을 받고자 하는 동기는 있다.

(5) 사회적 관계망 및 이용 가능한 자원

① 생태도

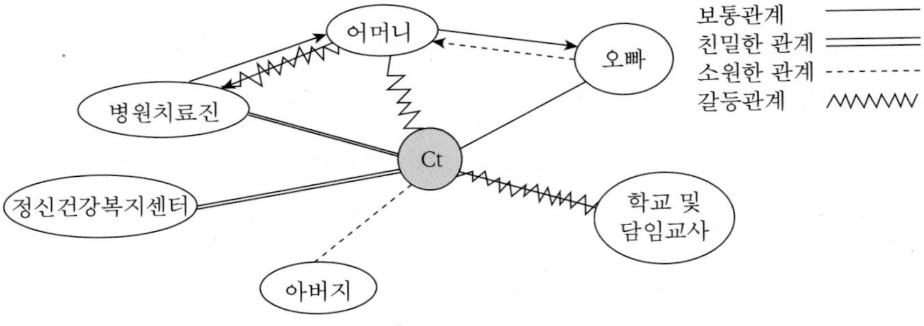

• 경제력 및 물리적 환경

수입이 일정치 않아 늘 경제적으로 어려웠다. 대상자가 갈등이 심한 어머니와 한 방을 쓰고 있어서 높은 스트레스를 호소하고 있다. 모녀 간의 의사소통 방식 및 관계변화를 위한 개입이 요구되며, 실제로 공간이 너무 협소하여 사춘기인 대상자에게 개인 공간 확보가 필요하다.

(6) 대상자 및 가족의 욕구

① 대상자의 욕구

- 주관적 욕구: "친구들을 사귀면서 학교를 다니고 싶어요." "치료비가 걱정스러워요."
- 객관적 욕구: 대상자의 학교적응을 위해서는 대인관계 기술 및 학교적응을 위한 지원이 동시에 필요하고, 치료비에 대한 대상자의 걱정은 매우 현실적인 욕구이다.

② 가족의 욕구

- 주관적 욕구: "정신적 문제를 가진 아이를 잘 돌볼 자신이 없어요." "학교를 잘 다녔으면 좋겠어요." "치료비가 걱정스러워요."

• 객관적 욕구: 미진이의 정상적인 학교생활에 대한 가족욕구가 있지만, 이에 반해 자녀와의 건강한 의사소통 및 적합한 양육방식이 부족하여 가족관계의 변화 및 회복이 필요하다. 치료비에 대한 심리적 부담은 높게 호소하는 반면 구체적인 대안을 찾기 위해 적극적으로 나서지는 않고 있다.

사정의 Tip

정신장애인 사례관리의 사정단계에서 필수적인 질병관련 및 심리사회적 사정내용은 무엇인가?

• 질병관련 사정(서울시 정신보건사업지원단, 2008): 정신장애로 인한 기능저하 및 치료관련 요인들에 대한 사정이다.
 – 정신장애로 인해 갖게 되는 기능적 결함, 손상 정도를 평가
 – 대상자의 발달력, 병력, 가족력에 대한 면밀한 평가
 – 정신상태검사(mental state examination)를 수행
 – 입원력에 대한 평가 및 재발요인(병의 촉발요인 및 재발의 영향요인)
 – 약물치료력 및 현재 복용 약물, 약물 부작용 경험
 – 알코올 및 물질 남용, 우울, 자살사고 및 불안장애 등

• 심리사회적 사정: 정신장애인의 심리사회적 욕구, 능력 및 장단점, 사회적 지지망 사정, 공식적 서비스의 사정이다.
 – 정신장애인의 심리사회적 욕구 사정: 소득, 주택, 보호처, 고용, 직업, 건강, 정신건강, 사회적 욕구, 여가선용, 일상의 활동, 이동수단, 법적 욕구, 교육적 욕구
 – 정신장애인의 장단점 및 능력 사정: 신체적 · 인지적 · 정서적 · 활동적 기능
 – 정신장애인의 일생생활 능력 사정: 개인위생 처리, 용모와 의복관리, 주변정리, 식사준비, 건강관리, 금전관리, 대중교통 이용, 여가활용, 취업 및 직업유지, 가족 및 친구관계
 – 정신장애인에게 도움 및 영향을 제공할 수 있는 사회적 지지망 사정: 사회

적 망의 구조, 사회적 망의 상호작용, 감정적·물질적 지지, 정보제공 및 조언, 비판 및 간섭 제공자

– 공식적 서비스 사정: 기초생활보호 수급권 여부, 장애인 등록, 경제적 지원 대상 자격 여부, 자원목록 작성 시 이용성, 적격성, 적절성, 수용성, 접근성 고려

3) 계획단계

계획단계에서 사례관리자는 종합적인 서비스 계획이 수립되도록 다양한 서비스들과 사회적 지원활동을 통합시켜야 한다. 또한 이 단계에서 분명하고 구체적인 목표수립은 매우 중요한 과업인데, 목표는 사례관리가 종결될 때 사례관리의 효과성 및 효율성을 확인할 수 있는 결과에 대한 지표이기도 하다. 서비스 대상자가 가능한 모든 과정에 깊이 관여할 때 사례관리는 더욱 효과적이 된다. 사람들은 자신이 그 일의 중심에 있다고 느낄 때 목표를 향해 일할 가능성이 높아지기 때문이다.

표 8-1 목표에 따른 서비스 계획

대상	목표	서비스 제공 계획 및 진행
대상자	정신장애에 대한 이해 증진 및 규칙적인 약물 복용 유지	• 대상자에게 조현병의 증상과 치료과정에 대한 정신건강교육을 제공
	질병에 대한 수용과 심리적 안정	• 대상자의 질병에 대한 수용도와 심리적 안정을 높이기 위한 개별상담 제공 • 자살 및 타해 사고에 대한 모니터링

대상자	대인관계 경험 및 사회기술 증진	• 구체적인 대인관계 문제상황을 파악하고 이에 따른 대처방안을 마련하기 위한 개별상담 제공 • 타인과의 대인관계를 경험하고 사회기술을 연습할 수 있도록 정신건강복지센터의 집단 사회기술훈련 프로그램 제공
가족	정신장애에 대한 이해 및 질병관리 능력 증진	• 가족을 대상으로 정신건강교육을 제공
	가족관계의 호전과 가족 지지체계 기능 강화	• 어머니 및 오빠와 지지적 관계를 재형성하고 가족 간 갈등을 낮추는 의사소통 방법 모색을 위한 가족상담 제공
	치료와 관련된 경제적 부담 완화	• 향후 재발 시 입원치료를 위한 사회복지기금 및 지역사회 자원 연계
학교	학업복귀 및 학교생활 적응력 증진	• 담임선생님이 대상자의 병에 대한 이해를 높이고 학교적응을 위한 심리적 지원을 할 수 있도록 정신건강교육 제공 및 지원 요청

계획의 Tip

정신증적 증상을 가지고 있을 때에도 청소년기 발달과업은 고려되어야 하는가?

사례관리의 서비스 계획단계에서, 사례관리자는 대상자의 연령에 따른 사회적 발달과업을 고려해야 한다. 실제로 사례관리자들이 질병관리 및 정신장애의 재발 방지에 초점을 맞추다 보면, 대상자들의 개인적 성장 및 사회적 역할 획득에 대한 비중을 균형 있게 고려하기가 쉽지 않다. 이에 청소년기 정신장애인 사례관리에서는 청소년기 발달과업인 자아정체감 형성, 또래관계, 학교적응, 학업 및 진로준비, 부모와의 건강한 독립성 및 연결성 등과 같은 발달과업도 함께 고려해야 한다.

4) 실행과 점검단계

이 단계에서는 사례관리자가 목표달성을 위해 대상자, 가족, 사회적 네트워크 또는 이들 간의 상호영향력을 변화시키기 위해 의도적인 개입을 한다. 의도적인 개입은 직접적 개입과 간접적 개입으로 구분될 수 있는데, 직접적 개입은 대상자와 직접 관계하면서 지식적·정서적·행동적 변화를 추구하는 것이다. 이때 주로 사용되는 방법은 지지, 교육, 상담 등이다. 한편, 간접적 개입은 환경에 관련된 사람과의 관계에 개입하거나 또는 사회 환경적인 변화를 추구하는 접근이다. 이때 주로 사용되는 방법은 정보제공, 자원개발, 자원연계, 자원강화, 옹호 등이다.

표 8-2 사례관리 실행점검표

회기/일시 장소/대상	실행과정	점검	
	목표 및 실행내용	평가	추후계획
2회/9.28. 센터/ 대상자	목표: 대상자의 질병수용도 및 심리상태 파악 대상자는 대체 나는 어떤 사람이길래 혼자 병이 나서 학교도 못 다니고 정신과와 정신건강복지센터에 다녀야 하는지, 왜 약을 먹어야 하는지에 대해 억울함을 표현함. 이에 사례관리자는 대상자의 고통에 조용히 공감을 표현하면서 일반적으로 10대 후반에 정신과적 질환의 발병률이 매우 높다는 정보를 제공함. 약물복용을 꾸준히 하고 정신건강복지센터의 재활프로그램을 잘 이용하면, 이후 학교로 복귀해서 적응하는 데 많은 도움이 될 것이라고 격려함	10대인 대상자가 질병을 수용하기 어렵고 자기정체성에 대한 고민을 하는 것은 매우 자연스러운 반응임	지속적인 개별상담을 통해 질병적응과 심리적 안정을 지원할 계획임

4회/10.02. 집/가족	목표: 가족 의사소통 사정 및 개입 모녀 간의 의사소통 패턴을 설명하자면, 딸이 환청으로 인해 혼잣말을 하거나 멍하니 있으면서 상대방이 불러도 대답도 안 하는 모습에, 어머니가 참다가 버럭 소리를 치게 되어 갈등이 심화되는 양상임. 둘 간에 공유할 수 있는 관심사도 없고 정서적 소통이 거의 단절된 상태임. 사례관리자는 현재 딸의 증상으로 인한 의사소통 한계를 어머니에게 설명한 후, 공통의 관심사와 서로 주고받는 대화방법을 교육하고 연습시킴	딸에 대한 어머니의 이해가 증진되었으나, 모녀간의 대화단절 문제는 매우 오래된 문제여서 지속적인 개입이 필요함	부정적 감정표현을 해소하고 긍정적 소통을 증진시킬 수 있는 구조화된 가족상담을 5회 실시할 예정임
6회/10.14. 센터/ 대상자	목표: 대인관계 경험 및 사회기술 습득 센터의 집단 사회기술훈련 프로그램에 참여하여 타 회원들과 소통하고, '상대방에게 도움 청하기'를 역할극을 통해 연습하였음	시선 맞추기, 얼굴표정 등의 비언어적 요소는 많이 자연스러워졌으나, 어떤 말을 해야 할지 언어적 요소는 많이 부족함	언어적·비언어적 요소를 증진시킬 수 있는 지속적인 사회기술훈련 프로그램에 참여할 예정임
8회/10.10. 학교/ 담임교사	목표: 학교적응을 위한 담임선생님의 협조 요청 학교 담임선생님한테 대상자의 증상 및 적응의 어려움 등에 대해 설명하고, 학교적응에 필요한 담임선생님의 도움에 대해 요청함	대상자에 대한 담임교사의 공감적 이해도가 높아졌음. 학교 측과 지속적인 연계 필요	다음 학교를 방문할 때에는 학교적응을 위해 친구들이 제공할 수 있는 구체적인 배려 내용을 교사에게 전달할 계획임

수행의 Tip

청소년 정신장애인 사례관리에서 직접적 개입과 간접적 개입을 위해 구체적으로 어떠한 서비스가 제공될 수 있는가?

일반적으로 직접적 개입서비스로는 심리상담, 증상관리 및 약물관리 교육, 일상생활 기능강화, 사회성 증진, 학교적응 상담, 진로탐색, 가족상담 및 가족교육, 가족방문, 청소년 성교육 프로그램 등이 있다. 간접적 개입에는 필요시 정신건강의학과 및 정신건강복지센터 연계, 학업 및 직업 지원을 위한 정보제공 및 자원연결, 청소년 자조집단 형성 및 지지, 교회 및 성당 등의 비공식적 사회망 형성 및 강화, 여가생활 지원을 위한 연계, 지역사회 적응을 위한 옹호활동 등이 포함된다.

5) 평가와 종결단계

평가 및 종결단계에서는 목표달성 여부와 대상자와의 관계가 중점적으로 다뤄진다. 이때 대상자가 최종적으로 목표를 달성했거나, 일부 미달성된 목표의 성취를 위해 필요한 타 기관이나 지역사회 자원에 연계된 경우 종결하게 된다. 현실적으로 욕구가 복합적이고 장기화되는 정신장애인의 특성상 사례관리의 종결이 쉽지는 않다. 그러나 정신장애인 및 가족의 자립적 문제해결 능력을 증진시키고 사회자원을 효율적으로 활용하기 위해 종결을 위한 노력은 필요하다. 이때 종결 후 사후관리에서 사례관리자는 대상자와 가족에게 필요한 핵심적인 서비스 및 자원을 연계하고 지속적인 모니터링을 수행해야 한다.

(1) 목표에 따른 과정 및 결과평가

표 8-3 과정 및 결과평가

목표	과정평가	결과평가
질병에 대한 이해 및 질병 관리능력 향상	• 정신건강복지센터에서 전체 가족을 대상으로 정신건강교육을 시행하였음 • 사례관리자가 약물복용에 대한 지속적인 모니터링을 하였음	• 대상자와 가족이 정신장애에 대한 이해가 증진되어 병에 대한 막연한 두려움이 감소되었고, 대상자가 스스로 약물을 복용하고 있음 • 대상자의 증상호전에 따라 자살사고 및 반 친구들에 대한 오해 및 원망은 자연스럽게 해소되었음
대인관계 경험 및 사회기술 향상	• 사례관리자와 대인관계 어려움에 대한 상담 진행 • 정신건강복지센터의 집단 사회기술 훈련에 참여	• 다양한 대인관계 문제에 대한 구체적인 대처방안을 모색하였음 • 집단 사회성 훈련을 통해 다른 사람과 소통의 경험을 하였고, 사회기술의 향상을 보이기는 했으나 지속적인 연습이 필요한 상황임
학교복귀 및 적응 증진	• 담임교사를 만나서 정신건강교육 실시 • 대상자와 학교복귀를 위한 준비상담 진행	• 담임교사가 대상자의 질병에 대한 이해가 생겼고 대상자의 학교적응을 위한 적극적인 도움제공의 의지를 표현하였음 • 대상자가 학교에 복귀한 후 교사 및 교우들과 어떻게 지낼 것인가에 대해 대안을 모색하였으나, 실제로 복귀한 후 지속적인 모니터링 및 코칭이 필요할 것임
가족의 지지체계 기능 강화	• 가족교육(재발방지 및 위기대처 교육) • 가족상담(가족 의사소통 및 관계 증진)	• 가족이 대상자의 질병에 대한 이해가 증진되었음 • 가족과의 갈등이 스트레스로 작용하여 재발을 높일 수 있음을 이해하여 지지적인 상호작용을 위해 노력을 시도하였음. 이후 지속적인 가족상담이 필요함

가족의 경제적 부담 경감	• 재발방지를 위한 정신건강복지센터의 지속적 증상관리 지원 • 향후 재입원 시 인근 병원 사회복지부서를 통한 경제적 지원 연결	• 대상자는 지속적인 약물복용으로 재발하지 않도록 노력하고 있음 • 주치의와 상의하여 약물처방 시 대상자에게 효과적이면서도 비용을 고려한 경제적인 약을 선택하였음 • 향후 병의 재발 시 경제적 지원을 받을 수 있는 사회복지기금 연결 및 지역사회 자원 연계 예정

(2) 종결 감정 다루기, 종결 후 사후관리에 대한 안내

사례관리 과정에서 서로에게 가졌던 신뢰를 표현, 종결에 따른 서운함, 불안, 고마움 등 상호 간에 경험했던 긍정적인 혹은 부정적인 감정을 솔직하게 공유하였다. 어머니와 친밀감의 경험이 낮았던 대상자는 사례관리자에 대해 다소의 의존성, 종결에 따른 서운함을 보였다. 사례관리자는 공감을 표현하며 사례관리 종결 후에도 접촉의 빈도는 낮아지겠지만 사후관리를 통해 상호관계는 유지될 수 있음을 설명하였다. 또한 향후 어려움이 있을 때는 사례관리자에게 연락할 수 있도록 기관의 비상연락처를 제공하였다.

사후관리 단계에서 대상자는 정신건강복지센터의 다양한 프로그램 중 약물관리 및 사회기술훈련을 부분적으로 이용하면서 심리사회적 도움을 받을 수 있고, 향후 학교 부적응 문제 및 어머니와의 갈등이 심해질 경우 전문적인 가족상담을 받도록 연계할 계획이다.

평가와 종결단계의 Tip

평가단계에서 서비스 제공기관들 간에 정신장애 관련 개인정보는 어떻게 공유할 수 있는가?

평가 및 종결과정에서 서비스 제공기관 간의 정보공유에 대한 대상자의 사전동의가 필요하다. 정신장애의 질환 특성상 사회적 편견이 강해서, 대상자 및 가족은 자신의 정보가 지역사회에서 공유되는 것에 대해 민감하게 생각할 수 있다. 평가단계에서 사례관리자는 필수 불가결하게 각 서비스 제공기관들에서 제공된 서비스 내용과 제공 성과와 관련해서 대상자의 정보를 공유하게 되는데, 이는 서비스 제공자들 간의 협력, 의사소통 및 조율이 필수적이기 때문이다. 경우에 따라 대상자에 따라 사례관리자를 의심하거나 피해의식을 가질 수 있기 때문에 사례관리자는 사전에 대상자에게 개인정보 공유에 대한 사전동의를 구해야 한다.

4. 정신장애인 사례관리를 위한 법과 제도

최근 정신장애 사례관리에서 가장 쟁점이 되는 「정신건강증진 및 정신질환자 복지서비스 지원에 관한 법률(이하 정신건강복지법)」에 대해 살펴보고자 한다. 2017년 5월 30일부터 시행되고 있는 「정신건강복지법」의 주요 요지는 정신질환자들에 대한 비자의적(강제) 입원치료 요건을 강화하여 이들의 인권을 보호하고, 탈원화를 도모하여 지역사회 복귀를 유도하는 것이다. 하지만 일각에서는 개정법의 내용이 현실을 반영하지 못해 사회적인 준비와 인프라가 갖추어지지 않은 상황에서 법 시행이 진행된 점에 대한 우려와 부정적 평가도 있다(권현주, 유영미, 2020). 「정신건강복지법」의 주요 변화내용을 살펴보면 다음과 같다.

(1) 정신질환의 재활 · 복지 · 권리보장 추가

전부 개정된 「정신건강복지법」은 제1조(목적)에서 정신질환자의 예방 · 치료 외에 정신질환의 재활 · 복지 · 권리보장을 추가하였으며, 정신건강 친화적인 환경 조성에 필요한 사항과 국민의 정신건강 증진 및 정신질환자의 인간다운 삶을 영위하는 데 이바지함을 목적으로 한다고 명시함으로써 정신질환자에 대한 배려를 의도하고 있다(최행식, 2017).

(2) 포괄적 복지서비스의 통합지원 및 담당부서 간의 협업 강화

「정신건강복지법」은 제4장 '복지서비스의 제공'의 장을 신설하여 정신질환자에 대한 서비스 제공 근거를 마련하였으며, 구체적인 내용으로는 복지서비스 개발(제33조), 가족에 대한 정보제공과 교육(제38조)을 비롯하여 지원서비스 분야의 경우 고용 · 직업재활(제34조), 평생교육(제35조), 문화 · 예술 · 여가 · 체육활동 등(제36조), 지역사회거주 · 치료 · 재활 등 통합지원(제37조) 규정 등이 있다. 그동안 장애인복지 담당부서에서도, 정신보건 담당부서에도 서로 정신질환자 복지 문제는 자신의 소관이 아니라고 하여 복지 사각지대에 내몰려 병원이나 시설에 갇히게 되었는데, 앞으로는 양쪽 부서가 서로 정신질환자의 지역사회복지에 관해 협업하여 서비스를 제공하여야 할 근거가 마련되었다는 점에서 큰 의미가 있다.

나아가서 국가와 지방자치단체가 정신질환자의 지역사회 거주 및 치료를 위하여 필요한 시책을 강구하여야 한다(제37조 제2항)는 조항은 치안 담론적 패러다임인 강제입원에서 지역사회 거주 등을 통하여 치료 내지는 복지 담론적 패러다임으로의 전환을 강하게 드러내는 규정이다(김창휘, 2017).

(3) 기존의 강제입원제도의 개선 및 입 · 퇴원 관련 관리시스템 구축

이해관계 단체들의 입장 차이와 갈등이 있었음에도 불구하고 개정된 「정신건강복지법」은 강제입원제도를 대폭 강화하고, 정신질환자들이 정신병원에서 퇴원하여 지역사회에 복귀하는 데에 있어서 동의입원제도의 신설, 보호입원제도의 개선, 행정입원제도의 개선 등 필요한 복지 조치의 법적 근거를 마련하는 등 적지 않은 의미를 지니고 있다(권현주, 유영미, 2020).

첫째, 제42조에서 환자 및 보호 의무자 동의에 의한 입원 신청과 정신과 전문의 진단결과에 따라 환자의 치료와 보호 필요성이 인정되는 경우 72시간 범위에서 퇴원 거부할 수 있는 제도를 신설하였다. 이는 당사자의 의사에 따라 입원하되 보호자의 동의를 받도록 하는 것으로 서구에는 있으나 한국과 일본에만 없는 조항이었다. 그동안 자의 입원하려 해도 병원 측에서 진료비 및 퇴원 수속에 대한 부담 때문에 보호의무자에 의한 입원으로 하도록 유도해 온 관행을 개선하고, 강제입원 비율을 줄이기 위해 신설하였다. 환자가 자의입원을 하고자 할 때 강제입원의 형식을 지닌 보호의무로 입원시키는 것을 방지하고 환자와 보호 의무자가 함께 입원에 관여할 수 있도록 하며, 환자의 치료와 보호의 필요성이 있는 경우에는 72시간 동안 퇴원을 거부할 수 있고, 그동안 보호입원이나 행정입원과 같은 강제입원으로 전환할 방안을 마련하였다(최행식, 2017).

둘째, 보호입원제도의 개선으로 인하여 「정신건강복지법」에서는 정신병원에의 강제입원 요건과 절차가 훨씬 강화되었다. 개정 전 법에서는 정신질환자가 자·타해 위험성 또는 입원의 필요성 어느 하나의 요건만 갖추면 입원할 수 있었는데, 「정신건강복지법」에서는 두 가지 요건 모두를 갖춰야 입원이 가능해졌다. 또한 현행법에는 없던 2주의 진단입원 기간을 두어 입원의 필요성을 진단하도록 하였다. 최초입원을 6개월에서 3개월로 단축하였고, 계속입원의 경우 현재는 1명의 정신과 전문의 소견만으로도 가능하던 것을 2명 이상의 정신과 의사의 소견을 받도록 하고, 이 중 1인의 의사는 해당 의료기관 소속이 아닌 다른 병원의 의사로 하도록 하였다(제43조). 또한 정신건강심의위원회를 설치하여, 그 결정유형을 임시퇴원, 퇴원, 처우 개선조치 외에 3개월 이내 재심사, 외래치료명령 조건부 퇴원, 자의입원 또는 동의입원으로의 전환, 다른 정신의료기관 등으로의 이송 등으로 다양화하였다(제59조). 그리고 입원의 장기화, 치료의 악순환, 반복되는 재입원 등 문제를 통제하기 위하여 입·퇴원 관련 관리시스템을 구축하도록 하였다(제67조).

생 | 각 | 해 | 보 | 기

1. 정신장애인 사례관리에서 주요 대상자로 선정되는 사람들이 갖는 질병 특성은 무엇인가?
2. 정신장애인 사례관리의 사정에서 필수적으로 수행되어야 하는 질병관련 사정 및 심리사회적 사정내용은 무엇인가?
3. 정신장애인 사례관리에는 크게 직접적 및 간접적인 방법의 두 가지 개입방법으로 서비스가 제공된다. 정신장애인에게 제공되는 직접적 서비스 및 간접적 서비스에 대해 기술하시오.
4. 정신장애인 사례관리의 평가 및 종결과정에서, 서비스 제공기관 간 정보공유를 통해 사례의 종결 여부를 결정하게 된다. 이때 발생할 수 있는 정신장애인의 인권 문제에 대해 기술하시오.

참 | 고 | 문 | 헌

권석만(2013). 현대이상심리학. 서울: 학지사.

권현주, 유영미(2020), 정신건강복지법의 문제점과 지역사회 탈원화를 위한 개선방안. 사회복지법제연구, 11(1), 53-77.

김창휘(2017). 정신건강복지법의 주요 내용과 개선 방안에 관한 연구. 토지공법연구, 80, 303-331.

김철권, 김진원, 서지민, 이길자, 김길중, 변원한(2000). 정신분열병 환자의 주 보호자와 형제 자매에서의 부담에 대한 연구. 신경정신의학, 39(1), 113-127.

민성길(2006). 최신정신의. 서울: 일조각.

민소영(2006). 만성정신장애인을 위한 사례관리의 모형과 수행구조에 대한 탐색적 연구. 사회복지연구, 30, 215-242.

박영숙, 이근후 공역(1999). 정신분석학. 서울: 하나의학사.

전혜성(2008). 성인초기 정신장애인의 사례관리적용 효과성 연구. 이화여자대학교 대학원 석사학위논문.

전혜성(2012). 정신장애인의 배우자의 질병스트레스가 부부적응에 미치는 영향: 부부신념체계의 매개효과를 중심으로. 이화여자대학교 대학원 박사학위논문.

최행식(2017). 개정 정신보건법의 주요내용과 향후의 과제. 원광대학교 생명과학법센터 추계학술대회 발표자료집.

한국사례관리학회(2012). 사례관리론. 서울: 학지사.

황성동(2008). 정신보건사례관리의 실천 현황 및 실천모형 개발에 대한 연구. 정신보건과 사회사업, 12, 30-54.

Teichman, Y., Bar-Ei, Z., Shor, H., & Elizur, A., (2002). Cognitive, inter personal and behaviora predictors of patients' and spouse's depression. ***Jornual of Affective Disorders, 74,*** 247-256.

Wittmund, B., Wilms, H., Mory, C., & Matthias C. A. (2002). Depressive disorders in spousesof mentally ill patients. ***Social Psychiatry and Psychiatric Epidemiology, 37***(4), 177-182.

서울시 정신보건사업지원단(2008). http://www.blutouch.net

제9장

노인 사례관리

1. 노인의 특성과 사례관리의 필요성
2. 노인 사례관리 실천유형
3. 과정별 노인 사례관리의 실제
4. 노인 사례관리를 위한 법과 제도

들어가기

2026년에 65세 이상의 노인인구가 전체 국민의 20%가 넘는 초고령 사회로 진입할 것이라는 예측을 감안하면(통계청, 2013), 향후 노인 사례관리는 사례관리의 다른 분야보다도 그 비중이나 수요가 현저하게 급증할 것으로 예상된다. 사례관리자는 노화의 전반적 특성 및 노인의 복합적 욕구에 대한 보편적 이해를 기반으로 하되, 동일한 연령대라 해도 노인마다 건강상태와 자립성 수준이 다를 수 있음을 고려하여 각 노인에게 맞는 효율적인 접근을 해야 한다. 이에 노인 사례관리는 노화로 인한 생리심리사회적인 전반적 변화 및 복합적인 욕구를 반영하고 다양한 공식적·비공식적 자원을 확보하는 방식의 적극적인 서비스망을 구축하여 각 노인에게 맞춤형 사례관리 서비스를 제공해야 한다. 이러한 관점에서 이 장에서는 노인의 특성과 사례관리의 필요성, 노인 사례관리 실천의 유형, 과정별 노인 사례관리의 실제, 노인 사례관리를 위한 법과 제도에 대해서 설명하고자 한다.

1. 노인의 특성과 사례관리의 필요성

노인을 바라보는 현대의 노인관에는 두 가지 사회적 관점이 공존한다. 먼저, 신체적 연령과 상관없이 젊고 건강한, 자립적인 노인관을 지향하는 관점이다. 이 관점에서는 노인의 높은 연령에 한계를 긋기보다는 노인이 가질 지속 가능한 생활유지 능력, 자립 및 자기관리 기능에 관심을 갖는다. 뿐만 아니라 노인의 연령기준 또한 65세가 아닌 75세 이상으로 상향 조정해야 한다는 입장이다. 또 다른 관점은 여전히 노인을 사회적 보호의 일차적인 대상으로 간주하는 관점이다. 간과할 수 없는 것은 노인 건강에 관한 국가통계 수치이다. 65세 이상 노인 진료비가 전체 건강보험 진료비 64조 5,768억 원 중 25조 2,692억 원을 차지하고 있는데 이는 전체 진료비의 38%에 해당된다(건강보험심사평가원, 국민건강보험, 2017). 전년 대비 노인 진료비가 11.4%나 빠르게 급증한 수치임을 알 수 있다. 특히 주요 만성질환의 발병률은 고혈압, 관절염, 신경계 질환, 정신 및 행동장애, 당뇨병, 간질환 순으로 나타났다. 만성질환 진료비는 전체 진료비의 40%를 차지했다(건강보험심사평가원, 국민건강보험, 2017). 초고령 사회에 근접할수록 노인의 수적 증가와 수명연장에 따른 의료적 비용은 더욱 중요한 사회적 관심이 될 것이다.

노인 사례관리의 주요 대상자는 상대적으로 노화로 인한 생활적응의 어려움이 클 수 있는 고령의 노인들이 우선적으로 고려될 수 있다. 일반적으로 노인전기는 주로 60~75세로 아직 건강하고 자주적인 활동이 가능한 시기로 인식되며, 노인후기는 75세 이후로 신체적 건강이 악화되거나 타인에게 의존성이 필요한 시기로 간주될 수 있다(이인정, 최혜경, 2005). 그런데 단순히 연령만으로 사례관리 서비스 대상을 확정 짓는 것은 현실적이지 않다. 사실상 노인의 의료적 문제 및 복합적인 욕구는 꼭 연령에 비례하기보다는 개인차에 의해 발생할 가능성도 높기 때문에, 노인의 연령뿐만 아니라 노인 개인의 건강이나 생활여건, 가족을 비롯한 지원체계 등을 고려해야 한다.

정리하면, 노인 사례관리의 대상은 현 지원체계에서는 개인의 복합적 욕구를 충족시키기 어렵고 지역사회 자원에 대한 정보나 접근성이 부족하여 문제해결에 어려움을 겪는 노인이다. 사례관리는 이들의 만성적이고 복합적인 욕구를 충족시키고 궁극적으로 이들의 삶의 질을 향상시키기 위한 서비스를 제공하는 것이다. 다음은 노인의 특성과 그에 따른 사례관리의 필요성에 대한 설명이다.

1) 노인의 특성

첫째, 노인은 신체적 노화로 인해 신체적 기능에 현저한 저하가 오고 식사 및 수면량도 감소되며 질병률이 높아진다. 주요 변화로는 뼈의 구멍으로 인한 골절률 증가, 호흡기관의 감퇴로 인한 호흡기 질환 증가, 심장박동수 감소로 인한 혈액순환의 약화, 소화효소와 위액분비의 감소로 인한 소화기능 약화, 수면 감소와 숙면의 어려움, 시각, 청각, 미각 등 감각기관의 퇴화이다(이인정, 최혜경, 2005). 또한 고혈압, 관절염, 신경계 질환, 정신 및 행동장애, 당뇨병, 간질환 등은 노인에게 나타나는 주요 만성질환으로 노인의 삶의 질을 저하시킨다.

둘째, 노인은 정신기능의 저하와 높은 치매 발병률의 문제를 갖는다. 노인기에는 환경에 적응할 수 있는 인지능력, 정보나 기술을 습득하는 학습능력, 기억력, 사고능력, 문제해결 능력, 창의력 등이 감소된다. 정서적인 면에서도 불안, 격노, 슬픔, 기쁨, 놀라움 등의 감정표출 능력이 저하된다(장인협, 최성재, 1996). 특히 노인의 지적 능력 쇠퇴는 기억력 감퇴를 비롯하여 반응시간, 시각에서 받은 정보를 운동반응으로 전환하는 능력, 자극 확인 및 해석능력 등 다양한 측면에서 발생하는데, 기억에 있어서 단기기억이 장기기억보다 더욱 심하게 쇠퇴한다. 이와 같은 노인의 인지적 기능 저하는 치매의 발병으로 이어지는 경우가 많다.

셋째, 노인은 자신의 삶에 대한 수용과 죽음에 대한 심리적 준비를 해야 한다. 일반적으로 노인기는 불안과 우울의 경험이 높은 시기로 알려져 있다. 노년기에 들어서면 장년기까지의 주요 과제들, 즉 결혼, 자녀양육, 직업에서의 성공과 실패 등의 삶의 흔적들이 누적된다(이인정, 최혜경, 2005). 노인들이 자신이 살아온 삶에 대한 부정적 평가를 하고 비관적일 때 높은 수준의 불안과 고통을 경험할 수 있다.

넷째, 노인은 사회적 역할상실과 관계망 축소를 경험하기 쉽다. 노인기에는 퇴직, 실업 등에 따른 역할상실과 사회적 관계망 축소를 경험하게 된다. 무엇보다 배우자와의 사별로 인한 상실은 슬픔, 죄책감, 고독과 우울, 극심한 혼란, 급속한 신체 약화, 재정적 자원 감소 및 중단의 문제를 가져온다. 특히 배우자와의 사별 후 남성 노인이 더 어려움을 겪는 것으로 알려져 있고 대체로 여성이 남성보다 전반적인 사회적응력이 높고 스트레스를 유연하게 극복하는 경향도 높다고 알려졌다.

다섯째, 노인은 소득원의 상실로 경제적 위기와 빈곤에 당면할 가능성이 높다. OECD의 보고서(2014)에 의하면 한국의 65세 노인 빈곤율은 무려 50%로 회원국 34개국 가운데 제일 높다. 즉, 한국의 65세 노인층의 절반이 중간 소득의 50%보다 낮은 소득으로 산다(중앙일보, 2017).

여섯째, 노인의 대표적인 위기가 노인학대와 노인자살이다. 노인학대는 신체적 학대, 성적 학대, 심리적 학대, 재정적 학대, 방임, 자기방임, 유기의 일곱 가지 유형으로 구분하고 있다(김명식, 2011). 노인학대는 노인의 거주지와 친족관계, 노인보호기관 등 여러 영역에서 발생할 수 있다. 가정에서는 주보호자인 배우자, 성인 자녀, 친척 등에 의해 이루어질 수 있고, 심지어 노인이 장기적으로 거주하는 전문기관에서도 노인학대가 이루어질 수 있다. 한편, 노인자살에 대한 통계청(2015)의 발표에 의하면, 한국인의 자살통계에서 2013년 65세 이상 노인 자살자 수는 인구 10만 명당 64.2명이었다. 이는 다른 연령대에 비해 월등히 높은 수치이다. 또한 노인인구 중에서도 연령이 높을수록 자살률이 더 높게 나타난다.

2) 노인 사례관리의 필요성

첫째, 노인의 만성질환 관리를 위해 사례관리의 적용이 필요하다. 노인의 만성질환은 혈압, 관절염, 신경계 질환, 치매를 비롯한 정신 및 행동장애, 당뇨병, 간질환 등을 비롯하여 매우 다양하다. 이에 노인의 복합적이고 장기적인 만성질환을 치료하고 건강을 지원할 수 있는 의료서비스를 지속적으로 제공하기 위해서는 노인 사례관리의 적용이 필요하다.

둘째, 치매노인 및 치매노인 부양가족을 위한 사례관리가 요구된다. 치매는 일단 정상적으로 성숙한 뇌가 후천적인 외상이나 질병 등 외인에 의하여 손상 또는 파괴된다. 전반적으로 지능, 학습, 언어 등의 인지기능과 고등 정신기능이 떨어지는 복합적인 증상으로 회복되기 어려우며 만성적으로 가족 돌봄을 요구하는 질병이다. 노인 사례관리에서는 노인의 치매관리를 위한 개입뿐만 아니라 치매노인을 돌보는 과정에서 심각한 소진을 경험하는 가족에 대한 지원이 이루어져야 한다.

셋째, 노인의 심리적 안정성 및 정신건강 증진을 위한 사례관리가 필요하다. 노인은 자신의 인생에 대한 후회, 소외감, 상실감 및 거절감 등의 심리적 요인들로 인해 높은 수준의 불안과 우울을 경험할 수 있다. 이에 노인 사례관리에서는 노인들로 하여금 자신의 삶에 대한 부적절감, 실패, 실망 등의 감정을 잘 수용할 수 있도록 심리적인 지지를 제공해야 한다(이현지, 2015).

넷째, 가족과의 교류가 끊기고 가족들로 하여금 적절한 보호제공을 받지 못하는 노인을 위해 사례관리가 필수적으로 요구된다. 사례관리에서는 이러한 노인들이 현실적으로 개인적 상황을 수용하여 보다 안정적이고 편안한 심리적 상태를 유지하고 가족 이외에 새로운 공식적 · 비공식적 사회적 지지를 개발 및 강화할 수 있도록 지원해야 한다.

다섯째, 경제적 위기와 빈곤 상황에 처한 노인은 사례관리자의 주요 서비스 대상이다. 노년기의 경제적 어려움은 노후생활비의 문제뿐만 아니라, 친구 · 친척관계, 여가활동, 정서 · 심리적 위축 등 생활 전반에 영향을 미치는

초고령 사회

(기사출처: http://news.naver.com/main/read.nhn?mode=LSD&mid=sec&sid1=110&oid=144&aid=0000498634)

우리나라 전체 인구에서 노인이 차지하는 비중은 대략 14%이다. 하지만 국내 주요 노인 문제는 가파른 인구노령화의 속도와 노인 빈곤율이다. 그중에서도 노인 빈곤율은 OECD 국가 중 1위를 기록하고 있다.

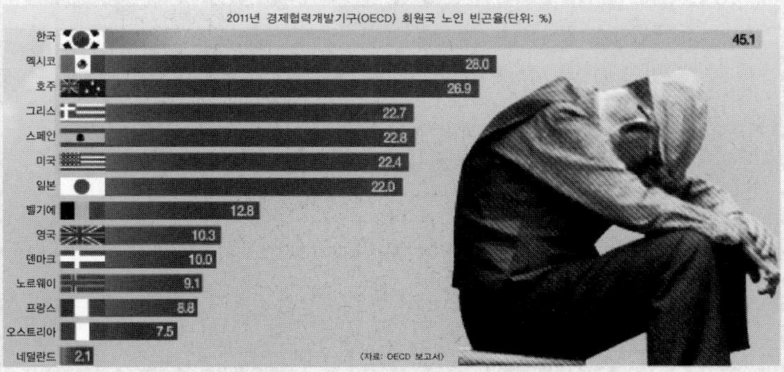

http://blog.naver.com/kyho9242/220956455663

중요한 요인이다.

여섯째, 사례관리자는 노인의 위기 상황의 초기 발견, 조치, 예방의 모든 영역에서 주요 역할을 하게 된다. 대표적인 위기가 노인학대와 노인자살이다. 사례관리자는 노인학대를 발생하게 하는 선행요인에 대한 민감성을 가지고 있어야 하는데, 노인을 돌보는 돌봄제공자(care giver)가 노인을 돌보는 것이 매우 힘들고 보상도 받기 어렵다는 인식, 정서적인 우울, 스트레스 대처능력의 저하, 약물중독 등의 상황에서 학대 발생률이 증가하는 것을 인식해야 한다(Comijs, Smit, Pot, Bouter, & Jonker, 1998). 뿐만 아니라 최근 증가하는 노인자살 예방에 대해서도 사례관리자의 지속적이고 세심한 관심이 요구된다.

3) 노인 사례관리가 포괄해야 하는 주요 실천요소

노인 사례관리에서는 노화에 따른 신체적 · 심리적 · 사회적인 취약성을 이해하여 그에 기반한 복합적인 서비스 기능을 포괄해야 한다. 다음은 모든 노인 사례관리 유형에서 반영해야 할 주요 실천요소로, 권중돈(2005)이 제시한 내용이다.

첫째, 지속성의 보장이다. 노인 대상자의 경우 질병의 치료나 문제의 해결 가능성이 상대적으로 낮고, 노화에 따라 보호욕구도 지속적으로 상승하기 때문에 지속성이 중요하다.

둘째, 통합적 제공이다. 노인들의 경우 보건, 의료, 재활, 간호, 복지, 건축, 예술 등 다양한 전문분야의 서비스가 통합될 때만이 사회적 기능의 개선과 유지가 가능하다.

셋째, 적극적 노인 및 가족서비스의 제공이다. 노인이나 부양가족은 서비스에 대한 정보와 인식이 부족하여 서비스의 접근도가 낮으므로, 사례관리자는 방문원조, 안내 및 의뢰 등과 같은 보다 적극적인 서비스 방식을 채택하여 노인과 가족의 서비스 접근도를 높여야 한다.

넷째, 가족의 보호부양 기능 강화이다. 노인은 문제 발생 시 가족이라는 1차 비공식적 관계망에 가장 먼저 원조를 요청하므로 1차 집단의 보호부양 기능이 중요하다. 부양가족에게 노인부양 방법에 대해 지식과 기술을 교육하고 가족의 제한된 자원과 부양기능을 보완해야 한다.

다섯째, 노인의 잔존기능 유지 및 강화이다. 노화로 인한 신체 · 심리 · 사회적 기능의 저하를 방지하고 노인이 자립적 생활을 영위할 수 있도록 노인 대상자의 사회적 기능을 유지해야 한다.

여섯째, 다양한 사회자원의 개발과 효율적 이용이다. 노인이 지역사회에서 삶의 연속성을 보장받기 위해서는 가족 외에도 공공행정기관, 의료기관, 복지기관, 각종 사회단체 및 조직, 민간기업, 친구, 이웃, 자원봉사자, 자조집단 등의 다양한 사회자원의 개발과 동원, 그리고 제한된 자원의 효율적 이용이 필요하다.

일곱째, 사례관리자의 옹호 역할이다. 노인 및 부양가족의 욕구가 충분히 반영되지 못할 경우, 사례관리자는 이들을 대신하여 정부나 서비스 제공기관에 이들의 욕구와 권리를 옹호하는 데 개입해야 한다.

2. 노인 사례관리 실천유형

노인 사례관리의 실천유형을 제시하는 데 있어서 크게 두 가지 차원, 즉 노인 욕구에 따른 유형과 서비스 제공 주체에 따른 유형으로 나누어 설명할 수 있다.

1) 노인 욕구에 따른 사례관리 기능 유형

노인 사례관리는 노인들이 갖는 문제의 긴급성과 심각성 수준, 노인 및 가족의 대처능력에 따라 네 가지 기능으로 구분될 수 있다. 즉, 일차보호, 긴급보호, 지역사회 재가보호, 장기보호이다(NCCC, 2000: 한국사례관리학회, 2012에서 재인용). 노인 사례관리에서는 이 네 가지 기능을 포괄적으로 포함하고 있어서, 노화에 따라 발생할 수 있는 여러 욕구와 위기를 지원할 수 있어야 한다.

(1) 일차보호

일차보호의 중요한 기능은 노인이 지역사회에서 안정적으로 살아갈 수 있도록 기초생활을 보장하는 것이다. 기초생활에는 기본적인 생활을 유지할 수 있는 의식주, 정서적 지원(노년기 소외감, 불안, 우울 등을 예방할 수 있는 정서적 지원, 정서적 유대관계망을 형성), 일차적인 치료 및 간병서비스(방문보건서비스, 일시적 질병에 대한 의료지원), 가족관계 및 기능 지원(노인과 가족 간의 일차적 정서지지체계와의 갈등, 부양부담에 대한 해소) 등을 포함한다.

(2) 긴급보호

노인에게 발생할 수 있는 긴급하고 응급적인 문제에 효과적으로 대처하기 위해 사례관리자가 대상자의 건강, 심리 상태를 모니터링하고 지역사회 내 119 및 주요 의료기관의 응급시스템과 긴급서비스망을 구축한다. 필요시 집중서비스를 가동할 수 있는 여건을 마련한다.

(3) 지역사회 재가보호

지역사회 재가보호는 대상자가 자신의 생활공간에서 독립적인 기능을 유지할 수 있도록 지원하는 서비스 영역으로, 재가복지 영역이다. 주로 가사지원, 반찬서비스, 위생이나 안정을 위한 거주환경 개선서비스, 이동서비스, 정서적 지원을 위한 말벗서비스나 상담 등이 해당된다.

(4) 장기보호

장기보호는 대상자가 만성적 질병이나 신체적 기능 저하로 건강상태가 취약해진 노인이다. 이러한 경우 노인들이 자신의 집에서 거주하며 보호를 받을 수도 있고, 필요에 따라 요양병원이나 시설에 입소한 상태에서 주로 의료적 욕구를 충족하기 위한 치료, 간병 등의 서비스를 제공받는다.

2) 서비스 제공 주체에 따른 유형

동일한 연령대라 해도 노인마다 건강상태와 자립성 수준이 다를 수 있다. 대체로 고령의 노인들이 신체적인 문제로 의료적인 취약성을 가지고 있고 이전보다 생활상의 어려움이 증가할 수 있는 가능성이 있지만, 상당수의 노인들은 스스로 자가관리가 가능하거나 가족의 부분적인 도움으로 생활 적응력을 높이면서 자립적으로 살아갈 수 있다. 노인이라고 해서 모두 사례관리를 필요로 하는 것이 아니다. 이러한 노인의 개인적 특성 및 환경을 고려했을 때, 노인 사례관리에 대한 다양한 입장이 존재할 수 있다. 이러한 다양성을 반영하여 사례관리의 제공자를 국가 및 사회기관으로 한정 짓지 않고 좀 더 다양한 주체로 삼는 것을 고려할 수 있다. 이근홍(2014)은 재가노인의 특성, 욕구, 문제 등을 고려하여 가족보호 모형(family care model), 지역사회 지원 모형(community support model)과 포괄 모형(comprehensive model)의 세 가지로 구분하여 설명하고 있다.

(1) 가족보호 모형

기본적으로 노인에게 보호를 제공할 가족이 있을 때 적용될 수 있는 모형이다. 노화에 따라 노인은 대체로 건강상태가 양호하지 않거나 질환을 만성적으로 가질 수 있다. 이러한 노인의 특성상 시·공간적으로 돌봄의 한계가 있는 외부 전문가보다 오히려 가족이 노인이 필요로 하는 서비스를 가장 신속하고 적절하게 제공할 수 있다는 입장이다. 이 모형은 재가노인들에게 가장 적절하며 상대적으로 가족주의 및 가족 돌봄의 정서를 가진 우리나라 문화에 부합될 수 있다고 평가되어 왔으나, 현대사회의 여성의 사회적 진출 및 지위변화, 개인주의적 가치변화 등을 감안하면 실제로 고려할 사항이 많다. 이 모형은 노인에게 1차적으로 가족이 보호를 제공하는 것을 토대로 하며, 가족이 적절한 서비스를 제공하지 못할 때 보충적으로 사례관리자가 직접적 또는 간접적으로 서비스를 제공하는 것이다.

(2) 지역사회 지원모형

보호를 제공할 가족이 없는 독거노인 또는 노인부부에서 한쪽 배우자가 다른 배우자를 부양할 신체적·정신적 능력이 부족한 노인부부에게 적용될 수 있는 모형이다. 이처럼 배우자 및 가족이 적절한 도움을 제공하지 못할 때, 지역사회 주민이나 지역사회기관 등이 노인들에게 필요한 보호를 적절히 제공할 것이라는 입장이다. 주로 다양한 비공식적 사회적 관계망을 활용하여 친구, 친척, 지역사회 주민, 이웃, 자원봉사자, 자조집단, 지역사회 내의 지원망에서 노인에게 서비스를 제공하는 것이다.

(3) 포괄 모형

가족 및 지역사회 체계를 통하여 해결하지 못하는 복합적인 욕구와 문제를 가지고 있는 노인에게 적용될 수 있는 모형이다. 이 모형에서는 노인의 건강수준, 일상생활 기능 수준, 생활 수준, 가족사항, 주거상황 등의 특정 문제에 따라 서비스가 결정되는 것이 아니라, 이러한 기준들과 별개로 복합적인 욕구를 가진 노인들에게는 서비스의 단편적인 접근보다 포괄적인 접근이 그들의 욕구와 문제를 효과적으로 해결할 수 있다는 전제이다. 이 모형에서는 사례관리자가 책임을 지고 다양한 자원을 노인에게 연계시켜 주며, 지속적으로 포괄적이며 적절한 서비스를 제공받을 수 있도록 하는 것이다. 주민센터, 보건소 등의 국가기관과 비영리 인가기관, 즉 지역사회복지관과 노인복지회관 등의 다양한 기관과의 연계를 통해 포괄적인 서비스를 제공하는 것이다.

3. 과정별 노인 사례관리의 실제

다음에서는 지역사회에서 거주하는 독거노인을 대상으로 5단계의 사례관리 실천과정을 적용하였다. 전반적인 실천과정은 ① 초기단계, ② 사정단계, ③ 계획단계, ④ 실행과 점검단계, ⑤ 평가와 종결단계로 적용에 따른 구체적인 내용은 다음과 같다.

사례

* 위 사진은 실제 사례와 무관함.

서비스 대상자인 여성노인(83세)은 초졸의 학력으로 대체로 전업주부로 살아왔다. 남편은 10여 년 전에 사망하였다. 친아들하고도 연락이 끊기고 남편의 전처 자녀들과도 평소에 거의 왕래 없이 지내 왔다. 월수입은 따로 없이 국가보조금으로 생활한다. 대인관계로는 간간이 성당에 다니며 비슷한 연배의 소수 노인들과만 교류한다.

대상자는 고혈압, 당뇨 등으로 지속적인 약물복용이 필요하였고 허리디스크, 관절염으로 인해 거동이 불편하여 혼자서 일상생활을 유지하기가 어렵다. 노인은 기력이 약하여 식사 준비를 하는 것조차 어려워 식사를 거를 때가 많았다. 이에 매우 마르고 안색도 좋지 않다. 대상자의 거주지는 다세대주택으로 방 하나에 부엌과 화장실이 겸비되어 있었다. 창문도 높고 작아서 노인이 자주 여닫기 쉽지 않아 환기를 시키기 어려웠다. 최근 더 거동이 불편해져서 집 밖의 외출이 드물고 말수도 줄어 외부 사람들과 왕래가 없자, 옆집 이웃의 제보로 사회복지관에 의뢰되었다.

1) 초기단계

일반적인 사례관리의 초기 접수단계에서는 대상노인의 연령, 건강, 가족상태, 거주지, 소득, 지원체계 등을 참고로 하여 대상노인의 상황과 기관이 서로 부합되는지를 판단하여 사례로 선정한다. 노인의 경우에는 접수상담을 위해 가정방문을 하여 대상노인 및 가족, 보호자 등과 상담을 실시하는 것이 일반적이다. 이 사례의 경우는 가족의 도움을 받지 못하는 독거노인으로 당뇨, 고혈압, 관절염 등의 노인 만성질환을 앓고 있고 자립적 생활이 현저하게 어려

초기단계의 Tip

접수단계에서 다루어져야 할 필수적인 내용 및 과정은 어떠한가?(이미경, 2002).

① 사례관리 제공기관 및 제공 서비스에 대한 구체적인 소개
② 대상노인의 인적사항 관련 자료수집(성명, 나이, 성별, 건강상태, 가족관계, 경제상태, 거주지, 학력 등)
③ 서비스 이용을 원하는 사유
예) 노인의 치매 및 중증 질환 등으로 인해 노인이 겪는 고통과 어려움이 크고, 가족도 경제활동을 해야 하는 상황이어서 노인을 보호할 수 없는 상태
④ 가족 구성원에 대한 자료수집: 가족력, 가족관계, 노인 대상자와의 유대감정, 가족의 지지체계 등을 파악
⑤ 대상노인 가정방문: 사례관리자는 가정방문을 통하여 노인의 의료적 및 전반적인 상황을 파악하고, 치매나 중풍을 앓고 있는 노인의 경우 일상동작 및 자기관리 수준을 파악
⑥ 사례관리 실시대상자 여부 판정
⑦ 노인 대상자의 특성, 기관 상황을 고려하여 가장 적합한 사례관리자 선정

운 상황이어서 사례관리에 적합한 대상자로 판정되었다.

2) 사정단계

사정단계에서는 생리심리사회적 관점에서 종합적인 정보수집을 하였다. 수집된 정보를 대상자의 주요 문제, 욕구, 개인의 능력, 자원체계 등의 영역으로 재분류하여 기술하였다.

(1) 대상자의 문제

- 신체적 측면: 대상자는 만성적인 고혈압 문제로 인해 약을 지속적으로 복용해야 하고 당뇨병으로 인해 혈당 조절이 되지 않기 때문에 인슐린 주사와 식사 조절이 필요한 상황이다. 또한 허리디스크 및 관절염으로 인해 오래 걸을 수 없고 거동이 불편하다. 이러한 건강상태로 혼자 의식주를 해결하고 정기적으로 병원을 혼자 방문하는 것이 매우 어려운 생활 과업이다.
- 정서적 측면: 가족들과 연락이 끊기고 독거하는 자신의 상황에 대해 외롭고 우울하다는 비관적인 생각을 가지고 있었다.
- 대인관계 측면: 성당에서 알고 지내는 소수의 사람은 있으나 거의 만나지 않고 대부분의 시간을 혼자 보낸다.
- 경제적 측면: 국민기초생활보호 대상자로 선정되어 정부로부터 보조금을 받고 있으나 월세, 약값, 기본 식비를 충당하는 것도 벅찬 상황이었다. 늘 금전적인 문제가 걱정인 상황이다.

(2) 대상자의 주요 욕구

대상 노인은 신체적 · 정서적 · 경제적, 일상생활 유지 측면에서 당면한 여러 문제를 제시하였고, 각 영역마다 어떻게든 호전되거나 문제해결을 하고 싶은 욕구를 제시하였다. 다음은 우선순위 욕구 순으로 제시한 것이다.

- 건강관리 욕구: 치료를 받기 위해 병원에 가야 하지만 혼자서 다니기가 힘들다.
- 가사지원 욕구: 기력이 없고 스스로 의식주를 해결하는 것이 힘들다.
- 경제적 욕구: 오래 지속된 생활고의 문제를 호소하였다.
- 정서적 욕구: 하루 종일 TV로 시간을 보내는 외로움을 해소하고 싶은 욕구를 표현하였다.

(3) 주요 능력사정

- 자기관리 능력: 대상자는 기본적으로 생활력과 자립심이 강하며 지금까지도 독립생활을 하려고 적극적으로 노력해 왔다. 고혈압, 당뇨병, 관절염 등의 여러 만성질환을 관리하면서 살아올 만큼 자기관리 능력이 있다.
- 강점 및 약점: 자립능력이 강한 것이 대상자의 강점인 반면, 타인에게 도움받는 것에 대해 불편해하고 그러한 상황을 자신의 무능력으로 생각하여 외부로부터 적절한 도움을 받는 데 심리적 어려움이 있다.

(4) 가족관계

첫 번째 남편은 외도 후 가출하였고, 첫 번째 이혼한 남편 사이에서 낳은 아들은 사춘기 시절부터 대상자와 심각한 갈등을 겪다가 집을 나간 후 20대 초반에 연락이 끊겼다. 재혼한 남편은 10년 전에 심장질환으로 사망하였고 의붓자녀들은 대상자와 거의 교류가 없다. 친정 부모와 형제들도 고령으로 거의 사망하였고 친척들과도 왕래가 거의 없는 편이다.

(5) 비공식적 · 공식적 자원

- 비공식적 자원: 유일하게 성당의 신도들만이 대상자와 간헐적으로 교류를

갖는다.

- 공식적 자원: 국민기초생활 보조금 및 보건소의 무료검진이 전부이다. 대상자가 지역사회 내에 현존하고 있는 자원에 대한 정보도 부족하고 개인적 성향 자체도 외부의 도움을 받는 것에 대해 불편감을 느끼고 있어서 국민기초생활 보조금 및 무료검진 외에는 다른 공식적 서비스를 활용하지 않고 있다.

사정의 Tip

독거노인 사례관리에서 노인의 강점과 자원 탐색은 가능한가?

사정단계에서는 대상자의 경제 · 사회 · 신체적 · 정서적 능력을 파악하는 동시에 대상자의 비공식 · 공식적 지원체계를 사정하는 것이 필요하다. 이때 주의해야 할 점은 대상자의 장점과 남아 있는 능력을 평가하여 발전과 성장을 가져올 수 있는 강점과 사례관리를 통해 보완되어야 할 대상자의 제한점을 인식해야 한다(김미혜, 1998). 사례관리자는 대상노인에게 무엇을 제공할 것인가에만 초점을 맞추지 말고, 대상노인의 욕구 중에서 외부의 도움을 받지 않고 스스로 충족될 수 있는 것을 확인해야 한다(장인협, 우국희, 2001).

3) 계획단계

사정단계에서 노인의 욕구가 확인되면 욕구의 우선순위와 목표가 설정된다. 사례관리가 대상자의 욕구를 중시한다고 해도 모든 욕구를 초기부터 다 충족시킬 수는 없다. 이에 욕구의 우선순위와 목표를 설정해야 하고, 욕구가 변할 수 있음을 감안하여 계획은 충분히 융통성 있게 세워져야 한다. 이때 대상노인의 적극적인 참여가 필수적이다.

표 9-1 노인 사례관리 계획수립 예시

문제	결과 목표	서비스 목표					
		서비스 형태	공급자	회/주	시간/일	비용	동의
건강문제 (만성적 고혈압, 당뇨, 디스크, 관절염)	규칙적 약물복용 및 증상완화	무료 의료서비스 기관 연결	지역 내 의원	1회	매달 첫 주 금요일 오전	무료	○
의식주 문제	균형적인 식사와 영양섭취, 의복 및 주거위생	밑반찬 서비스를 제공, 가사보조	가정 봉사원	2회	오전 9시~ 오전 12시	무료	○
경제적 문제	경제적 생활안정	생필품 후원자 연결	사회복지관 후원자	1회 수시	해당 요일	무료	○
정서적 외로움, 취약한 대인관계망	규칙적으로 사람들과 접촉기회 유지	말벗서비스, 복지관 이용, 성당 참여	가정봉사원, 복지관, 성당교우	주 3회 (각 1회)	해당 요일	무료	○

4) 실행과 점검단계

의료적, 일상생활, 경제적, 정서적 등의 다양한 측면에서 대상자가 서비스 욕구를 제시하였고 그에 따른 서비스가 제공되었다. 사례관리 실천과정에서 실행과 점검은 거의 동시에 진행되는데, 점검 시 서비스가 실제로 제공되는 과정에서 기존의 계획대로 서비스가 제공되고 있는지, 대상자의 만족 수준은 어떠한지, 새로운 서비스의 변화가 필요한지에 대한 지속적인 평가를 하였다.

노인의 건강 악화에 따라 사례관리가 1단계, 2단계, 3단계로 진행되었는데 단계가 높아질수록 전반적인 지원 횟수와 강도를 높였다.

(1) 1단계: 노화 및 만성질환을 고려한 생심리사회적 욕구 지원

내담자의 주요 욕구를 우선적으로 반영하여 위급하고 중요한 건강과 안전 문제, 필수적인 의식주 지원과 같은 기본적인 문제부터 개입하였다. 고령의 대상자는 고혈압, 당뇨, 관절염 등의 건강문제를 지금까지 힘겨워하며 혼자 관리해 왔으나 많이 지쳐 있었고, 기본적으로 체력이 약하고 잘 움직이지 않아서 조금만 걸어도 숨이 차고 거동을 어려워하였다. 주위 사람들에게 도움을 청하고 필요한 도움을 제공받는 것에 익숙하지 않은 대상자와 사례관리자가 상호 신뢰관계를 형성하는 것이 중요한 시기였다. 제공된 주요 서비스 내용은 다음과 같다.

계획단계의 Tip

외로움을 느끼는 독거노인의 심리사회적 지원을 위해 사례관리자가 계획할 수 있는 구체적인 접근은 무엇인가?

서비스 형태	주요 개입내용
개별상담을 통한 정서적 지원	• 배우자 상실, 자녀와의 애정적 교류 단절에 대한 수용 • 개인적 성격 특성의 이해 증진(우울성향, 완고성, 내향성 및 수동성, 조심성, 친근한 사물이나 사람에 대한 애착 증가, 의존성 증가 등) • 노화에 따라 대부분 노인이 겪는 보편적인 불안과 우울에 대한 이해 증진
비공식적 · 공식적 자원 연결을 통한 사회망 강화	• 종교활동, 사회단체 및 비공식적 모임 참여 • 노년기 친구 및 이웃관계 강화 • 자원봉사자 및 가정봉사원 연결을 통한 대인서비스 지원 • 법률 및 복지 관련 정보를 제공할 전문가 연결

출처: 권중돈(2005: 452-453)의 내용을 일부 수정.

- 대상자의 건강관리 지원
- 대상자의 식사보조 및 영양관리
- 목욕서비스 및 복지관 자원연계를 통한 생활지원
- 가정봉사원을 통한 가사서비스 및 정서적 지지
- 가정방문 및 전화상담을 통해 대상자와 개별상담 및 정서적 지지

(2) 2단계: 추가 발생한 긴급 건강문제 지원 및 환경적 지원

1단계의 서비스를 유지하면서, 추가적으로 발생한 긴급 건강 및 주거문제에 대한 서비스를 실행하였다. 대상자가 급격히 시력이 저하되고 눈에 염증이 생겨서 안과 진료를 받을 수 있도록 지원하였다. 또한 환기가 잘 되지 않는 현재 거주지의 문제로 인해, 사례관리자가 인근 부동산을 함께 다니며 적합한 거주지를 찾아보았다. 그러나 현재 대상자의 경제상황으로 갈 수 있는 집이 마땅치 않아서, 일단은 공기청정기를 후원받아서 대상자에게 제공하였다.

(3) 3단계: 건강 악화에 따른 전반적 지원 강화

대상자의 당뇨합병증이 심화되어 중풍증세가 나타나 건강상태가 더 악화되어 거동조차 어려워졌다. 병간호 및 가사보조 서비스가 더 많이 요구되어 지원 빈도와 강도를 높였다.

- 대상자의 건강관리: 갈수록 거동이 더 불편해져서 필요할 시에는 대상자가 직접 병원을 방문하지만, 그 외 평상시에는 보건소의 방문간호사가 대상자의 집을 방문하는 횟수를 늘렸다.
- 혈당관리를 위한 식단 변경: 기존에 제공하였던 밑반찬서비스는 종결하고 가정봉사원이 직접 방문하여 혈당관리를 위해 칼로리가 낮은 음식을 만드는 방식으로 서비스를 조정 · 변경하였다.
- 가사서비스 지원 확대: 가정봉사원의 방문 횟수를 늘려서 목욕보조, 가사보

조 및 기타 일상생활의 대부분의 영역에서 가정봉사원의 도움을 강화하였다.

- 경제적 지원: 후원결연사업을 통하여 매월 이만 원씩을 지원받았다.

표 9-2 사례관리 실행기록 예시

회기	일시	장소	개입 대상	실행과정		점검	
				회기 목표	실행내용	평가	추후계획
1	9. 30.	집	대상 노인	• 목표: 신뢰관계 형성 및 욕구파악 • 대상자는 사례관리자의 질문에 대한 답변으로 건강, 식사 등 일상생활 어려움에 대해 소극적으로 답변함		• 타인에게 도움받는 것을 불편해하심 • 건강, 식사보조 외에도 가사서비스, 정서적 외로움 등 다양한 욕구가 있을 것으로 추측됨	• 주 2회 방문하여 라포형성이 필요함 • 건강관리부터 우선적 접근 계획
2	10. 02.	집	대상 노인	• 목표: 라포형성 및 지역 내 병원연결 • 두 번째 만남에서는 좀 더 편하게 여러 가지 어려움을 표현 • 다음 주 무료 병원 방문에 대해 설명하자 무료임에 안심하며 고마워함		• 관계형성에 호전 • 병원방문에 동의하심	• 병원 진료일정 예약 • 병원까지 이동방법 결정
2	10. 06.	집/병원	대상 노인	• 목표: 병원진료 및 식사, 가사서비스 연결 • 진료 결과, 현재 고혈압 수치도 높고 혈당 조절도 필요함. 질병관리를 위해 음식변화가 필요하고, 가사 및 정서적 지지를 제공할 수 있는 외부 도움이 필요함		• 대상자의 거동이 불편해서 직접 병원 방문보다는 보건소의 방문간호사의 서비스가 더 유용할 것임 • 당뇨 및 혈압 조절을 위해 식사 변화가 필요	• 보건소 방문간호사 연계 • 식사서비스 변경 및 가사서비스 연계

실행과정의 Tip

노인 사례관리의 실행단계에서 제공되는 직접적 개입과 간접적 개입에서는 각각 어떠한 서비스가 제공되는가?

- 노인 사례관리에서의 직접적 서비스 – 노인들은 노화로 인한 건강 악화, 사회적 역할의 축소, 자존감 저하, 가족 및 주변 관계로부터의 고독과 소외, 은퇴로 인한 소득 감소 등의 경제문제 등에 재적응하기 위한 상담 및 교육이 요구된다. 노인상담은 다음과 같이 다양한 영역에서 필요할 수 있다(권중돈, 2005).

상담영역	주요 내용
정서적 영역 (고독)	• 배우자 상실, 자녀와의 애정적 교류 단절 • 노인의 가족 내 지위 하락, 가치관 및 생활양식 변화에 따른 세대 갈등(고부갈등, 동서갈등) • 성격특성의 변화문제: 우울성향, 완고성, 내향성 및 수동성, 조심성, 친근한 사물이나 사람에 대한 애착 증가, 의존성 증가, 유산을 남기려는 성향 등
경제적 영역 (빈곤과 일)	• 은퇴 전후의 재정 관리에 관한 문제 • 소득 감소 또는 상실로 인한 생계유지와 경제지원 문제 • 사회보장제도의 정보 제공 • 유산배분의 문제 • 경제활동 지원(취업알선, 부업알선 등)
건강 영역 (질병과 부양)	• 노년기 건강 유지 및 질병예방에 관한 상담 • 질병치료 및 의료비 지원 상담 • 노인복지시설, 노인 전문 의료시설에 관한 상담 • 가족부양체계 조성 상담 • 부양가족의 부담 경감을 위한 지원 상담
사회참여 영역 (소외와 무위)	• 종교 활동, 사회단체 및 비공식적 모임 참여문제 • 노년기 친구 및 이웃관계 문제 • 가족 내 역할 부적응에 관한 문제 • 은퇴 이후의 사회적 관계유지 문제 • 법률 및 복지제도에 대한 정보 상담

출처: 권중돈(2005: 452-453).

• 노인 사례관리에서의 간접적 서비스(박경일 외, 2004).
- 집 안 청소, 식사준비 및 취사, 세탁, 청소 등을 제공하는 가사서비스
- 안마, 병간호 및 수발, 병원 안내 및 동행, 통원 시 차량지원, 병원수속 대행, 보건소 안내, 약품구입, 체온 측정, 신체 운동, 집안 소독 등을 제공하는 간병서비스
- 말벗, 상담, 책 읽어 주기, 여가나 취미활동 등을 할 수 있도록 도움을 제공하는 정서적 서비스
- 지역의료기관이나 보건기관과 연계, 결연을 맺고 정기 또는 수시로 방문하여 링거 투약, 혈압 측정, 질병 상담 및 치료 등의 도움을 제공하는 의료서비스
- 탁아, 직업 보도, 기능훈련, 취업 알선 등 자립능력을 배양할 수 있도록 도움을 제공하는 자립지원서비스
- 대상자의 가족이나 이웃, 친지 등을 포함한 지역주민을 대상으로 재가보호서비스 제공 요령 및 방법 등을 교육하는 주민교육서비스
- 서비스 대상자에 대한 생활용품 및 용돈 등 재정적 알선 및 지원을 제공하는 결연서비스
- 기타 사회복지관 내 시설활용서비스

5) 평가와 종결단계

이 사례의 독거노인의 경우 가족의 지원이 부재한 상태에서 복합적인 욕구가 지속되는 상황이어서 사례관리를 종결하는 것이 적합하지 않았다. 그러나 재사정 후 사례관리를 지속할지 혹은 평가 후 사후관리로 연계가 가능할지를 판단하기 위해 체계적인 평가과정은 진행하였다. 주로 대상자와의 면접과 관찰, 서비스 제공기관 간의 확인을 통해 목표달성 정도와 서비스 제공과정을 평가하였다.

(1) 목표달성 측면

- 건강관리 욕구: 의료기관을 가까운 곳으로 재연결하고 필요시 사례관리자가 병원방문을 동반하였으며, 방문간호사의 방문 횟수를 늘리자 대상자의 의료적 욕구가 충족되었다. 또한 가정봉사원의 식사지원으로 식생활 및 영양섭취가 양호한 수준으로 호전되었다.
- 가사지원 욕구: 가정봉사원의 반찬서비스, 청소, 빨래 등의 가사보조로 전반적인 의식주 생활이 안정되었다.
- 경제적 욕구: 사례관리자가 사회복지관의 후원물품은 연결했으나, 생활비를 보조할 수 있는 후원자 연결이 용이하지 않았다. 후원자 연결이 계속 지연되다가 어렵게 소액의 지원금을 받게 되었다. 금액은 적은 액수였으나 대상자는 고마움을 표시하였다.
- 정서적 욕구: 성당의 노인모임에 규칙적으로 참여하도록 격려하여 교인들과의 관계가 호전되었고, 가정봉사원의 방문으로 기본적인 대화상대가 생겨서 외로움이 감소되었다.

(2) 종결 감정 다루기

대상자가 고령의 노인임을 감안하여 평가도구를 사용하기보다는 주로 면접과 관찰을 통해 서비스 만족도 및 종결 감정을 평가하였다. 대상자는 건강, 가사보조, 경제적, 정서적 등 다양한 측면에서 복합적인 문제를 가지고 있었는데, 사례관리 서비스 제공 후 각 영역에서 '이제는 좀 살 만하다'라는 주관적 만족을 표현하였다. 무엇보다 어려울 때 사례관리자한테 도움을 청할 수 있다는 것이 큰 안심이라고 하였다.

종결의 Tip

지속적인 도움이 요구되는 노인 사례관리의 종결은 어떻게 진행되는가?

복합적인 욕구와 취약성을 가진 노인 대상자에게 사례관리 서비스를 종결하는 것은 쉽지 않다. 따라서 사례관리자는 종결단계에서 체계적인 종결평가를 수행한 후 사후관리로 연계할지, 재사정 후 사례관리를 지속할지를 결정한다. 종결평가에서는 대상노인 및 가족, 서비스 제공자들의 의견을 반영하여, 목표달성 정도, 제공된 서비스의 질과 양, 전달방법, 서비스의 체계성 등에 대해 종합적으로 효과성과 효율성을 판단한다.

일반적으로 평가와 종결단계에서는 면접법, 대상자 자기보고식 척도법, 관찰법, 표준화된 척도 등이 다양하게 적용될 수 있지만, 대상자가 고령의 노인일 경우에는 면접법 및 관찰법 등을 통한 노인의 주관적 평가가 매우 중요한 판단 근거가 될 수 있다.

4. 노인 사례관리를 위한 법과 제도

사례관리자가 지역사회에서 노인 사례관리를 수행하는 데 있어서 노인장기요양보장제도에 대한 이해는 필수적이다. 노인장기요양보험제도는 고령이나 노인성 질병 등의 사유로 일상생활을 혼자서 수행하기 어려운 노인을 지원하는 제도이다. 이 제도는 노인장기요양 문제를 개인이나 가계의 부담보다는 사회적·국가적 책임으로 강조한다. 고령화의 진전과 함께 핵가족화, 여성의 경제활동 참여가 증가하면서 종래 가족의 부담으로 인식되던 장기요양 문제가 이제 더 이상 개인이나 가계의 부담으로 머물지 않고 이에 대한 사회적·국가적 책무를 강조한 것이다.

한국은 2008년 노인장기요양보험제도가 도입된 이후 대상자와 공급 인프라를 확대해 왔다. 그러나 아직까지 장기요양기관이 제공하는 서비스 질 수준에 대한 불신, 요양병원과의 역할 모호성 등으로 인해 경증 환자임에도 요양병원에 입원하거나, 재가서비스를 받고 있더라도 시설로 재입소하기를 희망하는 경우가 발생하고 있다(보건복지부, 2019). 시간이 흐를수록 고령화에 따른 장기요양보험재정 악화에 대한 우려도 제기되고 있다. 향후 장기요양 기본계획은 제도의 포괄성 확대 측면에서 장기요양 보장성 확대, 서비스 질 제고 측면에서 이용자의 삶의 질을 보장하는 지역사회 돌봄 강화, 안심하고 맡길 수 있는 장기요양 인프라 조성, 재정적 지속가능성 확보를 목표로 하고 있다(장효진, 이채정, 2021).

1) 노인장기요양보험제도의 목적

고령이나 노인성 질병 등의 사유로 일상생활을 혼자서 수행하기 어려운 노인 등에게 신체활동 또는 가사활동 지원 등의 장기요양급여를 제공하여 노후의 건강증진 및 생활안정을 도모하고 그 가족의 부담을 덜어 줌으로써 국민의 삶의 질을 향상하도록 함을 목적으로 시행하는 사회보험제도이다.

2) 노인장기요양보험제도의 운영방식 및 재원

노인장기요양보험제도는 건강보험제도와는 별개의 제도로 도입 · 운영되고 있으나, 제도운영의 효율성을 도모하기 위하여 보험자 및 관리운영기관을 국민건강보험공단으로 일원화하고 있다.

노인장기요양보험 운영에 소요되는 전체 재원의 구성은 가입자가 납부하는 장기요양보험료 및 국가 지방자치단체 부담금, 장기요양급여 이용자가 부담하는 본인일부부담금으로 조달된다. 우리나라 장기요양보장제도는 사회보험 방식을 기본으로 한 국고지원 부가방식의 성격을 띠고 있어서 일정부분은 공적부조 방식을 가미한 형태로 설계·운영되고 있다고 볼 수 있다.

3) 노인장기요양보험의 적용대상

일반적으로 적용대상은 65세 이상의 노인 또는 65세 미만의 자로서 치매·뇌혈관성 질환 등 노인성 질병을 가진 자 중 6개월 이상 혼자서 일상생활을 수행하기 어렵다고 인정되는 자를 그 수급대상자로 하고 있다. 여기에는 65세 미만자의 노인성 질병이 없는 일반적인 장애인은 제외되고 있다. 적용대상에 대한 법적 근거를 살펴보면, 건강보험 가입자는 장기요양보험의 가입자가 된다(법 제7조 제3항). 이는 건강보험의 적용에서와 같이 법률상 가입이 강제되어 있다. 또한 공공부조의 영역에 속하는 의료급여 수급권자의 경우 건강보험과 장기요양보험의 가입자에서는 제외되지만, 국가 및 지방자치단체의 부담으로 장기요양보험의 적용대상으로 하고 있다(법 제12조).

그러나 장기요양보험 가입자 및 그 피부양자나 의료급여수급권자 누구나 장기요양급여를 받을 수 있는 것은 아니다. 일정한 절차에 따라 장기요양급여를 받을 수 있는 권리(수급권)가 부여되는데 이를 장기요양인정이라 한다. 장기요양인정 절차는 먼저 공단에 장기요양인정 신청으로부터 출발하여 공단직원의 방문에 의한 인정조사와 등급판정위원회의 등급판정 그리고 장기요양인정서와 표준장기요양이용계획서의 작성 및 송부로 이루어진다.

4) 노인장기요양보험제도의 기존 국민건강보험제도 및 노인복지서비스 체계와의 차이

(1) 국민건강보험제도와의 차이

국민건강보험은 질환의 진단, 입원 및 외래 치료, 재활 등을 목적으로 주로 병·의원 및 약국에서 제공하는 서비스를 급여대상으로 하는 반면, 노인장기요양보험은 고령이나 노인성 질병 등으로 인하여 혼자의 힘으로 일상생활을 영위하기 어려운 대상자에게 요양시설이나 재가기관을 통해 신체활동 또는 가사지원 등의 서비스를 제공하는 제도이다.

(2) 기존 노인복지서비스 체계와의 차이

기존 「노인복지법」상의 노인요양은 주로 국민기초생활보장 수급자 등 특정 저소득층을 대상으로 국가나 지방자치단체가 공적부조 방식으로 제공하는 서비스 위주로 운영되어 왔으나, 「노인장기요양보험법」상 서비스는 소득에 관계없이 심신기능 상태를 고려한 요양필요도에 따라 장기요양인정을 받은 자에게 서비스가 제공되는 보다 보편적인 체계로 운영되고 있다.

표 9-3 노인장기요양보험과 기존 노인복지서비스 체계와의 차이

구분	노인장기요양보험	기존 노인복지서비스 체계
관련법	• 노인장기요양보험법	• 노인복지법
서비스 대상	• 보편적 제도 • 장기요양이 필요한 65세 이상 노인 및 치매 등 노인성 질병을 가진 65세 미만자	• 특정 대상 한정(선택적) • 국민기초생활보장 수급자를 포함한 저소득층 위주
서비스 선택	• 수급자 및 부양가족의 선택에 의한 서비스 제공	• 지방자치단체장의 판단(공급자 위주)
재원	• 장기요양보험료 + 국가 및 지방자치단체 부담 + 이용자 본인 부담	• 정부 및 지방자치단체의 부담

출처: https://www.longtermcare.or.kr/npbs/e/b/101/npeb101m01.web?menuId=npe0000000030&prevPath=/npbs/r/e/560/openLtcInsuNwtr.web

생 | 각 | 해 | 보 | 기

1. 노인 사례관리는 노인들이 갖는 문제의 긴급성과 심각성 수준, 노인 및 가족의 대처능력에 따라 네 가지 기능유형을 지원해야 한다. 네 가지 기능유형에 해당하는 일차보호, 긴급보호, 지역사회 재가보호, 장기보호의 서비스 내용에 대해 구체적으로 제시해 보자.
2. 노인 사례관리의 사례관리 제공자에 따른 모형 중 가족보호 모형과 지역사회 지원모형의 장점과 한계에 대해 의견을 나누어 보자.
3. 노인 사례관리에서 노인들은 인지능력이 저하되고 의사소통이 어려울 수 있다는 전제하에 다양한 측면에서 생활을 지원하는 간접적 서비스에 더 많은 비중을 둔다. 그렇다면 노인들은 직접적 서비스에 대한 욕구가 정말 낮은 것일까? 노인에게 필요한 직접적 서비스에는 어떠한 것이 있는지 의견을 나누어 보자.
4. 노인장기요양보험제도가 기존 건강보험제도 및 노인복지서비스 체계와 다른 점을 설명해 보자.

참 | 고 | 문 | 헌

건강보험심사평가원, 국민건강보험(2017). 2016 건강보험통계연보.

권중돈(2005). 노인복지론. 서울: 학지사.

김명식(2011). 노년기의 위기와 위기극복 방안. 사회과학논총, 27(1), 35-51.

김미혜(1998). 노인 간호학. 서울: 은하출판사.

박경일 외(2004). 노인복지연구 사회복지학강의. 경기: 양서원.

보건복지가족부(2008). 노인자살 예방을 위한 실천적 정책 수립방안에 관한 연구.

보건복지부(2019). 2019년도 장기요양 실태조사.

이근홍(2014). 사례관리. 경기: 양서원.

이미경(2002). 재가노인에 대한 사례관리실천 모형의 적용과 개발. 부산: 신라대학교.

이인정, 최혜경(2005). 인간행동과 사회환경. 서울: 나남

이현지(2015). 현대사회 노인 위기의 진상과 극복 방안. 사회사상과 문화, 18(4), 127-149.

장인협, 우국희(2001). 케어메니지먼트 실천론. 아시아미디어리서치.

장인협, 최성재(1996). 노인복지학. 서울: 서울대학교출판부.

장효진, 이채정(2021). 노인장기요양보험제도의 정책목표와 정책수단 간 관계 분석: 한국 · 독일 · 일본 사례 비교. 사회과학연구, 37(1), 27-53.

정순둘(2001). 재가노인을 위한 사례관리 네트워크 분석. 한국사회복지학, 46, 404-426.

중앙일보(2017). 한국의 노인빈곤률. http://www.koreadaily.com/news/read.asp?art_id=5034837

통계청(2013). 한국의 사회지표 발표. kostat.go.kr

통계청(2015). 한국의 자살통계. kostat.go.kr

한국사례관리학회(2012). 사례관리론. 서울: 학지사.

Comijs, H. C., Smit, J. H., Pot, A. M., Bouter, L. M., Jonker, C. (1998). *Elder abuse & neglect.* New York: The Haworth Press, Inc.

초고령 사회. http://news.naver.com/main/read.nhn?mode=LSD&mid=sec&sid1=110&oid=144&aid=0000498634)

노인장기요양보험. https://www.longtermcare.or.kr/npbs/e/b/101/npeb101m01.web?menuId=npe0000000030&prevPath=/npbs/r/e/560/openLtcInsuNwtr.web

제10장

아동 사례관리

1. 아동의 특성과 사례관리의 필요성
2. 아동 사례관리 실천유형
3. 과정별 아동 사례관리의 실제
4. 아동 사례관리를 위한 법과 제도

들어가기

아동의 문제는 부모를 포함한 가족과의 관련성이 높고 부모의 양육태도나 가정환경이 문제행동의 원인이 되는 경우가 많다. 그럼에도 불구하고 가정은 아동을 출산하고 문화에 적응시키며 아동을 보호하는 등 아동 발달과 성장의 가장 중요한 자원이기 때문에 어떤 문제가 있더라도 아동을 가족으로부터 분리·해체하기보다는 가족기능의 회복과 정상화를 위한 지속적인 노력이 중시되어야 한다.

최근 아동복지정책의 방향도 아동양육시설과 같은 대리적 서비스를 지양하고 최대한 친가정의 기능회복을 지원하고자 하며, 부득이 아동을 분리해야 하는 경우라면 친가정과 유사한 형태인 가정위탁, 국내 입양과 같은 정책에 무게를 싣고 있다.

아동에 대한 사례관리에서는 아동에 대한 개별적 접근과 동시에 부모나 가족체계에 대한 개입이 이루어져야 하며, 이렇게 통합적 접근이 이루어졌을 때 긍정적인 효과를 거두기 쉽다. 또한 아동에 대한 사례관리는 무엇보다 시기를 중요하게 보는 관점이 필요하며 발달적 특성, 가족중심 실천, 학교체계와의 협력 등이 중요한 실천전략이 될 수 있을 것이다.

이 장에서는 아동의 발달과 관련한 특별한 욕구와 선호가 무엇인지를 이해하고 실천사례를 통해 각각의 사례관리 실천과정에서 주목할 사항을 살펴본다. 나아가 사례관리자가 알고 활용할 수 있는 관련 법과 정책을 제시하고 공식적·비공식적 자원에 대해서도 관심을 갖고자 하였다.

1. 아동의 특성과 사례관리의 필요성

1) 아동의 특성

「아동복지법」상 아동은 출생에서부터 만 18세까지의 연령에 속하는 대상으로 발달적 욕구와 성장을 특징으로 한다. 대부분의 아동 문제는 아동이 성장하는 데 필요한 기본 욕구와 사회적 욕구의 불충족에서 출발한다고 볼 수 있다. 모든 인간이 생존을 위해 필요한 욕구를 충족하고자 자기 자신과 외부 환경을 다양하게 활용하지만 아동은 욕구 충족을 위해 전적으로 부모나 외부 환경의 도움에 의지할 수밖에 없다는 특징이 있다. 아동에 대한 이해는 이러한 발달적 욕구와 부모 및 환경과의 관계에 대한 이해로부터 시작된다.

(1) 아동의 발달적 욕구

아동기는 일생 중 가장 급격한 속도로 변화(발달)하며 전 생애에 걸쳐 영향을 미칠 본질이 형성되는 시기이다. 영아기, 유아기, 아동전기, 아동후기 등 각각의 시기별로 서로 다른 발달과업과 욕구를 가진다. 또한 이러한 발달과업은 적절하게 획득되는 최적의 시기(critical period)가 있어, 이 결정적 시기를 놓치면 과업 획득의 효율성이 떨어지며 일생 동안 장기적 결함이나 성격에 심각한 결과를 초래할 수 있다.

예를 들면, 출생 후 1~2년간의 영아기는 기본적 신뢰감 발달에 중요한 시기로서, 다른 사람에 대한 신뢰감이 발달하지 못하면 불안정 애착이 형성되고 이로 인해 타인에 대한 불신감이 생기게 된다. 이것은 사회성 발달에 부정적 영향을 미쳐 이후의 대인관계에 심각한 문제로 이어질 수 있다(김미영, 2015).

또한 아동의 성격은 5세 이전까지의 경험과 그 경험에 대한 부모의 반응에 의해 결정적인 영향을 받기 때문에 5세 이전까지가 성격형성의 결정적 시기이다(윤매자, 신혜경, 주정현, 2017). 두뇌발달의 경우에도 뇌의 발달이 급격히 이루어지는 유아기(2~6세)에 영양공급이나 외부 자극이 충분하고 적절하지 않으면 뇌의 성장이 지체될 수 있다. 이러한 발달은 신체, 두뇌(인지), 성격(사회정서)의 3대 측면이 서로 연관되어 있어 어느 한 측면의 발달이 지체되거나 문제가 생기면 다른 측면에도 부정적인 영향을 미치고 시간이 지날수록 복합적인 문제로 확대된다. 그러므로 아동의 결정적 시기에 발달적 욕구가 채워질 수 있도록 가정 내 혹은 외부의 지원체계가 구축되어야 한다.

(2) 아동을 위한 특별한 의사소통

아동과의 의사소통에는 특별한 방법이 요구된다. 아동은 언어표현이 미숙하고 성인에 비해 비현실적인 사고를 하는 특성이 있기 때문에 비언어적 표현을 이해하고 다양한 매체를 활용하여 소통해야 한다. 유엔아동권리헌장에서는 아동에 대한 직접 개입의 중요성을 강조하고 있는데, 이를 위해서는 아동의 특성을 고려한 다양한 소통방법을 활용하고 개발해야 한다. 1차적으로는 면접 상담을 통한 의사소통이 이루어져야 하겠지만 놀이, 미술, 음악, 게임 등의 다양한 매체가 활용되어야 한다. 아동은 행동 언어에 익숙하기 때문에 자신의 감정을 말보다 행동으로 표현하며 성인에 비해 놀이를 현실과 동일시한다. 현실과 환상의 경계가 뚜렷하지 않기 때문에 현실과 꿈을 감추지 않는 특성이 있다. 또한 아동 면접에서는 아동의 관점과 눈높이에서 상황, 감정, 사건을 이해하는 것이 중요하며 비언어적 제스처, 신체 언어 등에 민감하게 반응하는 것이 필요하다.

(3) 부모 및 환경과의 관계

아동은 의존적인 존재로서 오랜 기간 부모와 외부환경의 영향을 받게 된다. 아동의 가장 중요한 환경 변인으로서 부모는 아동의 신체, 인지, 정서 발달의 모든 영역에 영향을 미치며 대부분의 문제행동은 부모의 양육태도와 관계가 있다. 나아가 아동과 외부환경과의 관계를 형성하고 조절할 수 있는 것까지도 부모의 역할에 달려 있다. 특히 아동기는 자아(self)가 발달하는 시기이다. 그런데 아동기에는 심리적 갈등이 억제되거나 조절되지 않은 상태로 그대로 표출되기 때문에 자아의 모습은 매우 유동적이다. 그리고 외부의 영향을 긍정적이든, 부정적이든 그대로 수용하는 특성이 있어서 외부의 반응에 따라 자아상이 결정된다. 즉, 타인의 반응이 긍정적이면 자신을 매우 성공적이고 가치 있는 존재로 느끼고 자부심을 갖게 되지만, 반대로 타인의 반응이 거부적이거나 부정적이면 자신을 열등하고 가치 없는 존재로 인식하게 된다(Newman & Newman, 1987). 따라서 가장 가까이에서 아동에게 영향을 미치는 환경으로서 부모가 어떤 반응을 보이는가에 따라 아동의 자아는 긍정적으로 혹은 부정적으로 형성될 수 있다. 또한 가족, 학교, 지역사회 등 다양한 외부환경도 아동의 행동에 얼마나 긍정적인 반응을 보여 주는가에 따라 직간접적인 영향을 미친다. 따라서 아동을 둘러싼 부모와 외부환경을 파악하고 개입의 지점을 찾는 것이 매우 중요하다.

2) 아동 사례관리의 필요성

(1) 경제적 · 정서적 결핍에 대한 복합적 접근의 필요성

2000년대 이후 아동을 둘러싼 환경은 급격히 변화하고 있다. 인구학적 측면에서 출산율이 지속적으로 감소하고 있고, 이혼율 증가로 인한 모 · 부자가정의 증가, 1인가구의 증가, 미혼모로부터 출생한 아동의 증가 등으로 인한 가족구조의 변화는 우리나라뿐만 아니라 전 세계적으로 나타나고 있는 현상이다.

이러한 인구학적 변화는 여성의 노동시장 참여율 증가와 관계가 깊다. 여성의 취업률이 증가하면서 가정 내 여성이 맡고 있던 가사노동이 남성으로 대체되지 못한 채 공백이 생기고 이것은 돌봄서비스의 사회화를 요구하고 있다. 또한 가족 구성원의 역할변화가 가족 구성원 간의 관계에서 오는 스트레스를 증가시키며 아동학대와 방임과 같은 정서적 측면에서의 문제를 심화시키고 있다.

한편, 경제적인 측면에서도 과거보다 소득 수준은 높아졌으나 빈곤아동은 지속적으로 증가하고 있다. 우리나라 「국민기초생활보장법」상의 수급가정을 기준으로 산출되는 절대아동빈곤율은 10년 단위로 볼 때 1990년대 3.63%에서 2000년대 7.68%, 2010년대 8.79%로 나타나고 있다. 또한 중위소득 50% 이하를 기준으로 보는 상대아동빈곤율도 1990년대 7.61%에서 2000년대 10.97%, 2010년대 14.57%로 꾸준히 증가해 왔다(정은희, 최새은, 이상균, 하태정, 2013; 한국보건사회연구원, 2014). 이에 반해 국민기초생활보장 수급률은 약 3~4%로 계속 정체되어 있어 사각지대가 점점 증가하는 것으로 추정되고 빈곤탈출률도 불과 6%로 머물러 있어 빈곤의 만성화 현상까지 나타나고 있다.

이러한 아동 빈곤율의 증가는 부모의 양육태도, 또래집단과의 상호작용, 지역사회의 영향 등에 부정적인 영향을 미침으로써 아동의 건강한 발달과 성장에 장애물이 되고 있다(오정수, 정익중, 2017).

이렇듯 경제적·정서적으로 고위험군에 처한 아동의 수가 증가하고 있고 이들은 다양하고 복합적인 요인으로 인해 나타나기 때문에 이들이 직면한 욕구나 문제도 복합적이고 만성적이다. 이러한 욕구는 당사자인 개별체계에만 국한되는 것이 아니라 또래관계, 가족문제 등에 영향을 미치기도 한다. 따라서 이들의 욕구에 효과적으로 대응하기 위해서는 사례관리적 접근이 필요하다.

(2) 포괄적인 서비스와 조기개입의 중요성

아동은 시기별, 영역별로 다양한 발달적 특성을 보인다. 시기적으로는 발달단계별 특성이 뚜렷하고 영역별로는 신체·인지·사회정서 영역으로 구분되지만 각 영역 간의 상호연관성이 매우 높다. 따라서 적절한 시기에 적절한 양적·질적 지원이 이루어지지 않으면 장기적·복합적인 문제로 확대되고 개입의 효과도 비효율적이다. 따라서 발달과 관련한 문제와 그에 필요한 서비스는 기관 내부는 물론 기관을 초월하여 아동의 발달욕구를 중심으로 광범위하고 포괄적으로 제공되어야 한다. 즉, 다양한 실천가와 실천현장이 한 아동에게 서비스를 제공하도록 연계되어야 하며 이것은 아동의 욕구를 옹호할 기회를 증대시켜 전인적 발달을 가능케 한다. 또한 아동의 문제는 조기개입을 통한 예방과 장기적인 보호관리를 필요로 한다. 아동의 문제는 조기에 개입할수록 비용 효과성이 높다. 문제가 드러난 이후 사후적으로 개입하는 경우 그 문제의 개선을 위해서는 아동의 발달단계를 거슬러 올라가 부모와의 패턴화된 관계를 재구성해야 하는 장기적인 서비스가 되어야 한다. 이렇게 장기적으로 발달과정에 개입하기 위해서는 한 명의 사례관리자가 서비스 전달과정 전반을 책임지고 적합한 서비스를 연결하는 보호의 연속성이 요구되고, 이때 실천가의 책임성도 증대될 수 있다. 이렇게 광범위하고 포괄적인 서비스가 적절한 시점에 주어지도록 하기 위해서는 사례관리 전략이 요구된다.

2. 아동 사례관리 실천유형

1) 아동 사례관리 실천유형

우리나라 아동 사례관리는 2000년대부터 본격적으로 시작되었다. 크게 공공부문의 사례관리와 민간부문의 사례관리로 구분될 수 있다. 공공부문 사례관리는 2004년부터 시작된 위스타트 마을만들기 사업으로부터 시작된 보건복지부의 드림스타트 사업, 교육부의 교육복지투자우선지역사업에서 복지서비스의 한 범주로 사례관리를 운영하고 있다. 민간부문의 사례관리는 2004년부터 아동보호종합센터 기능이 추가되면서 시작된 아동보호전문기관의 사례관리 서비스가 있고(김미숙, 우국희, 양소담, 이주연, 이정현, 2011), 가정위탁보호사업, 실종아동보호전문기관, 지역아동센터 등에서의 사례관리가 있다. 현재는 아동권리보장원에서 아동학대예방사업, 가정위탁사업 등 아동복지 관련 사업의 효과적인 추진을 위하여 필요한 정책을 수립하고 지원하며 사업평가를 수행하고 있다. 또한 2006년 삼성과 사회복지공동모금회에서 시행하고 있는 우리아이 희망네트워크는 0~6세 아동을 대상으로 건강, 복지, 교육 서비스를 통합적으로 제공하고 있는 민간부문의 대표적인 사례관리 사업으로 손꼽히고 있다.

(1) 교육복지우선지원사업의 사례관리

2003년 빈곤아동에 대한 맞춤형 통합서비스를 제공하기 위해 사례관리가 교육복지투자우선지역사업에 도입되었으며, 2011년 교육복지우선지원사업으로 재활되어 시행되고 있다. 이 사업의 목표는 통합지원체제의 구축으로 교육취약집단의 교육적 성취를 제고하는 것이다(김미숙 외, 2011). 사례관리 서비스는 각 시·도교육청 산하 학교에서 제공되며 주요 서비스는 학습능력 증진 지원, 문화체험활동 지원, 심리정서 발달 지원, 교사와 학부모 지원, 복지프로그램 활성화, 영유아 교육보육 활성화 지원 등으로 학생의 교육적 취약성 개선이 주요 목표이다. 저소득층 학생을 일차적 초점 지원대상으로 하여 사례관리를 진행하며 빈곤, 가정해체 등 취약성을 가진 학생들이 집중사례관리의 대상이 된다.

(2) 드림스타트 사례관리

드림스타트 사업은 취약지역에 거주하는 저소득층 임산부와 12세 이하 아동가구를 대상으로 보건(건강), 보육(인지), 복지(사회정서) 분야의 협력체계를 구축하여 아동과 가족의 욕구에 부합하는 맞춤형 통합사례관리 서비스를 제공하는 것에 초점을 두고 있다. 이를 위해 시·군·구에 드림스타트팀을 구성하여 운영하고 있으며 지역사회 자원개발과 자원 간 연계·협력 체계 구축에 노력을 기울이고 있다(김미숙 외, 2011). 드림스타트 사례관리는 대상아동을 위기사례, 집중사례, 일반사례로 구분하고 아동발달의 핵심 3대 영역에 대한 서비스를 통합적으로 제공하며 아동뿐만 아니라 가족에 대해서도 포괄적으로 개입하는 것이 특징이다.

(3) 우리아이 희망네트워크 사례관리

민간부문 사례관리로 2006년 삼성과 사회복지공동모금회에서 시행하고 있는 우리아이 희망네트워크 사업은 강점관점에 기반하여 빈곤아동과 가족에게 통합사례관리 서비스를 제공하고 있다(김상곤, 2010). 아동뿐만 아니라 가족을 대상으로 아동양육 기능 강화와 지역사회 보호역량 강화를 궁극적인 지향점으로 하고 있다(우리아이 희망네트워크, 2008: 김미숙 외, 2011: 179에서 재인용). 기관 자체의 사례발굴은 없으며, 자발적으로 찾아오거나 친척, 주변 복지기관 소개 등 다양한 경로를 통해 추천을 받고 있다. 현재 기관별, 지역별 특성에 따라 아동뿐만 아니라 청소년까지 확대 운영하고 있고 가정방문을 권장하며 1년 이내 사례종결을 원칙으로 하고 있다.

(4) 지역아동센터의 사례관리

지역아동센터는 지역사회 저소득층 아동의 방과 후 돌봄을 담당하는 기관으로 1980년대 자생적으로 발생한 공부방의 형태가 2004년 「아동복지법」 개정으로 「아동복지법」상의 아동복지시설의 형태로 정착되었다. 지역아동센터는 다양한 지역사회 자원을 체계적으로 연계하고 조직화하는 지역사회복지와 가족기능 강화라는 두 가지 과제를 동시에 수행할 수 있는 전문인력으로 지역사회복지사를 두는 것을 특징으로 하고 있다. 지역사회복지사는 지역사회로 찾아가 아동과 가족을 발굴하고 가정방문을 통해 동반자 관계(파트너십)를 맺고 아동과 가족의 변화를 유도해 내는 역할을 수행한다.

2004년 전국 895개소에 불과하던 것이 2021년 4,406개소로 증가하였으며 이용 아동 수도 10만 명을 넘어섰다(아동권리보장원, 2021). 지역아동센터의 양적인 확대는 괄목할 만하고 사례관리도 도입되어 실행되었지만, 지역아동센터의 사례관리는 종사인력의 부족, 인력의 경험과 전문성 부족 등으로 미흡한 상태에 있다(김선숙, 유민상, 2013).

2) 아동 사례관리의 주요 실천전략

(1) 아동중심(child centered)과 가족초점(family focused)의 실천

아동과 가족을 위한 개입과정에서 아동의 복지가 중요한 고려대상이 되어야 하고 아동의 복지에 우선적인 초점을 두어야 한다. 모든 아동의 개별성이 존중되어야 하며 아동은 자신이 영향받을 수 있는 어떤 이슈나 결정에 대해 자신의 의견을 표현할 권리가 있다. 아동을 위해 일하는 사회복지사와 관련 전문가는 아동의 의견을 경청해야 하며 이들의 욕구와 감정에 민감하게 반응할 수 있어야 한다(Percy-Smith & Thomas, 2010). 그런데 아동을 위한 계획을 수립할 때는 가족을 포함해야 한다. 가족은 아동의 문제가 발생하는 곳이기도 하지만 해결책을 모색할 수 있는 곳이기도 하다. 가족은 아동발달에 있어 가장 기본적인 역할을 하고 외부환경이 아무리 쾌적하더라도 아동에게는 원가족이 가장 편안하고 중요한 자원이 된다는 것을 기억해야 한다.

따라서 아동과 가족이 지역사회의 다양한 기관과 의사소통하고 자신들에게 적합한 서비스를 제공받을 수 있도록 사례관리자는 아동 및 가족과 협력관계를 구축하고 지원하여야 한다. 즉, 아동은 가족과 함께 고려되어야 하고 가족이 거주하는 지역사회에서 분리되지 않도록 체계론적 관점에서 접근해야 한다(박은미, 정익중, 2012).

(2) 연속적 · 통합적 접근

아동을 위한 지역사회 서비스는 매우 다양화되어야 한다. 변화무쌍하고 다양한 욕구를 가진 아동에 대한 개입에 있어서 다학제적인 서비스 기관 간의 협력과 조정은 필수적이다. 가족과 지역사회를 기반으로 취약한 아동에게 무슨 일이 일어나고 있는지 이해하고 이에 대해 적절한 개입을 하는 것은 연속적이고 상호작용적인 과정이다. 사정은 개입과정 전반에 걸쳐 지속되어야 하고 사정의 초기단계부터 개입은 시작될 수 있다(Summers, 2006).

(3) 최소한의 개입과 파트너십

아동은 부모의 보호하에 가족 안에서 양육될 때 가장 이상적으로 발달할 수 있다고 보고 있다(Pecora, Whittaker, Maluccio, Barth, & Plotnick, 1997). 그러나 부모가 그 역할을 제대로 수행하지 못할 때 가족의 권리를 침해하지 않는 범위 내에서 국가가 개입하며 이 과정에서도 부모와 아동의 참여를 중시한다. 아동과 가족이 전문가와 협력적인 관계를 형성할 때 그들은 전문가들이 개방적이며 정직하다고 믿게 되고 그들이 제공받는 정보를 신뢰하게 된다. 따라서 아동이 심각한 위기에 처해 있거나 학대받고 있다고 판단되지 않는 한 정보를 공유하는 데 있어서 아동이나 그들의 부모로부터 동의를 얻는 것은 필수적이다. 그리고 가능하다면 아동과 관련된 조치를 결정하는 과정에서도 동의를 얻는 것이 바람직하다.

(4) 학교체계와의 협력

아동과 함께하는 사례관리 실천에서 중요한 요소는 학교체계[1]와 협력관계를 이루는 것이다. 카우아이 종단연구(Kauai Longitudial Study)[2]에 따르면 빈곤, 임신 중의 스트레스, 부모의 정신병리 및 가족 역기능 등의 복잡한 조합을 성공적으로 극복한 아동이 가장 자주 접한 보호요인은 교사와 학교체계였다. 학교에서 친사회적인 유대를 형성하는 것이 학생들의 학교생활 적응에

1) 미취학아동의 경우 유아학교 또는 영유아 보육기관
2) 미국 카우아이섬 종단연구에서 인용

긍정적 영향을 미칠 뿐만 아니라 레질리언스를 강화하는 요소이다(Werner & Smith, 2001).

사례관리자가 학교체계와의 협력을 개발하기 위해 다음과 같은 방안을 고려할 수 있다. 담임교사와의 접촉 및 협력을 개발한다. 학교 내 학생복지와 관련한 인력과 우선적으로 접촉하고 그들과 협력체계를 개발한다. 담임, 급우, 선후배, 다른 중요 인물 등을 통해 학교 내에서 보호요인이 형성될 수 있도록 하고 학교 내 중요 인물들과 협력하여 통합사례관리를 실시한다.

(5) 아동발달을 고려한 접근

아동 사례관리의 실천에서는 아동은 발달적 존재임을 이해하고 발달적 특성을 고려한 접근이 이루어져야 한다. 아동 사례관리자들은 아동발달에 대한 지식을 바탕으로 아동이 제공받는 서비스의 질이 아동의 건강과 발달에 어떠한 영향을 미치는지 이해하고 있어야 한다. 또한 아동의 성장단계와 욕구(문제) 수준에 맞게 적절한 수준의 전문가와 서비스가 연계되고 있는지 통찰할 수 있어야 한다. 아동발달 주기에 따라 표현되지 않은 다른 욕구와 선호가 있을 수 있음이 고려되어야 하고, 혹시 아동이 경험하고 있을지도 모르는 잠재된 위험요인이나 장애물에 대해서도 명확히 시정되어야 한다.

3. 과정별 아동 사례관리의 실제

사례관리 실천과정에서 복합적이고 다양한 욕구를 가진 아동과 가족에게 체계적 사정과 사례계획을 바탕으로 5단계의 사례관리 실천과정을 적용하여 개입을 시도하였다.

사례

초등학교 5학년에 재학 중인 J는 18세, 15세인 오빠들과 8세 남동생과 함께 살고 있는 기초생활수급세대인 부자가정의 여아이다. 전반적인 건강상태는 양호하며 부가 병원에 입원해 있는 동안 ○○아동복지센터에서 지냈으며 퇴소 후 원가정에 복귀하여 지내고 있다. 학교사회복지사는 J가 어떤 상황에서 지나치게 과장된 행동을 하거나 어른에 대한 예의 없는 행동을 하고 이를 지적하면 회피하는 행동을 보인다고 했다. 식사문제, 동생 돌봄 문제, 위생(세탁, 목욕 등)문제 등으로 학교에서 친구관계가 원만치 않고 따돌림을 당하고 있다. 최근 심리상담 중 집에서 둘째 오빠(15세)가 성행위 동영상을 보여 주고 팬티도 벗고 다녔다고 하여 염려되는 상황이다.

J의 부(48세)는 건축 일용직 노동자인데 4년 전 J의 모가 외도와 가출을 자주 하여 자살시도를 하였고 자녀들이 발견 후 신고하여 구조되었다. 그 후 우울증 진단으로 병원에서 8개월간 입원치료를 받았다가 퇴소하여 현재 ○○ 병원에서 상담과 약물치료 중이며 요추부 추간판 탈출증으로 ○○ 정형외과에서 치료 중이다. 모는 내연남이 있어서 가출을 반복하다가 결국 이혼하였다. 자녀 명의로 휴대전화를 개통하거나 채무가 많아 J의 부가 변제하고 있고 부 모르게 자녀를 따로 만나 부와 자녀들 사이의 갈등의 원인이 되고 있다.

J의 형제 중 첫째 오빠(18세)는 장기결석, 가출, 비행 등 문제행동을 보이고 학업을 따라가지 못한다. 둘째 오빠는 부가 자살시도 시 이를 발견하고 신고하였다. ○○ 중학교 재학 중 학교폭력 가해자로 강제전학 조치되었으며 성노출 동영상을 동생들에게 자주 보여 주며 시설에서도 성행위를 흉내 내는 행위를 보였다. 동생(8세)은 초등학생이며 누나와 형들과 함께 부의 자립준비 기간 동안 ○○ 아동복지센터에서 지내다 원가정으로 복귀하였다. J는 학교사회복지사에 의해 드림스타트에 의뢰되었다.

1) 초기단계

대상자가 학교에서 친구관계에 문제가 생기면서 학교사회복지사에 의해 드림스타트센터에 의뢰되었다. 이 사례의 경우 아동이 보이는 문제뿐만 아니라 부모와 가족체계 전체를 보고 사례관리의 방향을 결정해야 한다. 부모는 물론 가족 구성원의 연령, 건강, 직업, 소득, 거주지, 학교생활, 주거상태, 자원연계 이력 등 다양한 상황을 조사하여야 한다.

대상자가 드러내 보이는 문제가 당장 심각한 상태는 아니지만 양육환경이 열악하여 정서적인 문제가 내재화되어 있을 가능성이 높다. 외현적으로 보이는 과장된 행동, 예의 없음, 회피, 위생관리 등의 모습과 대상자에게 주어진 동생 돌봄, 유일한 여자로서의 가사관리에 대한 부담, 부모갈등에 대한 불안, 오빠의 행동에 대한 두려움 등 내면의 심리적 어려움은 매우 광범위하고 복합적인 데 반해 정작 대상자가 드러내는 행동은 5학년에 맞는 비교적 낮은 수준의 문제상황을 보이고 있다.

하지만 이것이 대상자가 본격적인 청소년기로 들어갔을 때 매우 폭발적인 문제행동으로 확대될 수 있기 때문에 사례관리자가 예방적으로 무언가 접근할 수 있는 마지막 기회라는 상황인식을 가질 필요가 있다. 동시에 부의 우울증과 허리 디스크, 오빠들의 비행과 문제행동, 어린 동생의 돌봄이라는 거대하고 복잡한 문제들 속에서 혼란에 빠지기보다는 작은 것부터 대상자와 즐겁게 실천할 수 있는 '거리'들을 찾아낼 필요가 있다. 또한 대상자에게 이 모든 상황은 잘못이 아니라는 것을 이야기해 줌으로써 아이가 사례관리 과정에 참여하거나 사례관리자와의 신뢰형성을 통해 마음을 열 수 있도록 돕는다.

한편, 한부모로서 여러 명의 아이를 양육하는 부의 어려움과 고충을 경청하고 자녀를 건강하게 양육하는 것을 공동목표로 설정하고 함께 협력하는 것에 대해 의견을 나눈다. 사례관리와 제공되는 서비스에 대해 구체적으로 소개하고 사례관리자와 신뢰를 형성하도록 한다.

초기단계의 Tip

아동 사례관리자가 지녀야 할 태도는 무엇인가?

- 아동 사례관리자는 아동이 거부감을 느끼지 않도록 따뜻한 눈빛과 밝은 목소리로 다가가고 가끔씩 아동이 사용하는 언어를 사용한다.
- 아동과의 신뢰관계 형성을 위해서 아동이 좋아하는 것, 잘하는 것, 관심사 등에 대해 이야기하고 아동의 강점을 발견하여 칭찬하거나 아동과 소통할 수 있는 매체(그림, 장난감, 놀이 등)를 개발해 공유한다.
- 아동에 대한 사례관리는 부모와 신뢰관계, 협력관계를 형성하는 것이 핵심이다. 따라서 부모 입장에서의 양육 스트레스나 생활상의 고충에 대해 경청하고 진심으로 이해하는 태도를 가져야 한다.

2) 사정단계

(1) 현재의 문제 사정

초등학교 5학년인 J는 모가 없는 상태에서 부와 3명의 남자형제들과 살고 있다. J에 대한 그림검사를 통해서 대상자가 이야기한 것 이외에 다른 성적 노출이 있었을 가능성을 탐색한다. 보통 아이들이 위생관리가 안 되는 경우 엄마의 손길이 부족한 환경 탓도 있을 수 있지만 성적 노출에 대한 자기방어기제일 수 있다. 그리고 학교생활을 하면서 남동생 돌보는 문제, 식사를 해결해야 하는 어려움, 위생관리의 문제 등으로 가사노동의 부담을 느끼고 있다. 이들 중 가장 해결하고 싶어 하거나 스스로 문제라고 생각하는 것이 무엇인지 대상자를 통해 확인하고 탐색한다.

친구관계가 원만하지 않고 과장되고 예의 없는 태도, 회피적 태도로 학교생활에서 어려움을 나타내는 문제는 대상자 스스로가 누군가에게 어떤 친구이고 싶은지 직접 확인할 필요가 있다. 그리고 집에서 가장 편안한 장소는 어디이고 시간은 언제인지 등을 통해 아이 스스로 자신을 문제투성이로 인식하기보다는 자기가 부족하게나마 해 온 것들, 자기 삶에 대한 걱정거리들을 이야기 나눌 수 있는 시간을 마련해 준다.

과장되고 예의 없는 태도는 청소년기 오빠들에 대한 잘못된 모델링일 수도 있고 상처받지 않기 위한 방어기제일 수도 있다. 다만 초기부터 이러한 문제행동 수정에 우선적으로 매몰되기보다는 대상자와 함께 문제해결을 하나씩 해 간다는 동질감, 신뢰감을 얻도록 하고 모델링 부재를 해결하기 위한 멘토링 프로그램 참여에 대한 J의 욕구를 사정한다.

(2) 가족사항 및 가정환경

부(48세)는 건축 일용직 노동자로 아내의 외도와 가출로 인해 자살을 시도하였다. 우울증과 요추부 추간판 탈출증으로 정신건강의학과 및 정형외과 치료 중이며 현재 기초생활보장수급비를 받아 생활하고 있다. 아이들에 대한 애정이 있고 잘 돌보아야 한다는 책임감이 강하고 특히 대상자인 J에 대한 걱정이 많다.

그리고 부의 우울증 원인은 주로 배우자인 J의 엄마로 기인한 것이지만 엄마가 다시 원가정으로 복귀하기는 어렵고, 우울증을 극복하기 위한 치료 중에 있으므로 우울증의 심각도나 현 상황들을 파악하기보다는 아이들에 대한 애정과 책임감에 집중하여 사정할 필요가 있다.

J의 어떤 부분이 가장 이쁜지, J가 나중에 어떤 직업을 가졌으면 좋겠는지, 디스크 치료는 차도가 있는지, 디스크가 어느 정도 회복되고 나면 어떤 일을 하고 싶은지, 요즘에 조금 즐거웠던 일은 없는지 등의 긍정적이고 미래 지향적인 요소들을 탐색한다.

그 이후에 부가 막내아들을 어느 정도 보살필 수 있는지, 아들들의 문제행동, 특히 둘째 아들의 성적인 문제행동을 알고 있는지, 만약 알고 있다면 어떻게 해결해 나가면 좋을지도 질문해 본다. 또한 남자로서 딸인 J에 대해 모르는 점에 대해서 도움을 요청할 주변 자원이 있는지 알아보고 부가 의지하는 사람이 누구인지도 파악한다.

모(45세)는 내연남이 있어 가출하고 이혼하였다. 이혼 후에도 자녀명의로 휴대폰을 개통하거나 부 모르게 자녀를 따로 만나 부와 자녀들과의 갈등의 원인이 되고 있다.

사정과정의 Tip

사정단계에서 주의해야 할 점은 무엇인가?

사정단계에서 주의해야 할 점으로 사정은 아동과 가족이 함께 하는 상호작용의 과정임을 기억해야 한다. 이렇게 얻어진 정보일수록 문제와 욕구에 대한 아동과 가족의 인식과 사례관리자의 인식 차이가 줄어들 수 있다.

- 아동의 신체, 인지, 사회정서 등의 발달 수준을 정확하게 파악하기 위해 인증된 검사도구와 전문적으로 훈련된 검사자를 통해서 발달검사 및 심리검사를 실시해야 한다.
- 또한 부모에 대해서도 포괄적 양육기능을 사정하기 위해 부모상담, 가족진단 도구의 사용, 가정방문 등을 활용한다(박은미, 정익중, 2012).
- 아동과 가족의 강점을 사정하는 데 초점을 맞추고 가정방문을 통해 가계도를 파악하고 환경과 자원사정을 위해 생태도를 파악해야 한다(박은미, 정익중, 2012).

아이가 말을 잘 안 할 때는 어떻게 사정해야 하는가?

아이가 말을 잘 안 할 때나 거부적인 태도를 보일 때는 기다려 주면서 관찰할 필요가 있다. 관찰을 통해 또래관계, 가족관계, 정서적 반응, 학습 관련 사항, 외모, 성인과의 상호작용, 위기 정도 등을 파악해야 한다(강명순, 2008).

첫째 아들(18세)은 장기결석, 가출, 비행 등 문제행동을 보이고, 둘째 아들(15세)은 학교폭력 가해자로 강제전학 조치되어 학교를 다니고 있으며 성적인 자극행동을 보인다. 막내는 초등학생(8세)이며 ○○ 아동복지센터에서 지내다 원가정으로 복귀하였다.

집에는 쓰레기와 음식물 냄새가 많이 나고 가구와 살림살이가 무질서하게 어질러져 있다. 가사 및 수납관리에 대한 지원이 시급히 필요한 상황이다. 일시적으로 청소와 도배장판 등을 통해 깨끗한 환경을 만드는 동시에 J만의 공간을 마련하거나, 욕실의 세면 및 샤워시설 상황을 점검할 필요가 있다.

큰아들을 만나 볼 수 있다면 직접 만나서 첫째로서 부모의 갈등과 가정에 대한 부담감에 대해 공감해 주고, 동생들에 대한 애정이나 염려하는 부분들이 있는지 탐색하면서 가정 내 제2의 어른이자 중재자로서의 역할을 할 수 있는지 가능성을 알아본다.

3) 계획단계

이 사례의 경우 제공자 중심의 접근보다 가족 구성원 개개인과의 신뢰 있는 관계설정, 근원적인 욕구와 강점에 대한 탐색 등의 시간을 할애한다. 이어서 추가적으로 강점과 자원을 더 발견하고 활용하면서 서비스 계획을 수립한다.

표 10-1 목표에 따른 서비스 계획

대상	목표	서비스 제공계획 및 진행
아동	가사노동의 부담 경감	• 반찬서비스, 수납관리 서비스 연계
	학교 적응력 높이기	• 초기 신뢰관계 형성을 위한 긍정적 활동을 같이 함 • 도덕성 훈련 프로그램 및 상담서비스 연계 • 학교사회복지사, 드림스타트를 통해 자아존중감 향상 프로그램 참여
	올바른 성정체성 및 성역할 정립하기	• 성교육 및 상담(자연스럽게 멘토링 프로그램 안에 포함하는 방식을 고려함)

가족	부의 신체적 · 정신적 건강회복	• 경제적 지원과 일자리 알선 • 개인상담 혹은 가족상담 연계 • 자녀를 위한 부모교육(성교육 집중) 참여
	첫째 아들의 정상적 생활유지	• 맏이로서의 역할 인식, 진로상담 • 청소년상담복지센터를 통해 상담서비스
	둘째 아들의 올바른 성인식	• 담임과의 접촉을 통해 학교생활 정보 취합, 탐색 • 성교육을 통한 올바른 성인식과 성정체성 확립 • 학교생활 적응을 위한 상담서비스
	셋째 아들의 가정생활 적응	• 학교생활 적응을 위한 지원 • 지역아동센터 및 방과후 아카데미 등 연계

<계획단계의 Tip>

계획단계에서 목표설정은 어떻게 해야 하는가?

- 계획단계에서는 사정에서 확인된 문제를 목록화하고 문제해결의 우선순위에 따라 각각의 목표를 설정한다.
- 문제들을 동시에 접근하기보다 사례 아동과 가족이 실천할 수 있는 수준, 즉 단순한 문제부터 심각한 문제를 분류하여 우선순위를 정한다.
- 정해진 우선순위에 따라 달성 가능한 목표를 선정하는데, 이때 중요한 점은 아동과 가족이 실천 가능한 수준에서 목표를 설정하는 것이다.
- 지나치게 높은 목표를 설정하는 경우 아동은 좌절감을 경험하고 이후 더 위축되고 소극적이 될 수 있기 때문에 성취감과 자신감을 경험할 수 있는 수준으로 목표를 정하는 것이 좋다.
- 계획 수립 시 참여가 가능한 전문가, 도움을 줄 수 있는 교사, 알고 지내는 친구, 종교단체 지인 등이 있는지 확인하여 가능한 한 참여시킨다. 다양한 참여가 문제해결을 앞당길 수 있다.

4) 실행과 점검단계

대상자의 내면에 쌓인 불안, 죄책감, 두려움, 혼란스러움 등을 다룰 수 있는 관계설정이 필요하다. 나아가 대상자가 자신의 신변관리를 더 잘하고 학교에서 친구관계가 원만하게 되는지 담임과 학교사회복지사를 통해 점검하면서 작은 변화에도 아빠가 함께 기뻐해 주고 격려한다.

대상자의 문제행동은 다른 문제와 욕구로 인한 결과이기 때문에 그 행동에 집중하기보다는 그 행동을 방어기제로 사용하도록 만든 상황을 객관적으로 보고 가족의 문제를 자신의 탓으로 돌리거나 오빠의 잘못된 행동을 자신의 문제로 생각하지 않도록 심리적 지지와 안정감을 주는 실행과정이 필요하다.

부에게는 둘째 아들의 성적 행위 노출과 사춘기에 접어드는 딸의 성적 성숙을 안전하게 지켜 주는 것에 대한 인식을 점검한다. 일을 통해 정서적인 활력을 찾고 경제력을 키울 수 있도록 근로의욕을 고취시킨다. 한부모로서 다자녀에 대한 양육 스트레스를 어떻게 감소시켜 나가는지 현재를 점검하고 필요한 서비스가 무엇인지도 지속적으로 모니터링한다.

동시에 당장의 긍정적 변화를 시각적으로 보여 줄 수 있는 요소들로 가정 내 청소서비스 연계, 도배장판, 욕실환경 개선, 반찬서비스 등을 통해 변화의 동기들이 시너지를 얻도록 속도감을 내서 연계한다.

서비스 지원이나 연계활동의 내용을 사례관리 기록지에 정리하고 대상자나 그 가족의 의견, 사례회의에서의 슈퍼비전 등을 기록지에 기록하면서 서비스 실행에서 적용시킨다. 아울러 사례관리자 스스로 문제에 빠지지 않도록 작은 것을 하나씩 접근하되 긍정적 요소, 미래 지향적 요소들과 언어들을 최대한 많이 사용하고, 당사자에게 질문하며 어떤 문제를 어떻게 해결하고 싶은지 물어보고 합의하는 과정으로 가야 한다.

점검은 변화 정도, 욕구 충족 정도, 미충족 욕구 등을 통해 문제해결 정도를 확인하는 과정이다. 사례관리 실천에 있어서 필수적인 과정이며 간접적 실천으로 계획된 서비스를 관리해 나가는 중요한 요소이다. 우선 수립했던 계획에 대비하여 어느 정도 실행되었는지 확인하고 긍정적인 혹은 부정적인 변화 정도를 파악해야 한다.

실행과 점검단계의 Tip

아동에 대한 예방적 서비스는 어떻게 제공하는가?

아동에게는 부모의 관심과 참여 정도가 절대적으로 중요하다. 부모의 양육태도나 가정환경에 대한 적극적인 개입이 아동에 대한 예방적 서비스가 될 수 있다. 현재 아동에게 드러나는 문제 외에도 향후 나타날 더 심각한 문제를 예방하기 위해 부모의 자녀에 대한 올바른 이해와 변화 동기를 지속적으로 점검하고 격려하면서 서비스를 제공해야 한다.

부모가 소극적이고 대화에 응하지 않으면 어떻게 해야 하는가?

부모가 소극적이고 대화에 응하지 않을 때 사례관리자는 부모가 관심과 의지를 보일 때까지 기다려 주면서 충분한 라포를 형성하는 데 초점을 두어야 한다. 또한 사례관리자가 전문가적 관점에서 부모를 주도적으로 이끌어 가기보다는 부모의 주장을 수용하고 지지해 주면서 충분히 합의된 서비스를 제공했을 때 효과가 급진전될 수 있다는 것을 이해하고 인내심을 가져야 한다.

재사정의 주기는 어느 정도가 적당한가?

재사정의 주기는 위험도 수준에 따라 달라질 수 있고(3~12개월) 꼭 정해진 규칙이 있는 것은 아니다. 다만 위험도가 높은 사례일수록 재사정 주기가 더 빈번해야 할 필요가 있다. 문제해결의 정도를 확인하면서 서비스의 과부족 상태를 점검하고 아동과 가족의 변화하는 욕구를 충족시킬 수 있는 추가자원을 연계하는 것이 점검 및 재사정 단계에서 중요하다.

이 사례에서는 대상자 J의 그림검사 등의 결과를 통해 성적 노출에 대한 심각도를 검토하고 재사정하는 과정이 필요하다. 또한 첫째 아들과 둘째 아들의 변화에 대한 참여 욕구, 아버지와 가정에 대한 호감도 등에 따라 자원이 될지, 더 큰 문제나 가정의 욕구가 될지 그 결과를 점검한다.

점검의 과정에서 반드시 주요 당사자인 가족들과 대상자 J가 보이는 변화, 평가 내용들이 드러날 수 있도록 해야 한다. 대상자와 가족뿐만 아니라 담임, 서비스 제공기관, 자원봉사자, 종교단체 지도자 등 다양한 서비스 제공자 체계와의 직간접적 접촉을 통해서도 실천과정을 점검해 나간다. 다각도의 재사정을 통해 부족한 자원에 대한 대안과 새로운 해결방안도 찾고 대상자와 가족 구성원의 동기 강화 및 자원의 활용도도 높일 수 있도록 한다.

5) 평가와 종결단계

종결은 서비스가 공식적으로 지원되지 않는 것을 의미한다. 그러나 아동기는 청소년기, 성인기를 준비해야 하는 시기이므로 부모의 도움이 계속적으로 필요한 시기이다. 따라서 사후계획을 충분히 마련해야 하며 사후계획은 아동의 변화과정을 추적하여 자조적인 생활을 적절히 수행할 수 있는가를 확인하는 데 초점을 두어야 한다. 사례관리자는 지원 가능한 기관, 이용 가능한 자원을 소개하고 멘토 역할을 통해 아동기에서 청소년기로의 이행과정과 일상생활에서 필요한 정보를 제공해야 한다.

이 사례의 경우 대상자가 곧 사춘기의 극심한 심리정서적 변화를 맞이할 것을 예상하여 언제든지 도움을 요청할 수 있도록 필요한 정보를 제공하고 숙지시키는 것이 중요하다. 그리고 대상자 및 가족과 함께 세웠던 목표를 어느 정도 이루었는지, 서로가 노력한 부분과 변화된 부분이 무엇인지 함께 나누고 종결에 대해 합의하는 모습으로 진행한다.

사례관리자가 당초 기대했던 변화의 모습을 확인하면서 그것이 달성된 것에 대해 사례관리자만 만족할 것이 아니라 당사자들에게 이야기해 주고 격려해 주는 과정으로 진행되도록 한다.

종결단계의 Tip

언제 종결을 결정하는가?

사례관리의 종결은 다양한 사유에 의해 이루어진다. 사례관리 대상자의 개인적 상황으로 종결되는 경우는 사례관리 대상자가 이사하거나, 더 이상 서비스를 제공받기 불가능한 상황, 아동이 시설에 입소하는 경우, 보호자의 요청 등이 있을 수 있다. 사례관리자가 계획했던 문제해결의 목표가 달성되어 서비스가 더 이상 필요하지 않다는 결론에 도달한 경우에 종결하는 것이 가장 자연스러운 것인데, 이런 경우에도 사례관리 대상자의 반응과 심리상태를 섬세하게 살피고 앞으로의 자조적 생활을 사전에 잘 준비하도록 지원해야 한다.

종결을 위한 평가는 어떠한 내용으로 구성되는가?

사례관리 실천이 통합적인 실천방법이니 만큼 성과에 대한 평가도 다차원적이다. 종결을 위한 평가는 구조에 대한 평가, 목표달성 평가, 전반적 효과성 평가, 만족도 평가 등으로 나뉜다. 이들 평가에는 표준화된 척도에 의한 계량적 평가와 면접이나 초점집단 면접과 같은 비계량적 성과평가가 함께 이루어질 수 있다.

드림스타트 취학아동(7~13세) 양육환경 사정도구 양식

※위 연령에 해당되더라도 미취학 상태이면 유아용을 사용해 주십시오.

◈ 사정일자: ____________________ ◈ 아동 이름: ____________________

◈ 아동 생년월일: ____________________ ◈ 성별: 남, 여

	문항 (※ 해당되는 항목에 모두 V표 해 주십시오.)	없음	징후 또는 의심	있음
1	아동방임이나 학대가 있다.	0	1	2
	□ 아동의 울음소리, 비명, 신음소리가 계속된다는 이웃의 진술이 있는 경우 □ 아동의 상처에 대한 보호자의 설명이 모순이 되는 경우 □ 계절에 맞지 않거나 깨끗하지 않은 옷을 계속 입고 다니는 경우 □ 뚜렷한 이유 없이 지각이나 결석이 잦은 경우 □ 나이에 맞지 않는 성적 행동을 보이는 경우 □ 기타 아동학대/방임으로 의심되는 경우( )			
	소견: 소견자:			
	• 위의 5가지 항목 또는 그 외에 아동학대/방임으로 의심되는 경우가 있는지 확인함 • 양육자뿐만 아니라 주변인에 의해 학대받는 경우가 있는지도 확인함 • 방임은 반복적으로 아동양육과 보호를 소홀히 하여 아동의 정상적인 발달을 저해하는 행위를 일컬음 • 학대 및 방임 행위의 '심각성' '고의성', 훈육의 '합리성'을 고려하여 판정함			
2	심각한 가족 갈등이나 배우자 학대가 있다.	0	1	2
	□ 가족 내에 심각한 언어적 폭력이 있다. □ 가족 내에 심각한 신체적 폭력이 있다. □ 부부간에 잦은 심각한 싸움이 있다. □ 가족 구성원 간에 심각한 갈등이 있다.			
	소견: 소견자:			
	• 가족 구성원에는 함께 거주하는 가구원을 모두 포함함 • 폭력이나 갈등이 아동의 발달에 부정적인 영향을 미치는 심각한 경우인지 판단하여 체크함 • 근래에 가정폭력으로 인한 외부의 개입이 있었거나, 부모가 심각한 갈등을 인해 별거 중인 경우 해당될 수 있음			

3	양육자에게 정신장애/신체장애 혹은 심각한 질환이 있다.	0	1	2
	□ 정신장애: 정신분열증( ), 지적장애( ), 우울( ), 기타( ) □ 신체장애: 장애종류( ) □ 양육에 지장을 주는 심각한 질환(예: 중증 당뇨병, 신장병 등): 병명(, ,)			
	소견: 소견자:			
• 양육자에게 양육에 지장을 주는 정신장애, 신체장애, 심각한 질환이 있는 경우 본 문항에 체크함 • 양육에 지장을 주는 심각한 질환이란, 해당 질환으로 인하여 아동을 양육하기 어려운 문항에 한함 • 의료기관에서 진단을 받았거나, 공식적인 기관에 등록된 분명한 장애를 가지고 있는 경우 '있음(2점)'에 체크하고, 징후가 보이는 경우에는 '징후 또는 의심(1점)'에 체크함 • 해당하는 장애 및 질환을 기재하고, 장애등급이 산정된 경유에는 '소견'란에 기재함				

4	심각한 경제적 어려움이 있다.	0	1	2
	□ 돈이 없어서 2달 이상 집세가 밀렸거나 집세를 낼 수 없어서 집을 옮긴 적이 있다. □ 돈이 없어서 공과금(사회보험료와 전기요금, 전화요금, 수도요금 등)을 기한 내 납부하지 못한 적이 있다. □ 돈이 없어서 전기요금, 전화요금, 수도요금 중 하나 이상을 내지 못해 전기, 전화, 수도 등이 끊긴 적이 있다. □ 돈이 없어서 자녀의 공교육비를 한 달 이상 주지 못한 적이 있다. □ 돈이 없어서 추운 겨울에 난방을 하지 못한 적이 있다. □ 돈이 없어서 추운 겨울에 본인이나 가족이 병원에 갈 수 없었던 적이 있다. □ 가구원 중에 신용불량자인 사람이 있다. □ 연속 3개월 이상 건강보험 미납으로 인하여 보험 급여자격을 정지당한 경험이 있다. ※ 재사정 시, 지난 사정 이후부터 현재까지의 기간을 기준으로 체크함 ※ 첫 사정에 해당하는 이동은 지난 1년을 기준으로 체크함			
	소견: 소견자:			
• 심각한 경제적 어려움을 측정하는 시기는 지난 사정 이후로부터 현재까지를 기준으로 함(첫 사정에 해당하는 아동은 지난 1년을 기준으로 체크함) • 단순한 경제적 어려움보다는, 예시에 나온 객관적인 사실을 기반으로 심각한 경제적 어려움을 가진 경우에 한하여 체크함				

5	양육자에게 알코올중독, 약물남용, 도박 등의 문제가 있다.	0	1	2
	□ 양육자에게 심각한 알코올중독 문제가 있다. □ 양육자에게 심각한 약물남용 문제가 있다 □ 양육자에게 심각한 도박문제가 있다.			
	소견: 소견자:			
• 양육자가 알코올중독, 약물남용, 도박문제로 정상적인 생활이 불가한 경우 본 문항에 체크함				

6	안전에 위협을 줄 수 있는 환경에 아이를 방치한다.	0	1	2
	□ 아이가 혼자 가스를 제대로 다룰 능력이 부족한 상황에서 조리를 하도록 방치한다. □ 집에서 누전 등의 위험 요소가 있다. □ 치안이 잘 되지 않는 집 안에 혼자 둔다. □ 밤늦게 집 밖에 나가야 하는 심부름을 시키는 일이 종종 있다. □ 어른이 옆에서 보지 않은 채 위험한 놀이기구에서 놀게 한다. □ 술에 취한 어른을 집에 자주 데려온다.			
	소견: 소견자:			
• 위의 예시 또는 그 밖에 안전을 위협하는 환경에 아이를 방치한 경우가 있는지 확인함				

7	아이의 건강 및 위생관리가 제대로 이루어지고 있지 않다.	0	1	2
	□ 특이한 신체증상이 있거나 열이 날 때 체온을 재어 지켜보고 일정 수준 이상일 때 병원 방문을 하는 등의 합리적 조치가 의심된다. □ 의학적으로 중요한 상황(특정 질병, 응급상황 등)에서 비전문적인 시술이나 성분을 알 수 있는 약 투여, 민간요법에 의존한 경우가 있다. □ 아이의 치아, 시력에 관심을 두고 체크하거나 적절한 조치(치과방문, 양치질 지도)를 취한 흔적이 없다. □ 아토피나 비만 문제가 있는데 식이요법을 하지 않고 방치한다. □ 아이가 종일 밖에 나가지 않고 있어도 방치하고 환기를 자주 시키지 않는다. □ 매우 덥거나, 추운 방에 대해서 신경 쓰지 않는다. □ 식사 및 침구, 칫솔, 의복 등의 관리 상태가 보기에도 상당히 비위생적인 수준이다. □ 외출이나 걸레질 후 손을 제대로 씻지 않고 음식을 준비한다. □ 일주일에 2번 이상 아이가 씻도록 하거나(머리 감기 포함), 손 씻기 등의 지도를 하지 않는다. □ 과도한 먼지나 곰팡이가 있는 환경에 방치한다.			
	소견: 소견자:			

• 아동에게 필요한 의학적 조치가 제대로 제공되지 않아 건강상의 문제가 발생할 가능성이 있는지를 사정하되, 일상적인 감기 증상이 대해서는 꼭 병원 방문을 하지 않더라도 집에서 물을 많이 먹이거나 열이 너무 오르지 않게 미지근한 물수건으로 닦아 주는 등의 적절한 관리를 하며 지켜본다면 제대로 된 질병관리를 한다고 판단할 수 있음

8	아이에게 식사제공이 이루어지지 않고 있다.	0	1	2
	□ 세 끼 식사 중 한 끼 이상을 제공하지 않아 굶게 되는 경우가 있다. □ 반찬이 매우 부실하다(근래 2주간 아이가 먹은 식단을 질문하여 평가할 수 있음. 예: 김치와 단무지처럼 비슷한 영양소의 반찬 2가지 이하만 주거나 거의 동일한 반찬을 지속적으로 주는 경우). □ 패스트푸드나 과자로 식사를 대체하는 경우가 많다(예: 라면이나 초코파이 같은 과자로 저녁을 대체하는 경우가 주 3회 이상).			
	소견: 소견자:			
• 아동의 건강한 신체발달을 위한 균형 잡힌 식단이 제공되고 있는지 확인함(근래 2주간 아동이 먹은 식단을 질문하여 아동에 대한 식사제공을 확인)				

9	아이의 인지발달을 촉진하는 데 필요한 환경, 자극, 경험을 제공하지 못한다.	0	1	2
	□ 공부할 수 있는 책상이 놓인 공간이 없거나 매우 무질서하게 방치되어 있다. □ 집 안에서 학습을 할 수 있도록 소음을 통제해 주는 배려가 보이지 않는다(아이가 시험공부나 숙제를 해야 할 때 어떻게 해 주는지 질문하여, 옆에서 TV를 시청하거나 어른들이 떠들고 노는 등 방해될 수 있는 환경을 피하고자 하는 노력이 있는지 평가). □ 아이와 학교 수업 외의 취미활동(식물 기르기, 등산 등)을 같이 하거나 하도록 배려한 적이 없다. □ 여건이 허락하는 대로 악기나 체육 등의 과외활동을 시킬 수 있는 기회를 이용하려고 찾아보거나 관심 가진 적이 없다. □ 이용할 수 있는 (무료)공연 전시에 아이를 데려간 적이 없다(근래 6개월간 아이와 함께 한 활동에 대한 질문을 통해 위 항목에 대해 여건이 허락하는 대로 제공해 줄 수 있는 것들을 해 주려고 노력을 하거나 관심이 있었는지 여부). □ 아이가 책을 접하도록 신경을 써 주지 않는다(책 읽어 주기, 구매, 대여, 격려 등) → 아이가 스스로 책을 좋아해서 잘 읽고 있어 신경을 쓰지 않는 경우라면 제외 □ TV나 비디오물을 지속적으로 시청해도 제재하지 않는다(아이가 TV 앞에 연속 3시간 하루 5시간 이상 앉아 있게 하는 경우, 아이가 TV를 보면 편해서 일부러 틀어 주는 경우가 종종 있는지).			

	□ 컴퓨터 게임시간을 통제하지 않는다(하루에 3시간 이상 하는 경우에도 제재하는 노력을 하지 않는다). □ 학교에 가져가야 할 준비물들을 챙기지 않고 학교 과제를 잘 해 가지 않는 상태에서 도와주지 않고 방치하고 있다. □ 성적이 저조한데도 별 관심이 없거나, 도움을 구할 수 있는 방법을 찾아보지 않는다.			
	소견: 소견자:			
• 제시된 예시에 해당되는지 관찰 및 면담을 통해 확인함				

10	양육태도가 바람직하지 못하다.	0	1	2
	□ 아이와 눈을 맞추거나 미소를 보여 주고 상냥하게 말하고 다독거리는 행동을 보기 어렵다. □ 아이의 말에 대꾸를 잘하지 않는다. □ 아이의 합리적인 요구에 반응을 하지 않거나 지연한다(아이가 춥거나 배고프다고 할 때, 보통 너무 오래 기다리지 않게 하던 일을 멈추고 해 주는지. 식사 때 먹지 않는 안 좋은 습관을 고치느라 일부러 지연하는 경우는 제외) □ 친구나 형제를 때리거나 남의 것을 뺏어도 '안 되는 거야'와 같은 설명을 해 주면서 다시 들려주거나 하는 등의 조치를 하지 않는다(같이 노는 아이를 때리거나 집 안 물건을 던지는 등의 예시 상황에서 어떻게 대처하는지 질문해서 별다른 제재나 설명 없이 놔두는 경우) □ 아무 때나 자고 먹게 놔둔다(자고 먹는 시간에 대한 질문을 통해 11시가 넘어도 재우려고 노력하지 않는 등, 생활 리듬을 지키고자 하는 노력이 없는 경우) □ 학교 등에 늦어도 방치한다. □ 아이가 싫다는 표현을 해도 억지로 음식을 먹인다. □ 아이가 힘들어하는 과제(학습지) 등을 과도하게 강제로 시킨다. □ 자지 않으려는 아이에게 말로 설명하기보다는 강제로 자게 시킨다. □ 아이에게 원하는 행동을 하게 하기 위해 설득 등의 방법보다 체벌을 자주 사용한다.			
	소견: 소견자:			
• 제시된 예시에 해당되는지 관찰 및 면담을 통해 확인함				
해당 개수				

[그림 10-1] 드림스타트 취학아동 양육환경 사정도구 양식

출처: 보건복지부(2017).

드림스타트 취학아동(7~13세) 발달 사정도구 양식

※ 위 연령에 해당되더라도 미취학 상태이면 유아용을 사용해 주십시오.

	문항 (※ 해당되는 항목에 모두 V표 해 주십시오.)	없음	징후 또는 의심	있음
1	아동에게 중증의 장애 또는 질환이 있다.	0	1	2
	□ 선천성 기형: 다지증, 합지증, 잠복고환, 안면기형, 기타( ) □ 신체 및 정신장애: 뇌성마비, 청각장애, 시각장애, 발달장애, 지적장애, 기타( ) □ 성장장애나 왜소증: 염색체이상, 선천성 대사이상, 기타( ) □ 심장병, 소아당뇨, 소아암, 간질, 아토피, 천식, 기타( )			
	소견: 소견자:			
	• 의료기관에서 진단을 받았거나, 공식적인 기관에 등록된 분명한 장애를 가지고 있는 경우 '있음(2점)'에 체크하고, 징후가 보이는 경우에는 '징후 또는 의심(1점)'에 체크함 • '기타'에는 해당 장애나 질환을 기재함 • 장애등급이 산정된 경우에는 '소견'란에 기재함 • 질환의 경우, 일상생활에 지속적으로 부정적인 영향을 미치는 심각한 중증 만성 질환일 때 체크함 • 정서장애(예: ADHD, 틱장애 등)는 본 문항이 아닌 정서/행동 영역의 관련된 문항에 체크함			
2	신체발달이 연령에 비해 부진하거나 건강상의 문제가 있다.	0	1	2
	□ 키가 연령에 비해 작다. (*규준표 참조, 10% 이하 불량, 아동의 키= cm) □ 몸무게가 연력에 비해 적다. (*규준표 참조, 10% 이하 불량, 아동체중= kg) □ 비만이다. (BMI=체중/키^2, 아동의 BMI=) (18.5 이하 저체중, 18.5~24.9 정상, 25~29.9 과체중, 30 이상 비만) □ 두통, 복통, 어지러움, 피로감 등을 자주 호소한다. □ 응급실을 찾는 일이 분기별로 1회 이상되거나, 상해나 사고가 아닌 질병으로 인한 1주 이상의 입원도 연간 1회 이상이다.			
	소견: 소견자:			
	• 신체발달의 대표적인 지표가 되는 키와 몸무게가 연령에 적절한지 체크함 • 몸무게와 키를 기록하고, 규준표를 참조하여 아동이 대략 몇%ile에 해당되는지 기록함 (10% 이하가 되는 경우, 해당 예시에 체크함) • 키와 몸무게를 이용하여 비만도(body mess index: BMI)를 산출함 예) 몸무게 30kg, 키 140cm일 때 BMI 산출함 BMI=몸무게/키^2, 이때 키는 m로 환산하여 계산함			

소수점 이하는 반올림함

$30/1.4^2=15.3$, 18.5 이하이므로 본 사례는 저체중에 해당함

• 진단받아 관리해야 하는 질병이 없다 하더라도, 신체적 불편감을 자주 호소하고 입원하거나 응급실을 찾는 일이 빈번한지 확인함

3	섭식 문제가 있다.	0	1	2
	□ 지나치게 먹지 않아, 하루에 한 끼 먹이기도 힘들다. □ 지나치게 편식이 심하고, 새로운 음식을 먹어 보려 하지 않는다.			
	소견:	소견자:		

• 현재 건강상의 문제가 나타나지 않더라도, 하루 한 끼 먹이기도 힘들 만큼 잘 먹지 않거나, 편식이 매우 심해 장차 건강한 발달에 방해가 될 소지가 있는지 확인함

4	언어 및 인지영역 발달에 어려움이 있다.	0	1	2
	□ 의사소통에 어려움을 겪는다(지시를 내리려면 한 번에 알아듣지 못해 여러 번 반복 설명해 주어야 한다/자신의 의사를 명확히 밝히지 못해 여러 번 확인해야 한다). □ 사용하는 어휘 및 문장이 또래에 비해 현저히 떨어진다.			
	소견:	소견자:		

• 자신의 의견을 적절히 표현하는 것과 다른 사람의 의견을 제대로 이해하는 것이 가능한지를 사정함

• 자신의 의견을 표현하지 못하는 것이 부정확한 발음이나 소극적이고 수줍어하는 태도상의 문제가 아니어야 함

5	기초학력 수준에 문제가 있다.	0	1	2
	□ (기초학력고사를 치르는 학년의 경우) 학력고사 결과 기초학력 수준에 미달한다. □ 또래에 비해 읽기에 문제가 있다. □ 또래에 비해 쓰기에 문제가 있다. □ 또래에 비해 산수에 문제가 있다. ※ 기초학력 수준에 문제가 있다고 판단될 경우, 교사의 소견을 받아서 참조하고 이를 반드시 기재할 것			
	소견:	소견자:		

• 읽기 문제: 3학년 이상에서 단어를 잘못 읽거나 빼먹고 읽거나 없는 글자를 넣어 읽는 문제가 있을 때, 읽기 속도가 느리고 읽고 나서도 내용에 대한 이해가 떨어진다면 본 문항에 체크함. 초등학교 1, 2학년은 연령 특성을 고려하여 위 기준을 다소 완화하여 적용함

• 쓰기 문제: 3학년 이상에서 맞춤법에 오류가 잦고, 문법적 오류도 많으며, 전반적으로 문장의 구성체계가 갖춰지지 않았을 경우, 본 문항에 체크함

	• 초등학교 1, 2학년 아동에게는 두 자릿수의 덧셈, 뺄셈을 시켜 보아 평가하고, 초등학교 3학년 이상 아동에게는 두 자릿수의 덧셈, 뺄셈과 구구단을 시켜 보고 판단하도록 함			
6	정서 및 행동발달상에 어려움이 있다	0	1	2
	□ 눈을 깜빡이거나 얼굴 찡그리기, 몸 움찔거리기, 킁킁거리기, 헛기침하기 등의 틱 증상을 보인다. □ 눈 맞춤이 잘 안 된다. □ 다른 사람이나 주변 사물에 별로 관심을 보이지 않고, 다른 사람과 감정을 주고받지 못하는 것처럼 보인다. □ 무기력해 보이거나, 기분이 처져 있거나, 자주 우는 모습을 보인다. □ 자기가 남보다 못하며, 아무도 자기를 사랑하지 않는다고 말한다. □ 어떤 동물이나 상황, 장소에 대해 지나치게 겁을 내고 무서워한다.			
	소견: 소견자:			
	• 틱 증상은 시간 경과에 따라 증상이 계속 바뀌면서 다양한 형태로 지속될 수 있음 • 본 문항에 해당하는 경우 틱장애, 주요우울장애, 범불안장애, 분리불안장애 등을 의심해 볼 수 있음			
7	충동조절에 어려움을 보이고, 공격성, 사회적인 부적응을 보인다.	0	1	2
	□ 쉽게 흥분하고, 생각 없이 충동적으로 행동한다. 고함을 치거나 갑작스럽게 화를 낸다. □ 집, 학교 등에서 말을 안 듣고 규칙을 따르지 않거나 어른에게 대든다. □ 자신이나 다른 사람의 물건을 부순다. □ 신체적·언어적으로 다른 사람을 괴롭히거나 공격하고, 자주 싸운다. □ 거짓말을 하거나 남을 잘 속인다. □ 남의 물건을 훔친다. □ 가출이나 무단결석을 한다. □ 술을 마시거나, 담배를 피우거나, 약물을 반복적으로 사용한다. □ 또래와 잘 어울리지 못하고 겉돌거나 따돌림을 당한다. □ 인터넷이나 스마트폰을 이용한 게임에 몰입하여 일상생활에 지장이 있다. □ 비행청소년들과 함께 어울린다('일진'에 가입하여 활동하는 경우 등)			
	소견: 소견자:			
	• 주의력결핍 과잉행동장애(ADHD), 반항성 장애, 품행장애 등으로 의심되거나 진단받은 경우, 본 문항에 체크함			

[그림 10-2] 드림스타트 취학아동 발달 사정도구 양식

출처: 보건복지부(2017).

4. 아동 사례관리를 위한 법과 제도

아동에 대한 지원제도는 그간 아동학대에 대응하기 위한 다양한 대책에도 불구하고 아동학대가 줄어들지 않고 있는 상황을 무겁게 받아들여, 아동학대를 예방하고 아동보호체계를 강화하기 위한 대책을 마련하기 위해 개정된 「아동복지법」(2021. 3. 30. 시행)을 중심으로 살펴보았다.

1) 아동에 대한 지원 목적

아동이 건강하게 출생하여 행복하고 안전하게 자랄 수 있도록 아동의 복지를 보장하는 데 있다(제1조).

2) 아동에 대한 국가 및 지방자치단체의 책무

국가와 지방자치단체는 아동의 안전 · 건강 및 복지 증진을 위하여 아동과 그 보호자 및 가정을 지원하기 위한 정책과 보호대상아동 및 지원대상아동의 권익을 증진하기 위한 정책을 수립 · 시행하여야 한다. 장애아동의 권익을 보호하기 위하여 필요한 시책을 강구해야 하며 아동이 자신 또는 부모의 성별, 연령, 종교, 사회적 신분, 재산, 장애유무, 출생지역 또는 인종 등에 따른 어떠한 종류의 차별도 받지 아니하도록 필요한 시책을 강구하여야 한다. 또한 「아동의 권리에 관한 협약」에서 규정한 아동의 권리 및 복지 증진 등을 위하여 필요한 시책을 수립 · 시행하고, 이에 필요한 교육과 홍보를 하고 아동의 보호자가 아동을 행복하고 안전하게 양육하기 위하여 필요한 교육을 지원하여야 한다(제4조).

3) 아동에 대한 보호서비스

(1) 보호조치

시·도지사 또는 시장·군수·구청장은 그 관할 구역에서 보호대상아동을 발견하거나 보호자의 의뢰를 받은 때에는 아동의 최상의 이익을 위하여 보호조치를 하여야 한다. ① 전담공무원, 민간전문인력 또는 아동위원에게 보호대상아동 또는 그 보호자에 대한 상담·지도를 수행하게 하는 것, ②「민법」 제777조 제1호 및 제2호에 따른 친족에 해당하는 사람의 가정에서 보호·양육할 수 있도록 조치를 하게 하는 것, ③ 보호대상아동을 적합한 유형의 가정에 위탁하여 보호·양육할 수 있도록 조치하는 것, ④ 보호대상아동을 그 보호조치에 적합한 아동복지시설에 입소시키는 것, ⑤ 약물 및 알코올 중독, 정서·행동·발달 장애, 성폭력·아동학대 피해 등으로 특수한 치료나 요양 등의 보호를 필요로 하는 아동을 전문치료기관 또는 요양소에 입원 또는 입소시키는 것, ⑥「입양특례법」에 따른 필요한 조치를 하는 등 보호조치를 해야 한다(제15조).

(2) 아동복지 자료와 정보 효율적 통합관리

보호아동을 효과적으로 지원하기 위하여「사회보장기본법」 제37조 제2항에 따라 설치된 사회서비스정보시스템을 연계·활용하여 아동통합정보시스템을 구축·운영하도록 규정하여야 하며(제15조의 2), 보호가 필요한 아동을 발견하고 양육환경을 개선할 수 있도록 지원하기 위하여「사회보장기본법」에 따른 사회보장정보시스템을 통하여 아동보호 사각지대를 발굴하고 실태조사를 실시한다(제15조의 4).

(3) 보호대상아동의 퇴소조치

보호대상아동의 연령이 18세에 달하였거나, 보호 목적이 달성되었다고 인정되면, 해당 시·도지사, 시장·군수·구청장은 대통령령으로 정하는 절차와 방법에 따라 그 보호 중인 아동의 보호조치를 종료하거나 해당 시설에서 퇴소시켜야 한다. 다만 보호대상아동이 복귀하는 가정에 거주하는 아동학대행위자가 대통령령으로 정하는 상담·교육·심리적 치료 등에 참여하지 아니한 경우에는 복귀시킬 수 없다. 만약 보호 조치 중인 아동이 대학 이하의 교육에 재학 중이거나 직업 관련 교육·훈련을 받고 있을 경우, 해당 아동을 계속하여 보호·양육할 필요가 있을 경우 아동의 보호기간을 연장할 수 있다(제16조).

(4) 보호대상아동의 사후관리

시 · 도지사 또는 시장·군수·구청장은 전담공무원 등 관계 공무원 및 민간전문인력으로 하여금 보호조치의 종료로 가정으로 복귀한 보호대상아동의 가정을 방문하여 해당 아동의 복지 증진을 위하여 필요한 지도·관리를 제공하게 하여야 한다(제16조의 2).

4) 아동학대 예방 및 방지

(1) 아동학대의 예방과 방지 의무

국가와 지방자치단체는 아동학대의 예방과 방지를 위하여 ① 각종 정책의 수립 및 시행, ② 연구·교육·홍보 및 아동학대 실태조사, ③ 신고체제의 구축·운영, ④ 피해아동의 보호와 치료 및 피해아동의 가정에 대한 지원, ⑤ 그 밖에 대통령령으로 정하는 예방과 방지를 위한 사항으로 긴급전화 설치, 아동학대 신고접수, 현장조사 및 응급보호, 피해아동, 피해아동의 가족 및 아동학대행위자에 대한 상담·조사, 그리고 아동학대전담공무원을 두어 아동학대예방사업의 활성화를 위한 업무를 수행하도록 한다(제22조).

(2) 학대예방 및 지원

국가와 지방자치단체는 아동학대의 조기발견 체계 및 아동보호전문기관 등 관련 기관과의 연계체계를 구축하고, 학대피해 학생들이 유치원 또는 학교에 안정적으로 적응할 수 있도록 지원하여야 한다. 교육부 장관 또는 교육감은 아동학대의 조기발견과 신속한 보호조치를 위하여 장기결석 학생 등의 정보 등을 보건복지부 장관과 공유하여야 한다(제22조의 2).

국가기관과 지방자치 및 공공단체의 장은 아동학대의 예방과 방지를 위하여 교육을 연 1회 이상 실시하여야 한다(제26조의 2). 시·도지사, 시장·군수·보장원의 장 또는 아동보호전문기관의 장은 아동학대행위자에 대하여 상담·교육 및 심리적 치료 등 필요시 지원을 제공하여야 하며, 이 경우 아동학대행위자는 상담·교육 및 심리적 치료 등에 성실히 참여하여야 한다(제29조의 2).

생 | 각 | 해 | 보 | 기

1. 아동 사례관리에서 가족중심 실천의 중요성과 어려움에 대해 토론해 보자.
2. 아동의 발달단계와 부모의 양육태도를 연계하여 개입한 사례에 대해 토론해 보자.
3. 아동 사례관리의 정성적 평가는 어떻게 측정될 수 있을지 토론해 보자.

참 | 고 | 문 | 헌

강명순(2008). (빈곤아동 · 가족과 함께하는) 찾아가는 사례관리. 서울: 학지사.

김미숙, 우국희, 양소남, 이주연, 이정현(2011), 선진국의 아동사례관리체계 비교연구: 영국, 미국, 뉴질랜드를 중심으로. 연구보고서 2011-16-1.

김미영(2015). 에릭슨의 심리사회 발달적 인간 고찰. 한국사회복지경영연구, 2(2), 27-42.

김상곤(2010). 아동 · 청소년 복지분야 사례관리의 현황과 발전 방안. 사례관리연구, 1(1), 47-80.

김선숙, 유민상(2013). 지역아동센터의 사례관리가 아동방임 감소에 미치는 효과. 학교사회복지, 24, 181-195.

박은미, 정익중(2012). 사례관리의 이해: 영유아 보육과 사회복지의 통합적 접근. 서울: 박영사.

보건복지부(2017). 드림스타트 사업안내.

오정수, 정익중(2017). 아동복지론(3판). 서울: 학지사.

윤매자, 신혜경, 주정현(2017). 아동복지론. 경기: 양서원.

정은희, 최새은, 이상균, 하태정(2013). 우리나라 아동빈곤의 특성. 한국보건사회연구원.

한국보건사회연구원(2014). 2014 빈곤통계연보. 한국보건사회연구원.

Newman, B., & Newman, P, R. (1987). *Development through life a psychosocial Approach*. IL: Dorsey press.

Pecora, P. J., Whittaker, J. K., Maluccio, A. N., Barth, R. P., & Plotnick, R. D. (1997). *The child welfare challenge: policy, practice, and reserch*. NY: Aldinede Gruyten.

Percy-Smith, B., & Thomas, N. (2010). *A handbook of children any young people's participation*. London and New York: Routledge.

Summers, N. (2006). *Fundamentals of case management practice: skills for ther human srvices* (2nd ed.). CA: Thomson.

Werner, E. E., & Smith, R. S. (2001). *Journey from childhood to midlife: Risk, Resiliency, and Recovery*. New York: Cornell University Press.

아동권리보장원 http://www.icareinfo.go.kr

제11장

청소년 사례관리

1. 청소년의 특성과 사례관리의 필요성
2. 청소년 사례관리 실천유형
3. 과정별 청소년 사례관리의 실제
4. 청소년 사례관리를 위한 법과 제도

들어가기

「청소년 기본법」에서는 9세 이상 24세 이하를 청소년으로 정의하지만, 「아동복지법」에서는 18세 미만의 자를 아동으로 정의하고 있어 복지체계 내에서 아동과 청소년을 구분하는 것은 쉽지 않다. 사회복지 현장에서도 아동·청소년을 구분하지 않고 동일 대상으로 간주하여 사례관리를 다루어 왔다. 청소년은 아동과는 다른 특성과 욕구가 있으며, 사회복지 현장에서 대하기 까다로운 대상자 중 하나이므로, 이 장에서는 아동과 구분하여 청소년 사례관리를 살펴보고자 한다. 청소년들은 사례관리자가 가까이 다가가면 너무 가까이 다가온다고 거부하고, 거리를 유지하면 역시 자신에게는 관심이 없을 줄 알았다며 돌아선다. 그러나 사례관리자와 신뢰관계를 형성하고 마음의 빗장을 풀고 나면, 이들이 어떤 대상보다 변화에 적극적으로 임하는 모습을 발견하게 된다.

최근 급격한 사회문화의 변화로 우리 사회는 위기심화 현상이 가속화되고 있다. 가정이 해체되면서 보호의 기능을 하지 못해 가족으로부터 이탈한 청소년이 늘어나며, 학교부적응과 품행 문제로 학교를 중도 탈락하는 청소년이 증가하고 있다. 청소년의 일차 안전망인 가정과 학교의 기능이 약화되면서 청소년들은 위험에 노출된 채 온몸으로 어려움을 겪고 있다. 청소년의 문제행동과 관련하여 청소년뿐 아니라 가족들도 심각한 후유증을 겪을 수 있으며, 도움이 필요한 청소년의 일부는 적절한 서비스를 받지 못하여 더 큰 문제상황으로 진입되기도 한다. 위기청소년을 위한 정책이 제정되고, 지원서비스가 다양한 부처에서 실시되고 있으나 큰 연계망 안에서 유기적으로 연계되지 못하고 있는 실정이다.

따라서 이 장에서는 청소년의 특성과 사례관리의 필요성을 확인하고, 청소년 사례관리를 위한 실천전략을 제시하였다. 사례관리 과정에 근거한 청소년 사례를 구체적으로 다루면서 과정별 팁을 제시하였으며, 청소년을 대상으로 사례관리자가 활용할 수 있는 법과 정책을 제시하였다.

1. 청소년의 특성과 사례관리의 필요성

1) 청소년의 특성

청소년기는 아동기의 미숙함에서 성인기의 성숙함으로 진행되는 전환적인 시기이며 생애주기에서 아동기나 성인기와 구분되는 독특한 특성을 가진다. 청소년의 특성을 이해하기 위한 대표적인 접근으로는 신체적 성장과정이나 성적 성숙을 보는 생물학적 접근, 사고방식의 질적·양적 변화를 보는 인지적 접근, 사회관계의 변화를 보는 심리사회적 접근을 들 수 있다(정영숙, 신민섭, 설인자 공역, 2004; Steinberg, 2011). 사춘기(puberty)는 성적 성숙으로 생산기능을 수행할 수 있다는 신체적 개념이지만, 청소년기는 사회문화적 개념으로 인생발달을 언급하는 일반적인 용어이므로 사춘기와 청소년기는 구분되어야 한다. 생애주기의 아동기나 성인기와는 다른 청소년기에 일어나는 변화의 관점에서 청소년의 특성을 살펴보면 다음과 같다.

첫째, 청소년기에는 신장과 체중이 급격히 성장하고 성적 변화 등 신체적 변화를 경험한다. 신체적 변화가 급격히 일어나는 청소년기에 신체상이 왜곡되기 쉽고, 신체상은 심리적·사회적 변화를 동반하기도 한다(정규석, 김영미, 김지연, 2013). 청소년들은 급격한 신체발달로 인해 자신의 변화가 정상적인지 염려하고, 신체상에 대해서 과민하게 반응하기도 한다.

둘째, 청소년기는 사춘기와 더불어 시작되는 뇌의 변화 때문에 청소년기의 특징적인 인지·행동 패턴이 생긴다(Dahl, 2004). 급격한 신체적 성장으로 몸은 성인이지만 뇌는 지속적으로 변화의 과정 속에 있으므로 질풍노도의 행동 특징을 보인다. 즉, 미리 결과를 예측하고 감정적 충동과 욕구를 조절하는 전전두엽은 상대적으로 천천히 발달하고, 즉각적이고 강렬한 감정을 처리하는 편도체(amygdala)는 급속하게 발달한다(Somerville, Jones, & Casey 2010). 이러한 뇌의 발달과정으로 인해 청소년은 미래 지향적 사고가 부족하여 눈앞의 결과에 관심을 두며, 무분별한 결정을 하고 위험한 행동을 하며 충동 조절이 잘 안될 뿐 아니라 슬픔이나 불안, 근심, 죄의식, 긴장 등 부정적 감정의 영향을 많이 받는다. 또한 자신의 감정상태를 명확하게 파악하지 못하고, 두려움을 분노로 인식하여 표출한다(Eaton et al., 2008; Somerville et al., 2010).

셋째, 심리 · 사회적 변화를 동반한다. 청소년기는 아동에서 성인의 지위를 갖게 되는 전환기에 있으므로 사회적 역할과 지위에서의 변화를 경험한다. 예를 들면, 이전에는 허용되지 않았던 장소에 출입이 허가되거나 아르바이트와 같이 이전에는 할 수 없었던 활동을 하도록 허가된다(이미리 외, 2014). 수직적 관계인 부모로부터 벗어나 수평적인 또래관계를 확장하면서 부모와 거리감이 생기거나 갈등이 증가하며, 심리적으로는 매우 불안정하고 자신이 누구인지에 대한 답을 찾기 위해 고민과 방황을 한다.

부모의 제약으로부터 벗어나 자신의 판단과 책임에 따른 독립된 행동을 하길 원하고 부모의 관여에 대해 부담스러워하지만, 다른 한편으로 청소년은 독립된 행동에 따르는 책임감이나 경제적 능력이 갖추어져 있지 않기 때문에 부모에게 의존하고 싶어 하는 심리를 가지고 있다. 부모와의 가족적 유대보다는 친구 의존도가 높은 청소년은 또래집단에서의 역할과 책임, 소속 등을 중요하게 여기는데, 이러한 특성은 집단의 규칙이나 규율을 또래집단에 적용하고 실험하면서 유대감을 공유하기도 하지만 갈등을 빚는 원인이 되기도 한다.

2) 청소년 사례관리의 필요성

첫째, 청소년은 발달상 위기를 경험하는 전환기에 있기 때문에 사례관리가 필요하다. 아동기에서 청소년기로 전환하는 시기는 신체적 · 정서적 변화를 받아들여야 하는 중요한 시기인데, 청소년은 신체적으로는 성인의 모습을 갖추었으나 심리적으로는 여전히 의존적이므로 위기 상황에서 드러내 놓고 힘들다고 표현하지 못하고 부적절한 방법으로 해소한다. 청소년들은 성인보다 더 강도 높은 정서를 경험하지만, 직접적 표출을 억제 또는 폭발하면서 상당한 심리적 고통을 경험하기도 한다.

따라서 청소년에게는 문제해결 능력이 부족하다고 충고나 조언을 서둘러 제시하기보다는 충분한 공감과 신뢰를 통해 안전한 관계를 형성하고, 대안적인 사고와 감정 · 행동을 확립하고 지속할 수 있도록 도와야 한다. 즉, 눌려 있던 부정적 감정을 안전하게 털어 낸 후에 상황을 조망하고 심리내적인 힘을 키울 수 있도록 지원하는 사례관리 개입이 필요하다. 사례관리자는 의뢰된 청소년의 문제행동이나 증상에만 초점을 맞추기보다 청소년의 발달과정을 점검하고 그 변화를 어떻게 경험하고 수용했는지 살펴보면서 청소년을 이해하고 다가가야 할 것이다.

둘째, 위기가 심각할수록 청소년은 다양한 환경으로부터 부정적인 영향에 노출되므로 체계적이고 통합적으로 개입하는 사례관리가 필요하다. 위기를 경험하는 청소년들은 고정된 상태가 아니라 상황의 변화에 따라 그 위기 정도가 더해지는 연속선상에 있다. 부모 혹은 보호자의 보호를 받지 못하는 청소년, 부모로부터 이탈된 청소년들이 더 이상 위기 상황으로 가지 않도록 이들을 적극 발굴하고, 사례관리를 통해 지역사회의 다양한 기관들이 연계하여 효율적으로 서비스를 제공한다면 청소년은 안전하게 성장할 수 있을 것이다.

셋째, 청소년은 변화의 가능성이 많기 때문에 사례관리가 필요하다. 복합적인 어려움을 가진 청소년들이 충동적인 모습으로 주변을 놀라게 하지만, 다양한 자원 연계를 통해 결핍이 충족되고, 달라져야겠다는 동기가 생기면 청소년은 어떤 대상보다 자율적으로 변화를 일으키는 대상이기도 하다. 그 변화를 지속적으로 지켜보고 지원해 줄 수 있는 체계가 사례관리이다. 김용득(2014)의 정의처럼 사례관리는 역량강화 접근을 통해 내적 자원을 강화하고, 연계 등의 활동을 통해 외적 자원을 증가시키고, 동시에 깊이 있는 면접과 상담을 통해 내적 장애요소를 완화시키고, 권리 옹호 등의 활동을 통해 외적 장애 제거를 목적으로 하는 보호적 활동이기 때문이다.

2. 청소년 사례관리 실천유형

우리나라 아동 · 청소년을 대상으로 사례관리를 도입하고 있는 기관은 매우 다양하다. 아동보호전문기관, 가정위탁지원센터, 지역아동센터, 청소년상담복지센터 등 다양한 현장에서의 사례관리 경험과 스타트(start)사업, 우리아이 희망네트워크, 시소와 그네, 지역아동센터 사례관리자 파견 사업, 굿네이버스와 초록어린이재단 등 아동 사회복지재단의 사례관리 사업 등이 대표적인 예이다(한국사례관리학회, 2016). 제10장의 아동 사례관리 실천유형에서 교육복지우선지원사업의 사례관리, 드림스타트 사례관리, 우리아이 희망네트워크 사례관리, 지역아동센터 사례관리에 대해 설명하였으므로, 이 장에서는 현장에서 많이 만나는 청소년의 유형과 이들을 위한 효과적인 사례관리 전략을 제시하고자 한다.

1) 청소년 사례관리 실천유형

일반적으로 사례관리가 요청되는 대상은 비행, 학업중단, 인터넷중독, 부모의 폭력과 학대, 지적장애로 인한 적응문제, 가족과의 갈등 또는 앞서 열거한 두 가지 이상의 문제를 겪고 있는 위기청소년이다. 비행청소년의 경우, 개인을 둘러싸고 있는 가족, 친구, 학교, 지역사회의 요인에 영향을 받고 있으므로 가족과 지역사회의 개입을 활용하는 사례관리가 적극적으로 요청되고 있다. 특히 비행자녀를 둔 가족 중에는 부모가 어린 시절에 원가족으로부터 돌봄을 받지 못하거나 학대경험을 가지고 있어 다음 세대에 반복하는 경우가 많다. 자녀의 잦은 문제행동으로 학교와 경찰서 등 관공서를 방문하면서 부모는 자녀에게 더욱 화가 나고 수용하기 힘들어하기도 한다. 문제의 지속기간이 오래되고 부모가 자녀를 통제할 수 없다고 생각될 때 의뢰되는 경우가 많다. 따라서 사례관리자는 청소년에 대한 개입을 하는 것뿐 아니라 자녀의 변화를 일으킬 수 있는 부모를 행동체계로 바라보고 이들의 고통과 애써 왔던 시간에 대해서 지지하며 접근하는 것이 필요하다.

현장의 많은 사례관리자들은 지적장애를 가진 청소년 개입에 대해서도 어려워한다. 지적장애로 인한 주변의 편견과 부정적인 반응으로 누적된 불편감과 청소년기의 충동성이 한꺼번에 터져 나오기 때문에 지적장애 청소년에 대한 개입은 쉽지 않은 일이다. 지적장애 청소년은 기질적인 특성뿐 아니라 환경적 변화에 영향을 받으므로, 지적장애 청소년의 특성을 이해하고 주변의 자원을 적극적으로 활용한다면 보다 효과적인 사례관리를 운영할 수 있을 것이다. 지적장애 청소년은 변화하는 상황에 적응하는 것을 어려워하므로, 일과표를 작성하여 사전에 충분히 설명하고, 약속된 순서대로 생활할 수 있도록 도와야 한다. 이때 문자나 그림을 활용하며, 길지 않은 두세 마디 단어를 사용하도록 한다. 반복적인 학습이 중요하며 좋은 점을 많이 부각시키고, 부탁하는 자세로 접근하는 등 보다 세심한 사례관리자의 태도가 요청된다.

2) 청소년 사례관리 실천전략

첫째, 청소년의 문제행동 이면의 기능과 의미를 파악해야 한다. 청소년은 발달단계의 특성상 의존하는 것에 대해 두려움이 많은 편이다. 견디기 힘든 고통 속에 처해 있을지라도 타인에게 도움을 요청하는 것을 힘들어할 뿐 아니라 무척 수치스러워한다. 이것이 어려움을 겪는 청소년들이 초기에 발견되지 못하고 폭력이나 자해 등 심각한 문제에 노출된 이후에야 알려지는 이유이기도 하다. 이를 위해 청소년이 왜 지금 이렇게 행동할 수밖에 없는지를 점검하고, 현재의 문제행동이 발생하게 된 환경적 요인과 내적 요인 등 배경에도 관심을 가져야 한다. 청소년의 문제행동을 범주화된 문제유형에 끼워 맞추기보다는 각각의 대상자를 개별화하여 접근하는 것이 필요하다.

둘째, 청소년과의 라포형성에 정성을 들여야 한다. 사례관리 초기과정에서 라포형성은 중요하다. 부모 또는 교사 등 주변 사람에 의해 의뢰되는 청소년은 사례관리에 비자발적이며 동기가 부족하므로 라포형성에 더욱 정성을 들여야 한다. 부모 또는 보호자가 보는 문제와 청소년이 보는 문제가 서로 다르거나, 청소년 스스로가 변화의 필요성을 느끼지 못할 경우에는 개입을 강하게 거부하며, 면담에 비협조적인 태도를 보이는데, "몰라요." "그냥요."와 같은 대답을 하거나 침묵으로 저항한다. 이때 사례관리자는 청소년이 정말 모르고 했을 수 있으며, 정말 그냥 했을 가능성을 열어 두고, 사례관리자를 곤경에 빠뜨리기 위해 공격하는 태도가 아님을 기억해야 한다. 무조건 도와주겠다는 마음으로 청소년에게 접근하는 것은 오히려 청소년과의 관계형성을 해칠 수 있으므로 세심한 주의가 요청된다. 무엇보다 청소년이 충분히 존중받고 수용받는 경험을 제공해야 한다.

청소년 사례관리에서 대상자와 관계를 잘 형성하고 유지하는 과정은 사례관리의 성공 여부를 판가름할 수 있다. 사례관리자는 사례관리자의 역할에 대해 올바르게 이해시키고, 청소년 대상자에게 특별한 성인친구로 다가갈 수 있어야 한다. 좋은 관계를 형성하기 위해 사례관리자는 청소년이 지금까지 경험한 인간관계와는 다른 경험을 할 수 있도록 접근해야 한다.

셋째, 강점관점으로 접근한다. 강점관점은 모든 대상자가 자신의 욕구를 충족하기 위한 한 가지 이상의 강점을 가지고 있으며, 이러한 강점은 대상자 체계의 변화과정을 발생시키고 에너지를 부여하고 지속시키는 자원임을 강조하였다(Saleeby, 2006). 청소년의 외모에 대한 인상이나 그들이 좋아하는 음악, 애니메이션 등에 대해 함께 이야기를 나눈다면 좀 더 빨리 가까워질 수 있다. 청소년들이 속마음을 먼저 드러내는 것은 매우 쑥스러운 일이므로 시간을 가지고 기다려 준다면 그 신뢰를 바탕으로 용기를 낼 수 있을 것이다.

청소년과 그의 가족이 가지고 있는 강점은 특성/덕목, 재능, 자긍심, 사회적 지지와 커뮤니티 등 매우 다양한 차원에서 발견할 수 있는데, 강점의 요소와 강점을 사정하기 위한 질문을 연결하면 <표 11-1>과 같다.

넷째, 청소년 가족의 역동을 이해한다. 청소년이 겪는 문제는 가족의 역동과 연관되어 있다. 자녀의 잦은 문제행동으로 지친 부모 입장에서는 더 이상 자녀를 수용하는 것이 힘들다고 자녀에게 화를 내고 있지만, 내면적으로는 자녀에게 품고 있는 기대와 신뢰가 채워지지 않은 마음이 분노로 표현되는

표 11-1 개인적 강점의 요소와 사정 방법

차원	강점의 요소	강점 사정 질문
특성/덕목	• 특성: 자아개념, 동기, 용모, 대처능력, 호기심 등 • 덕목: 인내심, 생활력, 영성 또는 믿음, 창의력, 유머, 신뢰, 관용 등 • 기술: 대인관계 기술, 문제해결 기술, 의사결정 기술 등	• 생존 질문: 역경을 견딜 수 있었던 힘은 무엇이었나요? 역경을 통해서 터득한 삶의 지혜나 교훈은 무엇인가요?
재능	• 잘하는 것, 좋아하는 것, 즐겁게 하는 것, 열심히 하는 것 등	• 가능성 질문: 지금 원하는 것은 무엇인가요? 당신의 특별한 재능과 능력은 무엇인가요?
자긍심	• 이전 삶의 성공, 현재 삶의 성공, 교육적 성공, 직장에서의 성공 등	• 자긍심 질문: 사람들이 당신의 장점을 말할 때 주로 뭐라고 말하나요? • 당신에게 자부심을 주는 것으로는 무엇이 있나요?
사회적 지지와 커뮤니티	• 공식적·비공식적 지원망 • 소속되어 있는 커뮤니티	• 지지 질문: 특별한 지원을 해 주고 있는 사람이나 기관으로는 어떤 곳이 있나요?

출처: 한국사례관리학회(2016: 165).

경우도 많다. 또는 부모가 어린 시절에 원가족으로부터 돌봄을 받지 못했거나 상당한 거부와 학대를 받은 경험을 가지고 있을 경우, 원가족에서의 경험을 다음 세대에 반복하게 되는 경우도 있다. 어린 시절에 겪었던 불행한 경험으로 인해 통제하기 어려운 자녀에게는 무기력한 태도를 보이기도 한다. 이처럼 청소년은 가정환경으로부터 지배적인 영향을 받고 있다.

따라서 청소년 사례관리에서는 청소년이 주 사례관리 대상자일지라도 청소년뿐 아니라 그들의 가족 전체를 대상으로 개입해야 함을 기억해야 한다. 부모와 가족이 그동안 청소년에게 미쳤던 영향은 무엇이며, 청소년이 직면한 위기 상황에 어떻게 대처했는지, 그 문제를 어떻게 인식하고 있는지 등을 파악해야 한다. 그 위기 상황에서 부모를 어려움에 노출된 또 다른 대상자로 이해하는 것도 필요하다.

한편, 내면적으로는 부모 자신이 겪고 있는 어려움을 숨기고 표면적으로 자녀의 문제를 해결해 달라고 요청하는 가족이 있을 수 있다. 사례관리자는 사례관리 대상자 가족의 욕구와 바람을 사정하면서 어디에 먼저 초점을 두어야 하는지를 구체적으로 파악해야 한다. 아동기뿐 아니라 청소년기에도 부모의 역할은 매우 중요하기 때문에 청소년의 문제로 의뢰될지라도 가족 구성원 각자가 지닌 욕구와 문제를 파악하는 과정은 필요하다. 만약 가정이 청소년에게 안전망이 되어 주지 못할 경우에는 지역사회의 다양한 연계기관과 자원목록을 구비하여 필요한 서비스를 제공하여 청소년의 욕구가 충족되고 건강하게 성장할 수 있도록 도와야 한다.

다섯째, 청소년의 욕구에 부합하는 지역사회의 다양한 연계기관과 자원목록을 확보한다. 사례관리자는 발달과정에 있는 청소년의 욕구에 부합하는 지역사회의 다양한 연계기관과 자원목록을 갖추고 있어야 한다. 청소년에게 다양하고 통합적인 연계서비스를 제공하고 맞춤형 서비스를 제공하기 위해서는 청소년과 관련된 법과 기관 등을 파악하여 목록을 갖추도록 한다. 보건복지부에서는 건강복지센터, 지역아동센터와 드림스타트센터 등을 통해 아동 · 청소년의 발달 및 건강을 위한 개입서비스를 제공하고 있다. 여성가족부에서는 청소년상담복지센터, 청소년쉼터, 학교 밖 청소년을 위한 꿈드림, 원스톱지원센터, 해바라기센터, 건강가정지원센터, 다문화가족지원센터 등의 운영을 통해 아동·청소년을 지원하고 있으며, 교육부에서는 Wee프로젝트와 교육복지사업을 운영하여 아동·청소년의 안전망 역할을 뒷받침하고 있다. 2021년 현재 청소년을 위한 아동·청소년 대상의 공식 지원체계 현황은 [그림 11-1]과 같으며, 지원체계의 구체적인 서비스 내용은 <표 11-2>와 같다.

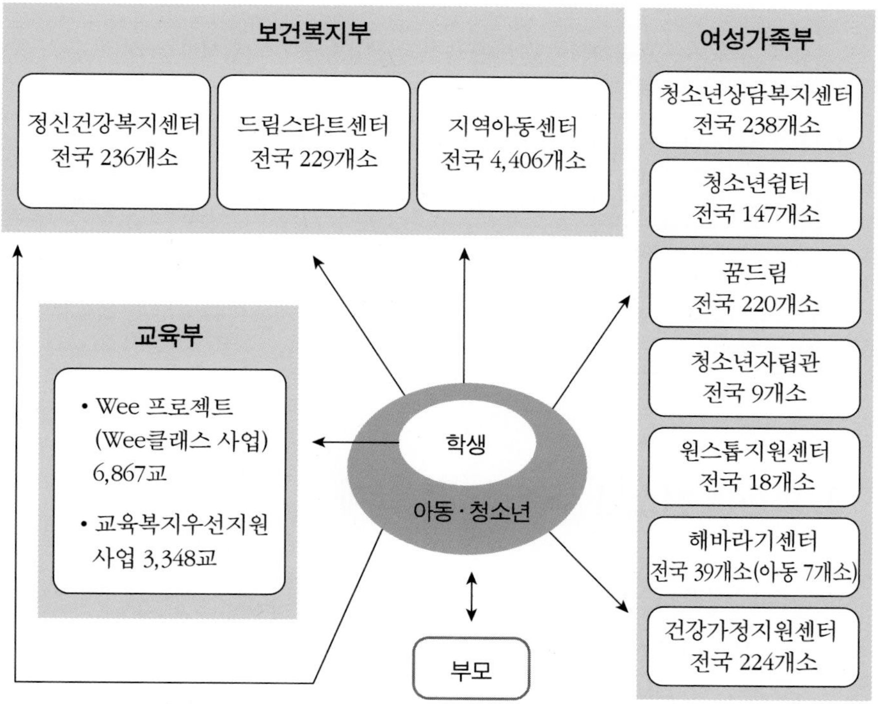

[그림 11-1] 아동·청소년 공식 지원체계

표 11-2 아동·청소년 공식 지원체계

구분	지원내용
청소년상담 복지센터	위기청소년의 상담 및 복지지원(CYS-Net): 긴급구조, 개인상담, 집단상담, 심리검사, 인터넷중독 예방사업
꿈드림	학교 밖 청소년의 학업복귀, 사회진입 지원
청소년쉼터	가출하였거나 가출상황에 처한 위기 청소년들의 안전한 보호 및 개입
지역아동센터	빈곤 아동·청소년의 돌봄 및 교육
건강가정지원센터	가정문제의 예방·상담 및 치료
다문화가족 지원센터	다문화가족을 위한 방문교육사업, 통·번역 서비스, 상담 및 사례관리
정신건강복지센터	정신건강 고위험군 발굴, 심층사정평가 실시 후 상담, 치료연계
해바라기센터	성폭력 피해자 아동을 대상으로 의료와 심리지원, 수사, 법률지원
원스톱지원센터	학교폭력이나 자살위기, 성폭력 등 위기 상황에 처한 아동·청소년을 대상으로 상담과 의료, 법률 및 수사를 원스톱으로 지원
Wee클래스	아동·청소년의 상담, 안전망 역할

3. 과정별 청소년 사례관리의 실제

다음은 사례관리 실천과정을 적용하여 개입한 청소년 사례이다. 지역사회에서 사회복지사들이 자주 접하게 되는 사례를 가상으로 구성하였으며, 각 개입과정에서 필요한 개입전략과 팁을 제시하였다.

사례

청소년 C는 고등학교 1학년에 재학 중인 남학생이다. C는 빈번한 가출과 절도, 기물파손 등의 경험이 있다. 가출한 상태에서 중학생의 돈을 뺏앗으려 했는데, 중학생이 가지고 있는 돈이 없다는 것을 확인하고는 화가 풀릴 때까지 피해자를 때린 일로 경찰에 신고되었다. 경찰에서는 C의 상황을 파악하고 C를 희망복지지원단으로 의뢰하였다.

C는 현재 다세대 주택에 살고 있다. C의 부는 일용근로활동을 하면서 생계유지를 해 왔으나 3년 전 뇌경색 진단을 받아 약물을 복용하면서 집에서 쉬고 있다. 경제활동을 하지 못하는 남편을 대신하여 C의 모는 휴대전화 조립 관련 일을 하면서 돈을 벌고 있다. C의 남동생은 초등학교 6학년이며, 지적장애 3급이다. C의 부는 술을 자주 마시는 편이며, 술에 취하면 가족들에게 신세한탄을 하면서 폭언과 폭행을 자주 하는 편이다.

1) 초기단계

초기면접은 대상자가 현재 겪고 있는 어려움을 확인하여 사례관리 대상자에 대한 개입을 집중, 위기, 단순의뢰 사례관리 중 어느 방향으로 갈 것인지를 결정하는 단계이므로 중요하다.

이 사례의 경우, 청소년을 둘러싼 가족의 상황이 심각하고 다양한 자원이 필요하므로 집중사례관리로 선정하여 진행하기로 한다.

전반적인 사례관리 과정에 대하여 청소년 대상자가 이해할 수 있는 단어를 활용하여 설명하고 이해를 돕는다. 사례관리 과정은 욕구 사정을 통해 대상자 상황을 변화시키는 것을 목표로 하며 그에 따른 맞춤형 서비스를 제공하는 것임을 대상자에게 설명한다. 그리고 사례관리 과정에 참여하는 대상자의 권리와 의무에 대해 안내하여 수동적으로 도움을 받는 것이 아니라 적극적으로 참여하도록 한다. 사례관리에 참여하는 것이 안전하고 희망적인 과정임을 안내한다.

접수과정의 Tip

청소년 사례관리 접수단계에서 주의해야 할 점은 무엇인가?

- 청소년들과 특별한 성인친구가 되도록 하자. 청소년들은 감수성이 예민하여 누군가로부터 도움을 받는 것을 부정적으로 인식하거나 두려워한다. 주목받는 상황을 오히려 낙인받는 과정으로 경험하기도 한다. 이러한 특성을 고려하여 사례관리자는 청소년이 관심을 표현하는 분야에 대해 호기심을 가지고 청소년의 눈높이에서 접근하는 전략이 필요하다.

청소년과의 라포형성에서 사례관리자가 지녀야 할 태도는 무엇인가?

- 사례관리자는 청소년을 지지하고 신뢰성 있는 사람으로 여겨질 수 있도록 해야 한다. 청소년은 지나치게 노력하거나 보살피려는 사례관리자를 부담스러워할 수 있다.
- 사례관리자는 청소년이 체면을 지키면서도 자신의 문제에서 벗어날 수 있는 방도를 찾을 수 있도록 도와야 한다. 사례관리자의 말에서 변화에 대한 강요가 배제되어 있을 때, 청소년은 비로소 사례관리자의 말을 거부하지 않고 듣거나 관심을 갖게 된다(김영은 역, 2013).

비자발적인 청소년에 대해 개입하는 전략은 무엇인가?

- 비자발적으로 올 수밖에 없었던 상황에 대해 충분히 경청하고 공감한다. 부모 또는 선생님 등의 요청에 의해 억지로 올 수밖에 없었던 상황에 대해 사례관리자가 이해하고 있음을 알린다. 이에 따르는 청소년의 부정적 감정(예, 억울함과 짜증, 분노 등)을 사례관리자가 대신 읽어 주고 표현한다. 이러한 과정을 통해 청소년들은 사례관리자를 심리적으로 보다 가까운 사람으로 인식할 수 있다.

2) 사정단계

사정단계는 앞부분에서도 언급했듯이 대상자의 문제를 규명하고, 개인의 신체적·심리적 요소를 포함한 내부 체계에 대해 사정하며, 가계도와 생태도를 활용하여 가족체계와 환경체계를 사정하는 과정이다.

이를 위한 구체적인 과정으로, 첫째, 청소년의 현재 문제를 확인하고 현재 겪고 있는 어려움이 언제부터 시작되었으며 그 당시 대상자는 어떤 상황에 놓여 있었는지를 파악한다. 둘째, 대상자와의 면담, 관찰, 가계도 등을 활용하여 가족 구성원의 성격적 특징과 대상자와의 관계, 성장과정 등에 대하여 파악한다. 셋째, 청소년의 또래관계, 교사와의 관계, 성적 등 학교생활에 대하여 점검한다. 넷째, 청소년의 장점을 파악하고 문제상황에 적용할 수 있는지를 점검한다. 다섯째, 도움을 받을 수 있는 지역사회의 자원 등을 파악한다. 이러한 과정을 통해 청소년 대상자와 가족의 욕구, 선호 등을 파악한다.

(1) 현재 문제 확인 및 문제발생 배경

- 부가 술에 취한 상태에서 대상자에게 욕을 하며 나가라고 소리쳐서 바로 집을 나와 버렸음. 가출 중에 대상자는 너무 배가 고파서 식사를 하기 위해 중학생에게 돈을 빌리려고 했는데 돈이 없다는 것을 알게 되자 너무 서럽고 화가 나서 이성을 잃었음. 때린 것은 잘못했지만, 그 아이는 운이 없었을 뿐이라고 생각함.
- 언젠가부터 화가 나면 참기가 어려웠음. 화가 나면 자신도 모르게 주먹이 먼저 나감. 자신을 사람 취급하지 않는 아버지, 선생님 등 모두 마음에 들지 않는데, 친구들과 어울릴 때는 다 잊을 수가 있음.

(2) 가족사항

- 부(52세): 2남 1녀 중 장남. 일용근로활동을 하면서 생계유지를 하고 있었

으나, 최근 뇌경색을 진단받은 이후 일을 나가지 못하고 있음. 집에 있으면서 C에게 폭언과 폭행이 더욱 심해졌으며, 문제행동을 하는 C는 더 맞아야 정신을 차릴 거라고 생각함. 변화에 대한 의지가 전혀 없음.

- 모(49세): 남편이 질병으로 집에 있게 되면서, 휴대전화 조립 관련 일을 하고 있음. 남편이 뇌경색 진단을 받은 이후 더욱 날카로워졌다고 보고함. 남편을 무서워하며 눈치를 보는 편임. 왜소한 몸집에 우울한 모습임. 지적장애인 둘째 아들만으로도 많이 힘들다고 이야기하지만, 자녀들에게 좋은 부모가 되어야 한다는 의지가 있어 보임.
- 남동생(13세): 지적장애 3급. 학교에서 학습능력이 떨어지고 친구들과도 어울리지 못하는 모습을 보고 담임선생님의 권유로 병원에 다녀왔으며, 지적장애 등급을 받음.

(3) 학교생활 환경

- 중학교 때까지 학교성적이 중상위권을 유지하고 있었으나, 고등학교에 진학한 후에는 성적이 많이 떨어지면서 공부에 흥미를 잃었다고 함.
- 함께 어울리는 친구들이 많이 있으며, 자신이 전화하면 나와 줄 수 있는 친구가 20명도 넘는다고 자랑스럽게 이야기함. 속 이야기를 할 수 있는 친구가 있느냐는 질문에는 한동안 답을 하지 못하고 망설임.

(4) 대상자의 강점

- 아버지의 오랜 폭력에 노출되어 아버지에 대한 두려움과 분노로 가출과 비행을 반복하고 있지만, 학교에 출석했을 때는 학교생활을 잘하려는 의지가 있음.
- 학교 성적이 많이 떨어졌지만, 역사과목을 좋아함.
- 집에 있을 때에는 남동생을 잘 챙기고 돌보려 함.

(5) 대상자와 가족의 욕구 및 선호

- 대상자의 욕구 및 선호
  - 주관적 욕구: "부모님께서 그냥 저를 놔뒀으면 좋겠어요." "아버지가 폭력을 휘두르지 않았으면 좋겠어요."
  - 객관적 욕구: 가족 내 폭력으로부터 안전하게 지낼 수 있는 욕구와 부모로부터 존중받고 싶은 욕구가 높음.
- 부모
  - 주관적 욕구: "아이가 가출하지 않고 평범하게 학교에 다녔으면 좋겠어요." "남편 병으로 치료비가 과다 지출되고, 경제적인 부분이 너무 힘들어요." "둘째도 학교생활을 잘했으면 좋겠어요."
  - 객관적 욕구: 큰아들의 정상적인 학교생활에 대한 욕구가 있지만, 이에 반해 청소년 발달단계에 적합한 양육방식이 부족하여 가족관계의 회복이 필요함. 경제적인 안정에 대한 욕구가 있음.

사정한 내용을 사정양식에 정리하면 <표 11-3>과 같다.

표 11-3 사정양식을 활용한 사정

<table>
<tr><th colspan="2">호소문제</th><th>우선순위</th><th>욕구</th><th>강점/자원</th><th>장애물</th></tr>
<tr><td rowspan="3">청소년 대상자</td><td rowspan="2">부모님께서 그냥 저를 놔뒀으면 좋겠어요.</td><td rowspan="2">2</td><td>존중받고 싶은 욕구</td><td>• 개인 보호요인: 변화의지</td><td>자기-통제력 부족</td></tr>
<tr><td>부모와의 관계회복</td><td>• 표면적으로는 부인하지만 부모와 친밀해지길 원하는 마음</td><td>부모에 대한 미움과 분노</td></tr>
<tr><td>아버지가 폭력을 휘두르지 않았으면 좋겠어요.</td><td>1</td><td>안전에 대한 욕구</td><td>• 가족 보호요인: 모의 관심</td><td>부의 폭력행위</td></tr>
</table>

청소년 가족	아이가 가출하지 않고 평범하게 학교에 다녔으면 좋겠어요.	1	큰아이의 학교 출석률 높이기	• 학교 보호요인: 교사의 지지 • 학교생활 유지 의지	규칙을 지키는 힘 부족
			자녀와의 관계회복	• 자녀에 대한 관심 • 지역사회 부모교육 프로그램	어려운 경제형편으로 심리적 여유 부족
	둘째가 학교생활을 잘했으면 좋겠어요.	2	둘째 아이의 학교적응 향상	• 장애인 활동보조인 연계 • 지역사회 기관 활용	복지 관련 정보 부족
환경/자원	경제적으로 너무 힘들어요.	1	경제적 지원	• 사례관리 참여의지 • 출석하고 있는 종교단체	복지 관련 정보 부족

사정의 Tip

부모와 청소년 대상자의 욕구가 다를 때는 어떻게 해야 하는가?

사례관리 대상자과 가족의 욕구(needs)와 바람(want)에 차이가 있을 경우, 사례관리자는 주 대상자로 선정된 청소년과 청소년을 의뢰한 부모 중 누구에게 초점을 맞추어야 할지 혼란스러울 수 있다. 두 대상자들이 표면적으로 요청하는 내용은 다르게 보일지 모르지만, 서로에게 좋은 부모-자녀이고 싶은 마음을 알아차리는 것이 필요하다. 이를 위해서 사례관리자는 대상자가 하고 싶은 이야기를 충분히 할 수 있도록 장을 펼쳐 주고 경청해야 한다. 각자의 상황을 충분히 공감하는 과정이 필요하다.
사례관리자는 청소년에게 심리적으로 밀착되어 부모를 비난하게 되는 경우도 있는데, 매우 조심해야 할 부분이다. 청소년 대상자의 변화를 위해서는 부모 또는 보호자를 적극적인 협조자로 끌어들여야 한다.

3) 계획단계

계획단계에서 사례관리자는 청소년의 참여 동기와 변화의 의지를 높이기 위해 청소년을 중심으로 청소년과 함께 목표를 설정한다. 청소년 사례관리에서 청소년을 둘러싼 부모와 환경에 대한 개입도 반드시 병행되어야 한다.

사례관리자는 청소년 사례에서 표면적으로 드러나는 '증상', 즉 문제행동에만 초점을 두고 문제행동의 제거를 계획으로 잡는 경우가 많다. 문제행동을 못하게 하는 것이 사례관리자의 역할이라는 생각 때문에 청소년의 행동을 통제하거나 설득하면서 초조해한다. 청소년의 문제행동이 일시적으로 잦아들었을지라도 다시 재현되면 사례관리자는 목표가 달성되지 못했다는 생각으로 좌절할 수 있다. 청소년 사례에 개입한다고 해서 문제행동이 마술처럼 사라지는 것은 아니다. 사례관리자는 청소년의 변화를 책임지려 하기보다는 변화를 위한 여건을 만들어 주는 것이 더 중요함을 기억해야 한다. 또한 문제행동의 빈도가 점차 잦아드는 것만으로도 변화의 시작임을 알아차려야 한다.

이 사례의 목표에 따른 서비스 계획은 〈표 11-4〉와 같이 대상자의 욕구에 근거하여 목표를 설정하고 필요한 서비스를 계획한다.

표 11-4 목표에 따른 서비스 계획

대상	욕구	목표	서비스 제공계획 및 진행
청소년	안전에 대한 욕구	부의 폭력으로부터 보호	• 부를 알코올중독센터에 연계 • 부의 폭력이 자신에게 미친 영향 이해
	존중받고 싶은 욕구	자아존중감 향상(가출과 폭력으로 얻게 된 것과 잃은 것 확인)	• 라포형성 • 심리상담 연계
	부모와의 관계 회복 욕구	부모와의 관계회복	• 부모와의 관계회복을 위한 좋은 시간 마련

부모	큰아들의 정상적 생활유지	학교 출석률 높이기	• 학교생활 모니터링 • 학교출석 도우미 자원 연계
		부모와의 관계회복	• 부모의 양육태도 점검 및 부모교육 • 청소년 비행의 의미에 대한 이해
	둘째 아들의 학교적응	학교생활 적응	• 학교 교육복지실을 통한 모니터링 • 청소년상담복지센터를 통해 놀이 치료 실시 • 장애인 활동보조인 연계
	경제적 지원	후원금품 지원으로 실제 생활의 어려움 지원	• 정기적인 후원금 지원(가구주 월 20만 원/장남 월 5만 원) • C 모의 근로활동 독려

4) 실행과 점검단계

실행단계에서는 실행했던 내용을 꼼꼼하게 기록하여 둔다. 기록 시 대상자의 동의를 구하며, 초점이 분명하고 간단명료하게 기록하여 효율성을 높인다. 기록을 통해 사례관리자의 지원 및 연계 활동의 내용과 개입 효과를 입증할 수 있으므로 서비스 중심으로 기록한다. 대상자의 의견을 기록하고, 만약 사례회의를 운영하였다면 회의과정에서 논의된 권고사항이나 슈퍼비전 내용 등을 과정 기록지에 기록하여 실행과 점검단계 과정에서 적용시킨다.

이 단계에서 사례관리자는 지속적인 점검과정을 가져야 한다. 한 번의 개입으로 청소년의 비행문제가 해결되는 것이 아님을 알고 있을 것이다. 개입해도 변화가 일어나지 않는 것에 대해 답답한 마음이 앞설 수도 있다. 그러나 청소년에게 있어 변화란 증상이 완전히 사라지는 것이 아니라 문제의 횟수가 서서히 잦아드는 것이기도 하다. 매일매일 일어났던 청소년의 문제행동이 사례관리 대상자로 선정되어 다양한 지원을 받으면서 일주일에 3~4회, 점차 일주일에 1번, 한 달에 1번 정도로 줄어들고 있다면 이러한 작은 변화에도 주목하여 변화된 모습을 격려하고 함께 기뻐해 주어야 한다. 자신의 행동을 통제할 수 있는 힘을 느끼면서 청소년은 점차 홀로서기를 준비할 수 있을 것이다. 규칙적인 만남에는 힘이 있다. 사례관리자는 청소년의 상황을 계속 지켜보면서 개입 실행에 대한 점검을 진행해야 한다.

다루기 어려운 청소년은 사례관리자들에게만 감당하기 힘든 것이 아니다. 청소년의 폭력성과 무관심 그리고 반항과 매일 씨름해야 하는 부모를 생각해 본다면, 그들의 부모를 상담할 때 세심한 주의와 민감성이 필요하다. 아주 심각한 상태에 있는 청소년의 부모를 돕는 과정에서 중요한 사항은 다음과 같다(김영은 역, 2013).

- 부모에게 변화가 가능하다는 믿음을 다시 불어넣어야 한다.
- 수개월에 걸쳐 자녀와 승강이를 벌이는 과정에서 퇴색해 버린 부모의 선의를 회복시켜야 한다.
- 부모의 손상된 권위를 회복시켜야 한다.
- 부모로 하여금 그들의 자녀가 도움을 요청하는 적절한 방법을 모를 수도 있다는 것을 이해시켜야 한다.
- 자녀의 훼방에도 불구하고 부모가 단호하고 효과적이면서도 애정이 담긴 자녀양육을 실행할 수 있도록 도와야 한다.

실행의 Tip

청소년 대상자의 변화를 위해 사례관리자는 언제까지 기다려야 하는가?

사례관리 과정에서 문제해결이 중요하므로 사례관리자는 대상자를 위해 빠른 결정을 내리고 싶고, 대상자도 빨리 결정해 주길 바라는 경우가 생긴다. 그럴수록 변화에 대한 조급함을 버리고 변화의 중심축에 서 있는 대상자의 입장을 충분히 공감해 주는 절대적 시간이 필요하다.

5) 종결 및 평가

종결단계에서는 초기 계획단계에서 청소년이 표현한 욕구가 충족되거나 호소했던 불편감이 해소될 경우 종결을 예상하고 이에 대해 논의해야 한다. 청소년의 목표와 변화 정도를 확인하기 위해서는 청소년의 개입과정에서 어떤 변화가 있었는지, 어떤 역할을 수행했는지 등에 대해 개방적으로 논의하고 피드백하는 시간을 갖는다. 이때 척도를 활용하여 사전·사후의 변화를 제시하거나 관찰한 변화에 대해 함께 논의할 수 있다. 생태도의 경우, 사례관리 초기의 지원체계와 종결단계에서 지원체계의 차이를 비교한다면 개입의 질과 지원과정을 이해하는 데 도움이 될 수 있다.

청소년의 변화를 강화하기 위해서 다음과 같은 개입을 할 수 있다(신혜종, 정수경 공역, 2007). 첫째, 청소년과 가족 구성원이 변화된 목록을 작성하고, 둘째, 사례관리를 통해 발생한 변화를 설명하고 청소년과 나누며, 셋째, 종결 후 청소년과 가족이 직면할 수 있는 위험요소를 탐색하여 처리할 수 있도록 돕는다. 넷째, 사례관리 중에 무엇이 도움이 되었으며 도움이 되지 않았는지에 대한 피드백을 끌어내며, 다섯째, 미래의 접촉을 위한 여지를 남겨 놓는다.

종결단계에서는 계획목표의 달성 정도를 다양한 방법, 즉 심리검사, 객관적 척도, 만족도 조사 등을 통하여 평가하고 그 효과성을 측정한다. 이 사례의 경우 성과평가는 <표 11-5>와 같이 진행한다.

표 11-5 사례관리 성과평가

	계획목표	평가내용	평가방법	평가시기
청소년	부의 폭력으로부터 보호	부의 알코올중독센터 연계	연계 여부	초기단계
		부의 폭력이 자신에게 미치는 영향 이해	사전·사후 그림검사	종결단계
	자아존중감 향상	심리상담 연계	자아존중감 척도	종결단계
	부모와의 관계회복	관계회복을 위한 노력	가족기능 척도	종결단계

가족	학교 출석률 높이기	학교생활 모니터링	출석률	점검단계 종결단계
	자녀와의 관계회복	부모의 양육태도 점검	양육효능감 척도	종결단계
		부모교육 실시	참석률	점검단계
	학교생활 적응	학교생활 모니터링 놀이치료 연계 장애인 활동보조인 연계	모니터링 보고 연계 여부	실행점검 단계
환경	경제적 지원	정기적 후원금 지원	지원 여부 만족도	점검단계

종결의 Tip

종결단계에서 주의해야 할 사항은 무엇인가?

종결 시에 '기쁘게 헤어지는 경험'을 청소년과 나누도록 한다. 즉, 종결은 사례관리의 끝이지만 인생에서 또다시 맞이하는 새로운 시작임을 알려 주며, 사례관리를 통해 변화된 본인의 모습을 누릴 수 있는 기회로 삼는 것이다. 청소년들은 헤어지는 과정을 늘 힘들게 기억하거나 겪어 왔을 가능성이 많다. 과정 전체를 점검하면서 청소년 대상자에게 발견한 강점과 새롭게 발현된 긍정적인 모습을 확인하고 되돌려 주어, 사례관리를 통해 본인이 성장한 모습을 수용할 수 있도록 돕는다.

조기종결의 문제는 어떻게 다루는가?

사례관리에 동의하고 2~3회기를 진행한 이후 대상자가 오지 않을 경우가 있다. 이런 경우에 사례관리자는, 첫째, 그동안의 면담 기록을 면밀히 검토하여 오지 않게 된 원인을 규명한다. 둘째, 사례관리를 계속 받을 수 있도록 안내하고, 이와 동시에 오지 않는 것도 대상자의 자유라는 것을 인식시켜 주는 것이 필요하다. 이 점을 전달하기 위해 이메일이나 편지를 활용할 수 있다. 만약 대상자의 호전, 상황 개선이나 성공가능성을 위한 방법이 없다면 종결을 고려한다(천성문, 이영순, 박명숙, 이동훈, 함경애, 2015).

4. 청소년 사례관리를 위한 법과 제도

청소년에 대한 지원제도를 「청소년복지 지원법」(2022. 4. 21. 시행)을 중심으로 살펴보면 다음과 같다.

1) 청소년에 대한 지원 목적

「청소년기본법」 제49조 제4항에 따라 청소년복지향상에 관한 사항을 규정함을 목적으로 한다(제1조).

2) 청소년 우대

국가 또는 지방자치단체는 그가 운영하는 수송시설 · 문화시설 · 여가시설 등을 청소년이 이용하는 경우 그 이용료를 면제하거나 할인할 수 있고(제3조), 특별자치시장 · 특별자치도지사 또는 시장 · 군수 · 구청장은 9세 이상 18세 이하의 청소년에게 청소년증을 발급할 수 있다(제4조).

청소년증

만 9세 이상 18세 이하 청소년 본인임을 확인하는 신분증(학생 여부와 무관)으로 비학생을 포함한 모든 청소년의 신분을 증명하고 차별 없이 청소년할인제도의 혜택을 받도록 하기 위한 증명서

3) 청소년 건강보장

국가 및 지방자치단체는 성별특성을 고려하여 청소년의 건강 증진 및 체력 향상을 위한 질병 예방, 건강 교육 등의 필요한 시책을 수립해야 하며, 보호자는 양육하는 청소년의 건강증진 및 체력 향상에 노력하여야 한다(제5조). 그리고 청소년의 체력검사와 건강진단을 실시할 수 있고(제6조) 건강진단 결과를 분석하여 청소년의 건강 증진을 위하여 필요한 시책을 수립·시행해야 한다(제7조).

4) 지역사회 청소년통합지원체계

지방자치단체의 장은 관할구역의 위기청소년을 조기에 발견하여 보호하고, 청소년복지 및 청소년보호를 효율적으로 수행하기 위하여 지방자치단체, 공공기관, 청소년단체 등이 협력하여 업무를 수행하는 지역사회 청소년통합지원체계(통합지원체계)를 구축·운영해야 한다(제9조). 그리고 국가 및 지

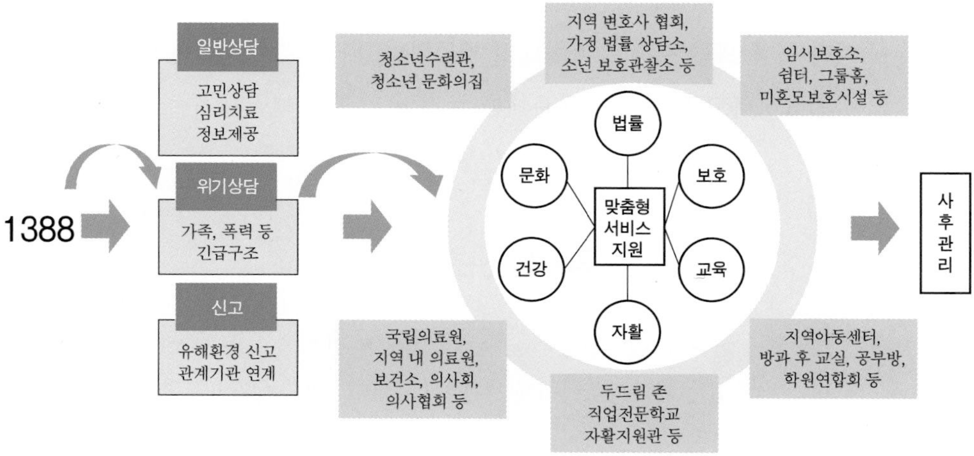

[그림 11-2] 청소년통합지원체계(Community Youth Satedty-Net: CYS-Net)

방자치단체는 지역 주민들이 자발적으로 단체를 구성하여 위기청소년의 발견·보호 및 지원을 위한 활동을 하는 경우에는 그 단체의 활동을 지원할 수 있으며(제11조) 모든 청소년이 필요한 사항에 관하여 전문가의 상담을 받을 수 있도록 하며, 상담을 위하여 전화를 설치·운영하거나 정보통신망을 운영해야 한다(제12조).

5) 위기청소년 지원

(1) 상담 및 교육

국가 및 지방자치단체는 위기청소년에게 효율적이고 적합한 지원을 하기 위하여 위기청소년의 가족 및 보호자에 대한 상담 및 교육을 실시할 수 있고 위기청소년의 가족 및 보호자는 국가 및 지방자치단체가 상담 및 교육을 권고하는 경우에는 이에 협조하여 성실히 상담 및 교육을 받아야 한다(제13조).

(2) 위기청소년 특별지원

위기청소년에게 필요한 사회적·경제적 지원(특별지원)을 할 수 있고, 특별지원은 생활지원, 학업지원, 의료지원, 직업훈련지원, 청소년활동지원 등 내용에 따라 물품 또는 서비스의 형태로 제공한다. 다만, 위기청소년의 지원에 반드시 필요하다고 인정되는 경우에는 금전의 형태로 제공할 수 있다(제14조).

위기청소년 특별지원

보호자가 없거나, 실질적으로 보호자의 보호를 받지 못하는 사회·경제적으로 어려움이 있는 위기청소년에게 생활비·치료비·학업지원비 등을 지원하는 제도 그리고 이러한 특별지원을 신청할 수 있는 자는 청소년 본인 또는 그 보호자, 청소년지도자, 초·중등 교원, 사회복지사, 청소년 업무를 담당하는 공무원이다(제15조).

(3) 가정 밖 청소년에 대한 지원

여성가족부 장관 또는 지방자치단체의 장은 가정 밖 청소년의 발생을 예방하기 위한 교육·홍보·연구·조사 등 각종 정책을 수립·시행하여야 한다. 국가 및 지방자치단체는 가정 밖 청소년의 가정 사회 복지를 돕기 위하여 상담, 보호, 자립지원, 사후관리 등 필요한 조치를 하여야 한다(제16조).

(4) 이주배경청소년에 대한 지원

국가 및 지방자치단체는 다문화가족의 청소년, 국내로 이주하여 사회적응 및 학업수행에 어려움을 겪는 청소년의 사회적응 및 학습능력 향상을 위하여 상담 및 교육 등 필요한 시책을 마련하고 시행해야 한다(제18조).

6) 예방적·회복적 보호지원

특별자치시장·특별자치도지사 또는 시장·군수·구청장은 청소년의 비행·일탈을 예방하고 가정·학교·사회생활에 복귀 및 적응하는 것을 돕기 위해 청소년 본인, 해당 청소년의 보호자 또는 청소년이 취학하고 있는 학교의 장의 신청에 따라 예방적·회복적 보호지원(보호지원)을 실시할 수 있다. 보호지원은 해당 청소년이 정상적인 가정·학교·사회생활에 복귀하는 데에 도움이 되는 방법으로써 보호지원은 6개월 이내로 하되 6개월의 범위에서 한 번 연장할 수 있다(제19조). 그리고 국가 및 지방자치단체는 보호지원 대상 청소년을 개인별로 전담하여 지도하는 보호지원 후견인을 지정할 수 있다(제21조).

7) 청소년복지지원기관 및 청소년복지시설

(1) 청소년복지지원기관

청소년복지 관련 정책 수립을 지원하고 사업을 효율적이고 체계적으로 수행하기 위하여 한국청소년상담복지개발원(청소년상담원)을 설립하고(제22조), 특별시장 · 광역시장 · 특별자치시장 · 도지사 및 특별자치도지사 및 시장 · 군수 · 구청장은 청소년에 대한 상담 · 긴급구조 · 자활 · 의료지원 등의 업무를 수행하기 위하여 청소년상담복지센터를 설치 · 운영할 수 있다(제29조). 또한 여성가족부 장관은 이주배경청소년 지원을 위한 이주배경청소년지원센터를 설치 · 운영할 수 있다(제30조).

청소년상담복지센터

전국 238개소가 있으며(2021년 현재), 청소년 및 부모상담, 청소년사회안전망운영사업(청소년전화 1388, 청소년동반자), 학교 밖 청소년 지원사업(청소년지원센터 꿈드림), 인터넷 · 스마트폰 중독예방 · 해소사업 등을 운영

(2) 청소년복지시설

청소년복지시설로는 국가 또는 지방자치단체 등이 청소년쉼터(가정 밖 청소년에 대하여 가정 · 학교 · 사회로 복귀하여 생활할 수 있도록 일정 기간 보호하면서 상담 · 주거 · 학업 · 자립 등을 지원하는 시설), 청소년자립지원관(일정 기간 청소년쉼터 또는 청소년회복지원시설의 지원을 받았는데도 가정 · 학교 · 사회로 복귀하여 생활할 수 없는 청소년에게 자립하여 생활할 수 있는 능력과 여건을 갖추도록 지원하는 시설), 청소년치료재활센터(학습 · 정서 · 행동상의 장애를 가진 청소년을 대상으로 정상적인 성장과 생활을 할 수 있도록 해당 청소년에게 적합한 치

료 · 교육 및 재활을 종합적으로 지원하는 거주형 시설), 청소년회복지원시설(감호 위탁 처분을 받은 청소년에 대하여 보호자를 대신하여 그 청소년을 보호할 수 있는 자가 상담 · 주거 · 학업 · 자립 등 서비스를 제공하는 시설)을 설치 · 운영해야 한다(제31조).

청소년쉼터

- 전국 147개소 운영(2021년 현재)
- 일시 쉼터(7일 이내): 조기발견을 통한 초기개입, 일시보호
- 단기 쉼터(3~9개월): 사례관리를 통한 신속한 가정복귀 및 유관시설 연계 등
- 중장기 쉼터(3년, 필요 시 1년 단위 연장): 사회진출을 위한 취업 등 자립지원

생 | 각 | 해 | 보 | 기

1. 비자발적인 청소년 대상자에게 사례관리자는 어떻게 접근해야 하는가?
2. 부모의 행동이 바뀌지 않는 상황에서 청소년의 비행문제가 반복되고 있다면, 이에 대한 개입방안은 무엇인가?
3. 청소년을 대상으로 효과적인 사례관리 실천전략을 제시하시오.

참 | 고 | 문 | 헌

김용득(2014). 지역사회 사례관리체계에서 공공과 민간의 역할, 이대로 괜찮은가?: 파편적 제도에서의 개별적 안간힘. 한국사회복지행정학회 학술대회자료집. 41–65.
김영은 역(2013). 다루기 힘든 청소년을 위한 효과적인 청소년 상담. Edgettee, J. S. 저. 서

울: 학지사. (원저는 2006년에 출판).

신혜종, 정수경 공역(2007). 가족치료 단계별 접근. Worden, M. 저. *Failly Therapy Basic* (3rd ed.). 서울: 시그마프레스.

이미리, 조성연, 길은배, 김민(2014). 청소년학개론. 서울: 학지사.

정규석, 김영미, 김지연(2013). 청소년복지의 이해. 서울: 학지사.

정영숙, 신민섭, 설인자 공역(2004). 청소년심리학. Rice, F. P. 저. 서울: 시그마프레스. (원저는 1999년에 출판).

천성문, 이영순, 박명숙, 이동훈, 함경애(2015). 상담심리학의 이론과 실제. 서울: 학지사.

한국사례관리학회(2016). 사례관리 전문가 심화과정 교육. 서울: 학지사.

한국청소년정책연구원(2012). 청소년정신건강실태 및 대응방안. 청소년정책리포트, 30.

Dahl, R. E. (2004). Adolescent brain development: a period of vulnerabilities and opportunities. Keynote address. *Annals of New York Academy of Science, 1021*, 1–22.

Eaton, D. K., Kann, L., Kinchen S., Shankiln, S., Ross, J.,Hawkins, J., Harris. W. A., Lowry, R., McManus, T., Chyen, D., Lim, C., Brener, N. D., & Wechsler, H.: Centers for Disease Control and Prevention (CDC). (2008). Youth risk behavior surveillance–United Satates. 2007. Morbility and mortality report. *Surveillance Summaries(Washington, DC: 2002), 57*(4), 1–131.

Saleeby, D. (Ed.). (2006). *The strengths perspective in social work practice* (4th ed.). Boston: Pearson Education, Inc.

Somerville, L. H., Jones, R. R, M., & Casey, B. J. (2010). A time of change: Behavioral and neural correlated of adolescent sensitivity to appetitive and aversive environmental cues. *Brain and Cognition, 72*(1), 124–133.

Steinberg, L. (2011). *Adolescence* (9th ed.). New York: McGraw–Hill.

제12장

다문화가족 사례관리

1. 다문화가족의 특성과 사례관리의 필요성
2. 다문화가족 사례관리 실천유형
3. 과정별 다문화가족 사례관리의 실제
4. 다문화가족 사례관리를 위한 법과 제도

들어가기

최근 한국사회에 진입하는 외국인의 수가 증가하고 그 유형도 다양화되고 있다. 이전의 단기체류 목적과는 달리 이민과 이주라는 정주(定住), 즉 한국사회 정착을 목적으로 하는 외국인들이 급증하면서 이미 우리 사회도 다문화사회로 진입하였다고 볼 수 있다. 구체적으로는 국제결혼, 이주 및 이주노동자의 증가로 빠르게 다문화사회로 진입하게 되었다고 평가된다.

한국사회는 더 이상 단일 문화 내지 단일민족으로 구성된 사회가 아니라 다민족국가 내지 다문화주의를 인정하는 다문화사회로 나아가고 있다.

다문화가족의 증가는 한국사회에 문화적 다양성과 타 문화에 대한 이해증진과 이를 통한 사회통합, 결혼이민자와 그 자녀의 이중언어 및 다문화 감수성을 갖춘 글로벌 인재 양성 등 국가경쟁력 향상 등과 관련하여 긍정적인 평가도 있지만 다문화가족에 대한 편견과 차별, 다문화가족 자녀의 학교 부적응, 부부갈등 및 가족관계에서의 갈등 등이 사회문제로 대두되고 있는 현실이다. 이로 인해 다문화가족의 복합적이고 다차원적인 욕구 충족을 위한 사례관리의 필요성이 제기되어 다문화가족 사례관리 사업이 전국의 다문화가족지원센터 및 건강가정지원센터를 중심으로 실시되고 있다.

다문화가족을 대상으로 한 사례관리는 기존의 전통적인 사회복지 실천방법만으로는 다문화적 배경을 가진 대상자의 욕구를 이해하기 어렵기 때문에 다문화가족의 특수욕구를 이해하고 이들의 문화에 적합한 사회복지서비스를 제공하는 문화적 민감성 기반하의 사례관리 실천이 중요하다. 이를 위해 이 장에서는 다문화가족의 특성과 사례관리의 필요성, 다문화가족 사례관리 실천유형, 과정별 다문화가족 사례관리 실제, 다문화가족 사례관리를 위한 법과 제도를 소개하고자 한다.

1. 다문화가족의 특성과 사례관리의 필요성

1) 다문화가족의 정의

다문화가족이란 「재한외국인 처우 기본법」의 결혼이민자와 「국적법」 규정에 따라 대한민국 국적을 취득한 자로 이루어진 가족을 의미한다(「다문화가족지원법」 제2조). 즉, 관련법에 따르면 다문화가족은 외국인이 우리나라 사람과 결혼하여 구성된 결혼이민가족이나 기타 여러 가지 방법으로 국적취득을 한 외국인이 포함된 가족이 해당된다. 따라서 현재 다문화가족의 성립에는 주로 국제결혼, 북한이탈주민 그리고 외국인 근로자의 유입이 많은 영향을 미치고 있다.

2) 다문화가족 현황

다문화가족은 2015년 기준 82만 명 내외이며, 매년 지속적으로 증가하여 2020년 100만 명이 예상된다. 이러한 다문화가족은 결혼이민자 및 인지 · 귀화자 30만 5,000명, 배우자 30만 5,000명, 자녀 20만 8,000명이며 매년 그 수가 증가하고 있는 추세이다. 전국의 다문화가족은 27만 8,036가구로 추정되며 2012년에 비해 4.3% 증가하였다(여성가족부, 2016).

표 12-1 국적별 결혼이민자 및 인지 · 귀화자 현황 (단위: 명)

국적별	2007	2008	2009	2010	2011	2012	2013	2014	2015
합계	142,015	168,224	199,398	221,548	252,764	267,727	281,295	295,842	305,446
중국(한국계)	59,902	70,901	77,853	87,565	88,922	97,796	100,524	103,194	98,037
중국	33,577	39,434	53,864	60,183	69,671	65,832	67,944	71,661	81,010

베트남	16,305	21,306	31,080	34,913	42,159	47,754	52,323	56,332	58,761
필리핀	7,146	8,033	10,150	10,868	12,428	13,829	15,256	16,473	17,353
일본	6,742	6,653	5,742	5,594	11,070	11,705	12,338	12,875	13,239
캄보디아	–	–	–	3,354	4,422	5,316	5,684	6,184	6,468
몽골	1,605	2,121	2,591	2,665	2,959	3,068	3,186	3,257	3,305
태국	1,566	1,896	2,291	2,350	2,914	2,918	2,975	3,088	3,208
미국	1,436	1,750	1,911	1,890	2,598	2,747	3,081	3,350	3,473
러시아	997	1,854	1,162	1,279	1,827	1,943	2,025	1,976	1,898
대만	5,696	4,336	1,211	1,856	1,836	2,390	2,661	2,953	3,170
기타	7,043	9,940	11,543	9,031	11,958	12,429	13,298	14,499	15,524

* 캄보디아의 경우 2009년 이전 및 2014년에는 '기타'에 포함.
출처: 행정안전부(2015).

다문화가족으로 가장 많은 수를 차지하는 국가는 중국이며, 그다음 베트남, 필리핀, 일본 등의 순으로 많은 수의 다문화가족을 차지하고 있다. 한편, 우리나라 다문화가족의 대다수를 차지하는 결혼이민과 관련한 현황을 살펴보면 우리나라 전체 혼인 중에 외국인과의 혼인비중은 2008년 11%를 기점으로 주춤하고 있지만 전체의 7.3%에 달한다.

표 12-2 외국인과의 혼인 추이 (단위: 건, %)

구분	2009	2010	2011	2012	2013	2014	2015	2016
총 혼인건수	309,759	326,104	329,087	327,073	322,807	305,507	302,828	281,635
외국인과의 혼인	33,300	34,235	29,762	28,326	25,963	23,316	21,274	20,591
총 혼인 중 비중	(10.8)	(10.5)	(9.0)	(8.7)	(8.0)	(7.6)	(7.0)	(7.3)

출처: 통계청(2017).

3) 다문화가족의 특수욕구

다문화가족은 가족 및 사회적 관계의 갈등, 경제적 갈등, 이혼 증가 등 경제, 보건, 교육, 심리사회적 및 문화적으로 복합적인 어려움에 노출되어 있다(다누리, 2013). 외국인의 유입과 정착으로 인한 문제상황은 대체로 크게 네 가지로 볼 수 있다. 국적 취득 및 인권의 문제, 사회문화적 적응, 사회통합 문제 그리고 빈곤과 자녀교육 문제이다(최명민, 이기영, 최현미, 김정진, 2009).

실제 한국의 다문화가족 사례관리에서 주로 제기되는 욕구와 이슈들도 이와 다르지 않다.

첫째, 외국인 아내와 한국인 남편으로 구성된 다문화가족의 경우 여러 가지 문화적응의 문제를 경험할 수 있다. 이때 발생하는 문화적응의 문제는 부부관계뿐만 아니라 확대가족관계까지 확장되어 다양한 상호갈등과 어려움으로 나타날 수 있다.

둘째, 점차 이들 다문화가족의 2세대 자녀양육의 문제, 한국으로 중도 입국하는 아동 및 청소년 자녀의 문화적 적응, 특히 학교 및 학업에서의 적응 문제가 발생하게 된다. 다문화가족 자녀의 취학률은 초등학교 97.6%, 중등학교 93.5%, 고등학교 89.9%, 고등교육기관 53.3%로 2012년 대비 고등학교(4.8%p), 고등교육(4.0%p) 단계의 취학률이 향상되었지만 여전히 우리나라 전체 취학률에 비해 낮은 수준이며 학교급이 올라가면서 그 격차가 커져 고등학교 3.6%p, 고등교육기관 14.8%p에 달하고 있다. 한국에서 학교를 다니다가 그만둔 자녀들은 학교생활 및 문화가 달라서(18.3%), 학교공부가 어려워서(18.0%), 편입학 및 유학준비(15.3%), 돈을 벌어야 해서(14.4%), 그냥 다니기 싫어서(11.1%) 등의 이유로 학업을 중단하는 것으로 나타났다(여성가족부, 2016).

셋째, 다문화가족들이 지닌 취약성으로 인해 경제적 빈곤문제와 문화적 적응에서 오는 부부갈등으로 빚어지는 스트레스, 정신건강 문제 및 학대와 폭력의 잦은 빈도 등의 어려움이 있다.

마지막으로, 국적취득이나 정주에 따른 지위, 신분 등과 관련된 이슈들이 있다. 같은 문제라고 하더라도 외국인이라는 신분이 가진 제약으로 인해 추가적인 어려움이 발생할 수도 있고, 권리나 의무관계에서 상이한 접근과 판단을 내려야 하는 경우가 발생한다.

다문화가족들의 주요 욕구를 살펴보면 경제적 욕구, 자녀문제, 부모문제 순이고 그 외 친인척문제와 질환 및 장애문제, 법률문제 순으로 나타나고 있다(다누리, 2013). 다문화가족의 사례관리에서는 일반 사례관리에서의 문제유형과 유사하다 하더라도, 문화권이 어디인지, 당사자들의 신분과 지위에 따라, 생애주기 및 정착시기 등에 따라 사례관리가 다양한 형태로 진행될 수 있음을 주목해야 한다.

4) 다문화가족 사례관리의 필요성

앞에서 살펴본 바와 같이 다문화가족의 장기적이고 다차원적인 욕구를 해결하기 위해서는 다문화가족의 특성에 맞는 개인별 맞춤화된 지원서비스가 필요하다. 다문화가족의 특성상 출신국, 입국시기, 생애주기 등에 따라 요구되고 지원되어야 할 지원서비스가 다양하기 때문에 다문화가족의 개별적인 욕구와 문제에 관심을 기울이는 수요자 중심서비스와 자원연계를 통한 다문화가족 사례관리 접근이 요구된다(강기정, 박경애, 2011).

Moxley(1989)에 따르면 사례관리가 복잡하고 장기적이며 다양한 욕구를 가진 대상자를 대상으로 한다는 점에서 다문화가족은 사례관리가 필요할 가능성이 매우 높다고 할 수 있다. 따라서 다문화가족 사례관리란 만성적·장기적·복합적 욕구가 있는 다문화가족의 사회적 기능 회복을 위해 지역사회의 다양한 공공 및 민간 자원을 활용하여 지속적이고 효과적인 사회복지서비스를 제공하는 실천방법이라고 할 수 있다.

2. 다문화가족 사례관리 실천유형

1) 다문화가족 사례관리 실천유형

현재 다문화가족의 사례관리는 다문화라는 특수성으로 인해 기존의 공공 및 민간복지기관에서보다는 다문화가족지원센터에서 활발하게 사례관리가 이루어지는 것이 일반적이다. 특히 2012년부터 여성가족부에 의해 다문화가족 사례관리 시범사업이 전국 다문화가족지원센터에서 실시됨으로써 표준화된 사례관리 체계를 구축하고 있기 때문에 현재 다문화가족 사례관리가 활발하게 진행되는 현장은 다문화가족지원센터라고 할 수 있다. 다문화가족지원센터의 사례관리 지침에 따르면 사례관리의 목적과 개입유형에 따라서 사례관리 유형을 일반사례, 통합사례, 위기관리로 구분하여 각각의 개입 목적 및 개입의 주요 전략을 제시하고 있다(<표 12-3> 참조).

사례관리에서 제공되는 내부자원으로는 교육지원, 심리지원, 가족통합, 문

표 12-3 다문화가족 사례관리 유형에 따른 목적과 개입

사례관리 유형	일반	통합	위기
목적	대상자의 욕구 충족	대상자의 욕구 충족	위기안정화
주 개입내용	• 조직 내부의 협력체계나 서비스의 조정 – 일상생활자립지원 – 심리 · 정서지원 – 내부자원 연계	• 지역사회연계체계 구축 및 네트워크 활성화를 위한 노력 • 내부 서비스 조정 및 지역사회조직화 – 복합문제 지원 – 심리 · 정서지원 – 내부 및 외부자원 연계	• 현재 대상자의 삶을 위협하는 요소를 제거 혹은 보호장치의 마련으로 위기를 안정화하는 것이 초점 – 복합 및 긴급문제 지원 – 외부자원 연계

출처: 여성가족부(2017).

화지원, 자조모임 등이 있다. 외부자원으로는 전문적인 의료지원, 지역사회 네트워크 연계, 공공서비스, 주거환경, 법률지원, 취업지원, 지역사회보호기관 안내 및 연계 등이 있다.

2) 다문화가족 사례관리의 실천모형

다문화가족 사례관리에서는 강점중심의 접근이 유용하다는 것이 공통된 견해이다(최명민 외, 2009: 한국사례관리학회, 2016에서 재인용). 강점관점은 대상자의 타고난 잠재력과 가능성 그리고 강점들을 발견하고 강화시키는 것에 초점을 둔다. 그래서 강점관점은 현재 드러난 문제나 병리에 초점을 두지 않고 대상자의 강점과 자원에 초점을 두고 대상자의 문제해결 능력과 역량을 강화하는 방향으로 접근한다. 다문화가족에서 발견할 수 있는 강점들은 다음과 같다.

- 결혼이민자 개인체계: 이문화에 대한 적응력과 도전능력, 의지, 이중언어 구사력, 자녀에 대한 애정과 헌신 등
- 다문화가족체계: 다른 문화권의 사람을 가족으로 받아들이는 수용력과 이해심

그 외에 생태체계관점과 임파워먼트 모형도 자주 활용된다.

3) 사례관리자의 문화적 역량

다문화가족을 돕는 사회복지사라면 그들의 언어와 문화적 전통을 이해하는 것뿐만 아니라 그들의 세계관과 정체성 경험 그리고 도움을 주고받은 경험 등도 이해하는 방식을 찾아야 한다. 따라서 다문화가족 사례관리를 더 넓은 의미로 사회복지실천의 하나의 영역으로 보자면 '사람들 사이에 존재하는

다양성과 차이점을 존중하고 원조관계에서 적용하는 문화적 요소를 인식하는 사회복지실천'이다(Lum, 2005).

다문화가족 사례관리에서 사례관리자의 문화적 역량 혹은 문화적 민감성, 문화적 유능감은 매우 중요하다. 무엇보다 다문화가족을 대상으로 사례관리 실천을 하게 되는 사례관리자는 문화적 역량(cultural competency)을 갖추어야 한다.

문화적 역량이란 사회복지사의 자기인식, 대상자 문화에 대한 지식, 그들의 다양성을 존중하는 가치와 태도를 실천과정 속에 기술로 통합시키는 능력을 가질 수 있도록 노력하는 과정이다(김은영, 2012). 이는 처음부터 대상자의 문화와 관련된 지식을 완벽하게 갖추고 있는 능력을 의미하는 것이 아니며, 관점과 개입방법 등에 있어서 문화적 적절성을 갖추고자 의식하며 노력하는 것이 중요하다는 것이다(최명민 외, 2009). 문화적 역량을 갖추기 위해서 사회복지사는 끊임없이 노력하고 문화적 역량과 관련된 훈련, 세미나, 워크숍과 같은 교육이나 프로그램에 지속적으로 참여하는 반복적인 경험이 무엇보다 중요하다(NASW, 2007).

표 12-4 사회복지사의 문화적 역량 실천지침

기준	문화적 역량	내용
1	윤리와 가치 (Ethics and Values)	사회복지사는 개인이나 전문직의 가치가 다양한 대상자의 욕구와 어떻게 갈등 또는 수용되는지를 인지하면서 직업의 가치, 윤리, 기준에 따라 일한다.
2	자기인식 (Self-Awareness)	사회복지사는 사람들의 삶 속에서 다문화적 정체성의 중요성을 이해하는 일환으로 자신들의 개인적·문화적 가치와 신념을 이해하고 발전시키기 위해 노력해야 한다.
3	비교문화적 지식 (Cross-Cultural Knowledge)	사회복지사는 서비스를 제공하는 대상자 집단의 역사, 전통, 가치, 가족체계, 예술적 표현에 대한 구체적인 지식과 이해를 가져야 한다.

4	비교문화적 기술 (Cross-Cultural Skills)	사회복지사는 원조 과정에서 자신의 문화의 역할에 대한 이해를 반영하는 적절한 방법적 접근, 기술을 사용해야 한다.
5	서비스 전달 (Service Delivery)	사회복지사는 문화적으로 다양한 대상자를 위해 지역사회와 더 큰 사회에서 활용할 수 있는 서비스에 대한 지식을 가지고 있어야 하며 적절한 의뢰를 할 수 있어야 한다.
6	임파워먼트와 옹호 (Empowerment and Advocacy)	사회복지사는 대상자와 함께 대상자에 대한 옹호와 그들과 관련된 사회정책과 프로그램의 영향을 인식해야 한다.
7	다양한 전문인력 (Diverse Workforce)	사회복지사는 프로그램과 기관에 다양한 전문직이 일할 수 있도록 지지하고 옹호해야 한다.
8	전문적인 교육 (Professional Education)	사회복지사는 전문직 내에서 문화적 역량을 향상시킬 수 있는 교육과 훈련 프로그램을 옹호하고 참여해야 한다.
9	언어의 다양성 (Language Diversity)	사회복지사는 통·번역을 포함하여 대상자에게 적절한 언어에 대한 서비스, 정보, 의뢰에 대한 제공을 해야 한다.
10	비교문화적 리더십 (Cross-Cultural Leadership)	사회복지사는 다양한 집단에 대한 정보를 다른 전문직과 의사소통할 수 있어야 한다.

출처: NASW (2007).

3. 과정별 다문화가족 사례관리의 실제

다음은 사례관리 실천과정을 적용하여 개입한 다문화가족 사례이다.

사례

필리핀에서 온 결혼이주 여성 A는 한국에 온 지 12년째이다. 현재 75세의 시어머니와 남편 그리고 12세, 8세, 6세의 세 자녀와 함께 살고 있다. 남편은 술을 많이, 자주 먹으며 가정에 무관심한 편이고 시어머니는 고혈압과 당뇨병 등으로 건강이 좋지 않은 상태이다. 그래서 A는 막내가 아기일 때부터 아이를 놀이방에 맡기고, 식당일을 하면서 생계를 유지하고 있다. 자녀들은 늘 술에 취해 있는 아버지에 대한 분노감이 많으며, 할머니가 엄마를 야단치는 것이 싫다고 호소하고 있다. 방문지도사가 자녀들과 대화 도중, 첫째가 죽고 싶다는 생각을 표현하고, 셋째는 여섯 살인데 발음이 정확하지 않아 의사소통이 힘들었다. 남편의 무능력과 무관심 속에 A 혼자서 생계유지를 위한 경제활동을 하면서 자녀교육과 살림을 꾸려 가는 데 많은 어려움을 겪고 있어 정서적으로 우울감을 호소하고, 신체적으로도 고통을 호소하는 상태이다. 또한 경제적 곤란과 자녀 돌봄 및 시모 돌봄과 알코올중독인 남편까지 혼자서 감당하기에는 벅찬 현실이다.

1) 초기단계

이 대상자는 복합적인 욕구를 가지고 있으며, 주 대상자 외에 시모, 남편, 자녀들을 포함한 가족 구성원 모두에게서도 일상적인 어려움과 심리사회적 어려움이 있어서 건강한 가족생활을 유지하는 데 곤란한 상태로 평가되므로 사례관리 대상자로 적합하다.

사례발굴 과정의 Tip

다문화가족들은 일반적으로 사회적 관계가 빈약하고 관련 정보에 대한 접근성이 떨어지는 경우가 많아서 자발적으로 사례관리 서비스를 요청하기는 어렵다. 따라서 다문화가족의 접근성이 가장 높은 다문화가족지원센터나 건강가정지원센터 등을 통한 사례관리 서비스에 대한 홍보와 잠재대상자에 대한 사례발굴이 적극적으로 이루어져야 한다.

다문화가족에 대한 사례발굴 및 의뢰는 가장 직접적인 서비스를 제공하고 있는 다문화가족지원센터나 건강가정지원센터를 비롯하여 해당 지역의 희망복지지원단, 주민센터, 지역의 통반장 조직, 복지관, 어린이집 및 지역아동센터, 교육기관, 종교기관, 정신건강복지센터 등에서 직접방문, 전화상담 등을 통해 이루어진다.

사례관리에서 초기상담 단계의 핵심 과업은 대상자와 그 가족이 현재 겪고 있는 어려움이나 욕구 그리고 그 맥락 파악하기, 대상자와 관계 형성하기, 사례관리에 대한 이해와 과정에 대한 동의와 협조를 이끌어 내기이다. 따라서 초기상담 과정에서 가장 중요한 것은 언어소통일 것이다. 그러나 다문화가족 대상의 사례관리에서는 다문화권 대상자의 한국어 능력으로 인해 의사소통의 어려움을 가진 가구원이 포함될 수밖에 없다. 특히 한국에 온 지 얼마 안 되는 초기정착 단계의 다문화가족의 경우 한국어 능력은 더욱 기대하기 어렵다. 따라서 초기단계에서부터 라포형성과 사례관리에 대한 정확한 설명과 이해를 이끌어 내기 위해서는 해당 언어 통·번역사의 적극적인 활용이 필요하다. 만약 해당 언어의 통·번역사를 공식적으로 동행하기 어렵다면 같은 문화권의 친구나 이웃 등을 활용하는 것도 한 방법이다. 이때 한 가지 사례관리자가 주의해야 할 점은 대상자의 한국어 의사소통 능력이 낮다고 해서 전반적인 인지기능이나 개인의 역량이 낮은 것으로 평가해서는 안 된다는 것이다. 언어능력의 부족은 가족 및 주변 사람들과의 관계에서의 어려움, 정보와 자원 활용능력에서의 저하 등 개인역량의 저하를 가져올 수 있다는 관점으로 접근해야 한다.

또한 초기단계에서 라포형성을 위해서 사례관리자는 대상자가 속해 있던 나라의 문화에 대해서 사전에 학습하고 이해하려는 노력이 반드시 필요하다. 첫 만남에서 인사말을 그 나라 말로 한다든지, 인사하는 방법 등을 배워서 초기상담에 임하는 것도 필요하다. 이런 세세한 배려와 노력이 낯선 나라에 대한 거부감과 불편함을 넘어 불안감이 자리 잡고 있는 다문화 사례관리 대상자와 라포를 형성하고 사례관리자로서 신뢰감을 주는 단초가 될 수도 있다. 다문화가족 사례관리에서 무엇보다 사례관리자 자신의 문화적 민감성을 향상시킬 수 있는 노력이 타 영역의 사례관리와 다르게 강조되는 점이며, 이러한 과정을 통해 원만한 라포형성과 함께 대상자의 관점에서 그들이 처한 상황과 문제를 문화적 배경을 고려하여 충분히 이해할 수 있게 된다.

2) 사정단계

다문화가족에서는 주로 문화의 차이에 따른 적응문제, 언어소통 능력에 따른 가족과 의사소통의 어려움과 가족관계의 문제, 경제적 곤란으로 인한 빈곤문제, 자녀양육의 어려움, 다문화가족 자녀의 정서 · 행동 발달문제나 학교적응 문제 등이 흔하게 발견되는 어려움이다.

그러나 다문화가족에 대한 사정 시에는 대상자의 주 호소에만 초점을 두지 않고 삶의 다양한 영역에서의 어려움을 탐색해야 한다. 특히 문제의 출처이자 해결과정에서도 장애가 될 수 있는 가족 구성원 간 양국의 문화에 대한 이해와 갈등에 대해서 조사되어야 한다. 즉, 다문화가족 구성원의 한국어 구사능력 및 한국에서의 지지체계, 양국의 가족(확대가족) 문화, 출신국에서의 결혼과 이혼에 대한 문화적 의미와 사례관리 대상자의 의미부여, 자녀양육, 경제권, 언어로 쉽게 표현되기 어려운 정신건강의학적 문제, 정서적 문제 등도 포함되어야 한다. 아울러 이들이 한국에서 가족을 이루고 살아가는 것에 대한 의미와 경험, 삶의 목적들도 포함되어야 한다.

사정과정에서는 당사자인 대상자의 이야기를 듣는 것뿐 아니라 다양한 정보원을 활용해야 한다. 이를 위해 가족, 친구, 이웃 등 다각적인 정보원을 활용하여 충실한 욕구조사가 이루어져야 하고, 정보원 간 정보의 차이가 있는지, 입장의 차이가 있는지를 확인하고, 만일 차이가 있다면 추가상담을 실시해야 한다.

사례관리 대상자의 강점사정 시 대상자와 가족이 포함된 전체 수준의 자원을 사정하고, 대상자가 그동안 문제해결을 위해 노력해 온 점, 예를 들어 결혼이민을 선택한 동기를 재확인하고, 다른 문화권의 배우자를 선택한 동기를 스스로 재확인하는 기회를 제공하는 것이 필요하며, 이주하기 전 자국에서의 직업경험, 관심사 등에 대해서도 정보를 수집하고 사정에 포함시켜야 한다.

다문화가족 사례관리 대상자들의 경우 언어적 능력 때문에 자신의 상황을 정확히 잘 표현하지 못하는 점도 많고, 사회적 편견과 차별 때문에 위축되어 있는 경우도 많다. 자신들의 선택에 따른 위기와 문제상황이라서 그 어려움을 주변이나 원가족에게 알리는 것을 원하지 않는 경우도 많다. 따라서 강점관점의 사정이 그 어떤 사례관리 대상보다 중요하다. 사례관리자는 사례관리 대상자들이 낯선 한국문화에 적응하느라 고군분투해 온 과정을 격려하고, 그 상황에서 '최선을 다한' 점을 강조하고 인정하는 작업을 사례관리 과정에 포함시켜야 한다.

사례관리 대상자인 다문화가족의 경우 생활형편이 어려운 경우가 많다. 가정방문은 이들이 말로 표현한 어려움 이외에 생활현실 및 상태를 확인할 수 있고, 이들이 표현한 문제들의 심각성, 긴급성 등을 파악할 수 있기 때문에 대상자가 가정방문에 동의한다면 반드시 방문하는 것이 필요하다. 가정방문을 통해 가정환경의 물리적 환경과 가족들과의 관계와 태도 등을 보다 정확히 사정할 수 있다.

또한 욕구를 사정함에 있어서 대상자의 요구가 아닌 욕구가 사정될 수 있도록 접근해야 한다. 대부분의 대상자들은 당장 필요한 요구들을 하게 되고 그것이 문제라고 보기 쉽다. 따라서 사례관리 과정을 통해 요구를 욕구로 전환시키는 노력이 필요하다. 그렇지 않으면 사례관리자는 단순히 자원과 서비스를 대상자에게 전달하는 택배기사처럼 되거나 제공된 자원과 서비스로 인해 오히려 대상자가 무력해지고 의존감이 높아지는 부작용을 가져올 위험성도 있다. 사례관리의 궁극적인 목적은 1차집단의 기능강화와 대상자의 자립과 독립생활이라는 점을 잊어서는 안 된다.

(1) A가족의 욕구 사정

사례관리자가 초기상담 및 가정방문 등을 통해 대상자와 함께 파악한 이 가족의 욕구는 다음과 같다.

- 경제적 안정
- 자녀의 언어능력 향상
- 가족관계 향상
- 정신건강의 향상(남편의 음주문제 개선, 첫째 자녀의 우울감 감소)
- 가족 돌봄의 부담감 감소

(2) 대상자의 강점과 약점 사정

① 강점

- 첫째 자녀의 도움이 크다.
- 첫째 자녀가 엄마를 많이 도와준다(동생 보살피기, 공부를 잘한다).
- 성격이 밝고 대인관계가 원만하다.

- 자녀들을 항상 웃음으로 대하며 늘 지지하고 격려한다.

② 약점

- 남편과 시어머니가 자녀양육과 가사에 대해 비협조적이고 무관심하다.
- 시어머니가 며느리인 A를 무시한다.

(3) A가족의 상황 사정

- 남편(52세): 2남 1녀 중 장남. 일용근로활동을 하면서 생계유지를 하고 있었으나, 음주로 인해 직업활동을 유지하기 어렵고 건강상의 문제, 가정불화의 원인이 됨. 자녀와 가사에 무관심함.
- 시모(75세): 고집이 세고 이기적인 성격. 고혈압과 당뇨병으로 인해 최근 더 예민하고 짜증이 많으며 결혼 초부터 외국인 며느리인 A를 탐탁지 않게 생각하고 무시함. 자신의 건강상태를 이유로 가사나 손자녀 돌보는 것을 전혀 도와주지 않음. 손자녀들은 할머니를 무서워하고 싫어함.
- 첫째 자녀(12세): 초등학교 5학년, 온순하고 착함, 엄마에게 큰 의지가 됨. 실제로 동생들을 돌보거나 숙제나 간단한 가사일 등을 도맡아 하는 어른 아이. 학교에서도 성적이 우수하고 모범생이었는데 최근 사춘기에 접어들면서 가정환경 등으로 인해 많이 위축되고 죽고 싶다는 표현을 하는 등 정서적인 어려움이 발견됨.
- 둘째 자녀(8세): 초등학교 1학년, 활발하고 밝은 성격, 천방지축
- 막내 자녀(6세): 어린이집. 6세임에도 언어발달이 지연되어 걱정이 많음.

3) 계획단계

사례관리 대상자와의 상호 협의 및 동의에 기반을 둔 목표수립이 중요하다. 무엇보다 자신의 문제해결과 욕구해결에 당사자가 적극적으로 참여하고

노력할 수 있도록 기반을 만드는 것이 중요하다. 사례관리자는 대상자의 문제를 알아서 척척 해결해 주는 '해결사'가 아니다. 대상자인 다문화가족 구성원이 한국말이 서툴고 한국에서의 적응이 부족하다는 점 때문에 사례관리자는 종종 의도하지 않게 '어린 사람' 대하듯 하거나, 과잉보호하거나, 사례관리자가 대상자보다 더 주도적인 모습을 보일 수도 있다. 이러한 점들을 주의해야만 한다. 사례관리의 목표는 사례관리가 필요하지 않도록 자신의 삶을 주도적으로 독립적으로 이끌어 나갈 수 있는 힘을 키우는 것이라는 점을 잊어서는 안 될 것이다.

서비스 제공계획의 수립에서 대상자의 적극적인 참여도 필요하지만 대상자의 복합적이고 다차원적인 욕구해결에 필요한 다양한 전문가와 관련 기관들 간의 협력적인 논의가 필수적이다. 다문화가족의 문제는 매우 복합적이고 다양하다. 특히 이혼, 재혼, 가정폭력, 아동학대(방임), 재산분할, 국적취득 등으로 인한 법률적 문제, 정신건강 문제 등의 복합적 욕구를 해결하고 원조하기 위한 다른 서비스 제공기관과의 연계가 필수적인 경우가 대부분이다. 특히 공공기관(법, 행정)과의 관계가 대상자의 문제를 해결하는 데 중요한 역할을 하므로 관련 기관 간의 공식적 · 비공식적 연계와 협력이 매우 중요하다. 따라서 사례회의를 통해 의견을 나누고 자원을 네트워크하는 작업이 필수적이다. 사례회의에 어떤 분야의 전문가들이 참여하고 관련 기관들이 참석해야 하는지에 대한 안목과 운영능력이 사례관리자에게 필요하다. 특히 다문화가정의 특수한 이슈들을 논의하기 위해서는 일반 사례회의보다 폭넓은 분야의 참석자들이 필요할 수도 있다.

서비스 제공계획은 구체적이고 실제적으로 수립되어야 한다. 필요한 서비스의 내용뿐 아니라 빈도와 횟수, 기간 등에 대해서도 명시되어야 한다. 또한 서비스 제공기관과 담당자에 대한 역할분담까지도 논의되어야 한다.

이 가족의 욕구사정을 기반으로 사례관리의 목표를 수립하고 대상자와 협의하여 함께 서비스 계획을 수립하였다.

① 단기 목표

- 첫째 자녀의 정서적 어려움에 대한 전문적 평가와 문제를 파악하여 우울감을 감소시킨다.
- 막내 자녀의 언어발달 지원방안을 모색하여 언어발달을 촉진한다.
- 남편의 음주문제를 진단 및 평가한다.
- 시어머니 돌봄에 대한 사회적 지원을 모색한다.
- 경제적 곤란 해결을 위해 사회적 지원을 연결한다.

② 장기 목표

- 가족의 경제적 안정을 확보한다.
- 가족관계를 향상시킨다. 가정환경이 어렵더라도 자녀를 비롯한 가족들이 신뢰감을 바탕으로 가족관계를 향상하여 긍정적으로 사회생활을 할 수 있도록 한다.

목표수립의 Tip

- 사례관리자들이 가장 많이 실수하는 부분이 목표수립이다. 사례관리에서 제공해야 할 서비스 내용이 목표가 되어서는 안 된다. 목표는 제공하는 서비스들을 통해서 도달하고자 하는 점, 달성하고자 하는 점이 목표가 되어야 한다.
- 단기 목표는 3~6개월 안에 달성할 수 있는 목표로 수립하며, 따라서 교육이나 훈련을 통한 행동의 변화나 정보의 제공 등이 가능하다.
- 장기 목표는 6개월 이상의 개입 노력을 통해서 달성할 수 있는 목표이다. 사례관리를 통해 궁극적으로 달성하고자 하는 목표로 단기 목표보다는 다소 추상적이고 '상태'와 관련된 목표를 수립한다.

목표달성을 위한 서비스 계획은 다음과 같이 수립하였다.

- 청소년상담복지센터에서 첫째 자녀에 대한 자세한 평가 및 진단
- 막내 자녀의 언어능력 향상 욕구에 대한 지원방안 찾아보기: 이비인후과 청력검사, 언어발달 치료
- 지역정신건강복지센터를 연계하여 부의 알코올중독에 대한 개입
- 가족관계 향상을 위해 시어머니와 남편과의 상담 및 다문화 이해교육 실시
- 미술치료 등 가족관계 회복을 위한 상담 참여
- 경제적 안정을 확보하기 위해 사회복지서비스를 신청 → 차상위 본인부담경감 대상자를 신청하고 취업연계(근무환경을 고려한 적정의 임금 확보)

4) 실행과 점검단계

제공되는 서비스에 대한 설명은 한국어 능력을 고려하여 상세히 이루어져야 하며 제대로 이해하고 있는지에 대한 확인도 필요하다. 서비스 내용을 알아보기 쉽게 정리해서 서면으로 제공하는 것도 효과적이다. 다문화가족의 사례관리 만족도 평가를 위해 얼굴 모양의 표정그림으로 표시하게 하는 방법을 도입한 바 있는데 이것도 그러한 맥락이다.

또한 서비스의 제공이 제대로 수행되고 있는지, 제공된 서비스를 이용하는데 장애물은 없는지에 대한 고려와 검토도 함께 진행되어야 한다. 통·번역사의 동행이나 교통 등의 편의시설, 대상자가 서비스에 참여하는 동안의 아동보육를 위한 가족이나 사회적 제도의 활용 등이 함께 감안되어야 할 경우도 많기 때문이다.

점검단계에서는 제공된 서비스가 계획대로 잘 수행되고 있는지, 그러한 서비스를 통해 대상자의 삶의 각 영역에서 변화가 일어나고 있는지, 새롭게 나타난 욕구는 없는지, 현재 제공되는 서비스의 종류와 양의 변화가 필요하지는 않은지, 불필요한 서비스는 없는지 등에 관한 점검이 진행되어야 한다. 무엇보다 정기적인 점검이 진행되는 것이 중요하다. 사례관리자는 점검과정을

통해 다문화가족 구성원과의 신뢰관계를 더욱 공고히 하고, 사례관리 과정에 잘 참여하도록 격려하며 의욕을 북돋우며, 정서적 지지와 개인에 대한 존중을 함께 전달해야 할 것이다.

실행단계의 Tip

- 다문화가족을 대상으로 하는 사례관리 사업이 기존의 초기입국에서 정착에 이르는 과정의 맞춤형 서비스도 중요하지만, 실제로 결혼한 지 기간이 꽤 흘렀어도 아직 적응의 단계는 초기입국의 단계에 머무르고 있는 대상자일 수 있다는 접근과 관점이 필요하다.
- 또한 자녀 세대에 대한 집중적이고 강화된 서비스가 적극적으로 고려되어야 한다.

5) 평가와 종결단계 및 사후관리계획 수립

평가는 여러 가지 차원에서 진행되어야 한다.

첫째, 사례관리의 목표달성 여부와 관련된 부분에 대한 평가가 실시되어야 한다. 둘째, 사례관리 과정 전반에 대한 평가가 수행되어야 한다. 셋째, 대상자의 주관적 평가, 즉 만족도 평가가 진행되어야 한다.

사례관리자는 대상자가 종결의 의미를 이해할 수 있도록 대상자의 입장에서 상세히 설명해 주고 이해할 수 있도록 도와야 한다. 다문화 대상자의 경우 사례관리를 받는 동안 나름대로 의지가 되고 중요한 자원과 지지체계였던 사례관리자와의 이별이나 종결은 일반 대상자보다 더 큰 불안을 가져올 수 있다. 이러한 점을 고려하여 종결은 미리 서서히 준비해야 한다. 종결에 대한 준비를 3~4차례의 상담과정을 통해 다루고, 또한 사후관리 서비스가 있다는 점을 설명하고 안심시켜야 한다. 즉, 언제든지 어려운 일이 있거나 의논할 일이 발생하면 다시 연락할 수 있고 도움을 요청할 수 있음을 알려야 한다. 이러한 철저한 사후관리계획의 제공은 대상자에게 심리적 안정감을 주고 종결을 다소 편안하게 받아들이게 할 수 있을 것이다.

4. 다문화가족 사례관리를 위한 법과 제도

다문화가족에 대한 지원제도를 「다문화가족지원법」(2020. 5. 19. 시행)을 중심으로 살펴보면 다음과 같다.

1) 다문화가족에 대한 지원 목적

다문화가족 구성원이 안정적인 가족생활을 영위하고 사회구성원으로서의 역할과 책임을 다할 수 있도록 함으로써 이들 삶의 질 향상과 사회통합에 이바지하는 데 있다(제1조).

2) 다문화가족에 대한 국가와 지방자치단체의 책무

국가와 지방자치단체는 다문화가족 구성원이 안정적인 가족생활을 영위하고 경제·사회·문화 등 각 분야에서 사회구성원으로서의 역할과 책임을 다할 수 있도록 필요한 제도와 여건을 조성하고 이를 위한 시책을 수립·시행해야 하고, 특별시·광역시·특별자치시·도·특별자치도 및 시·군·구에는 다문화가족 지원을 담당할 기구와 공무원을 두어야 한다(제3조).

3) 다문화가족에 대한 이해증진

국가와 지방자치단체는 다문화가족에 대한 사회적 차별 및 편견을 예방하고 사회구성원이 문화적 다양성을 인정하고 존중할 수 있도록 다문화 이해교육을 실시하고 홍보 등 필요한 조치를 해야 하며, 여성가족부 장관은 조치를 함에 있어 홍보영상을 제작하여 방송사업자에게 배포해야 한다. 또한 여성가족부 장관은 방송사업자에게 비상업적 공익광고 편성비율의 범위에서 홍보영상을 채널별로 송출하도록 요청할 수 있다. 그리고 방송사업자는 홍보영상 외에 독자적으로 홍보영상을 제작하여 송출할 수 있다. 이 경우 여성가족부 장관에게 필요한 협조 및 지원을 요청할 수 있다. 교육부 장관과 특별시·광역시·특별자치시·도·특별자치도의 교육감은 「유아교육법」, 「초·중등교육법」 또는 「고등교육법」에 따른 학교에서 다문화가족에 대한 이해를 돕는 교육을 실시하기 위한 시책을 수립·시행해야 한다(제5조).

4) 다문화가족에 대한 지원

(1) 생활정보 제공 및 교육 지원

국가와 지방자치단체는 결혼이민자 등이 대한민국에서 생활하는 데 필요한 기본적 정보(아동·청소년에 대한 학습 및 생활지도 관련 정보 포함)를 제공하고, 사회적응교육과 직업교육·훈련 및 언어소통능력 향상을 위한 한국어교육 등을 받을 수 있도록 필요한 지원을 할 수 있으며, 국가와 지방자치단체는 교육을 실시함에 있어 거주지 및 가정환경 등으로 인하여 서비스에서 소외되는 결혼이민자 등이 없도록 방문교육이나 원격교육 등 다양한 방법으로 교육을 지원하고, 교재와 강사 등의 전문성을 강화하기 위한 시책을 수립·시행해야 한다(제6조).

(2) 가정폭력 피해자에 대한 보호 · 지원

국가와 지방자치단체는 「가정폭력방지 및 피해자보호 등에 관한 법률(약칭: 가정폭력방지법)」에 따라 다문화가족 내 가정폭력을 예방하기 위하여 노력해야 한다. 가정폭력으로 피해를 입은 결혼이민자 등을 보호 · 지원할 수 있고, 이를 위해 외국어 통역서비스를 갖춘 가정폭력 상담소 및 보호시설의 설치를 확대하도록 노력해야 한다. 그리고 결혼이민자 등이 가정폭력으로 혼인관계를 종료하는 경우 의사소통의 어려움과 법률체계 등에 관한 정보의 부족 등으로 불리한 입장에 놓이지 아니하도록 의견진술 및 사실확인 등에 있어서 언어통역, 법률상담 및 행정지원 등 필요한 서비스를 제공할 수 있다(제8조).

(3) 의료 및 건강관리를 위한 지원

국가와 지방자치단체는 결혼이민자 등이 건강하게 생활할 수 있도록 영양 · 건강에 대한 교육, 산전 · 산후 도우미 파견, 건강검진 등의 의료서비스를 지원할 수 있고, 결혼이민자 등이 의료서비스를 제공받을 경우 외국어 통역서비스를 제공할 수 있다(제9조).

5) 다문화가족에 대한 평등한 가족관계 유지를 위한 조치

국가와 지방자치단체는 다문화가족이 민주적이고 양성평등한 가족관계를 누릴 수 있도록 가족상담, 부부교육, 부모교육, 가족생활교육 등을 추진해야 한다. 이 경우 문화의 차이 등을 고려한 전문적인 서비스가 제공될 수 있도록 노력해야 한다(제7조).

6) 다문화가족의 아동 · 청소년 보육 · 교육

국가와 지방자치단체는 아동 · 청소년 보육 · 교육을 실시함에 있어서 다문화가족 구성원인 아동 · 청소년을 차별해서는 안 된다. 다문화가족 구성원인 아동 · 청소년이 학교생활에 신속히 적응할 수 있도록 교육지원대책을 마련하여야 하고, 특별시 · 광역시 · 특별자치시 · 도 · 특별자치도의 교육감은 다문화가족 구성원인 아동 · 청소년에 대하여 학과 외 또는 방과후 교육 프로그램 등을 지원할 수 있다. 또한 국가와 지방자치단체는 다문화가족 구성원인 18세 미만인 사람의 초등학교 취학 전 보육 및 교육 지원을 위하여 노력하고, 그 구성원의 언어발달을 위하여 한국어 및 결혼이민자 등인 부 또는 모의 모국어 교육을 위한 교재지원 및 학습지원 등 언어능력 제고를 위하여 필요한 지원을 할 수 있다. 그리고 어린이집 원장, 유치원 원장, 초 · 중등 학교장, 그 밖의 기관장은 아동 · 청소년 보육 · 교육을 실시함에 있어 다문화가족 구성원인 아동 · 청소년이 차별을 받지 아니하도록 필요한 조치를 해야 한다(제10조).

7) 다문화가족에 대한 지원센터 설치 및 운영

국가와 지방자치단체 등은 다문화가족을 위한 교육 · 상담 등 지원사업의 실시, 결혼이민자 등에 대한 한국어교육, 다문화가족 지원서비스 정보제공 및 홍보, 다문화가족 지원 관련 기관 · 단체와의 서비스 연계, 일자리에 관한 정보제공 및 일자리의 알선, 다문화가족을 위한 통역 · 번역 지원사업, 다문화가족 내 가정폭력방지 및 피해자연계 지원, 그 밖에 다문화가족 지원을 위하여 필요한 사업을 수행하기 위하여 다문화가족지원센터를 설치 · 운영할 수 있다(제12조).

한편, 여성가족부 장관은 다국어에 의한 상담 · 통역서비스 등을 결혼이민자등에게 제공하기 위하여 다문화가족 종합정보 전화센터를 설치 · 운영할 수 있다(제11조의 2).

생 | 각 | 해 | 보 | 기

1. 다문화가족의 특수욕구에 대해서 설명해 보시오.
2. 다문화가족을 지원하는 사례관리자가 갖추어야 할 필수적인 자질에 대해서 생각해 보시오.

참 | 고 | 문 | 헌

강기정, 박경애(2011). 다문화가족 사례관리 활성화 방안. 다문화사회연구, 4(2), 103-138.

김은영(2012). 문화적 역량 증진 프로그램 개발: 다문화가족과 일하는 사회복지사를 중심으로. 이화여자대학교 대학원 박사학위논문.

여성가족부(2016). 2015년 전국 다문화가족실태조사 분석. http://www.mogef.go.kr.

여성가족부(2017). 2017년 다문화가족지원 사업안내. http://www.mogef.go.kr.

최명민, 이기영, 최현미, 김정진(2009). 문화적 다양성과 사회복지. 서울: 학지사.

통계청(2017). 2016년 외국인과의 혼인추이.

한국사례관리학회(2016). 사례관리 전문가 심화과정교육. 서울: 학지사.

행정안전부(2015). 2015년 지방자치단체 외국인주민 현황. http://www.mois.go.kr.

허보름(2014). 다문화가정정책의 실체와 개선방안에 관한 연구: 충청남도 공주시를 중심으로. 공주대학교 대학원 석사학위논문.

Lum, D. (2005). *Cultural competence, practical stages, and client systems: A case study approach*. Belmont, CA: Brooks/Cole Thomson Learning.

Moxley, D. P. (1989). *Practice of Case Management*. Newbury Park, CA: SAGE. Publication.

NASW. (2007). Indicators for the Achievement of the NASW Standards for Cultural Competence in Social Work Practice. https://www.socialworkers.org/diversity/default.asp

다문화가족지원 포털 다누리 https://www.liveinkorea.kr.

제4부

사례관리의 전망과 향후 과제

제13장

사례관리의 전망과 향후 과제

1. 사회복지 환경변화와 사례관리의 적용
2. 현행 사례관리의 문제점
3. 사례관리 발전을 위한 향후 과제

들어가기

2000년대 이후 사례관리는 한국 사회복지의 화두이자 핵심 실천전략이 되고 있다.

이러한 사례관리에 관한 학계의 관심과 실천현장의 욕구에도 불구하고, 사례관리 자체에 내재된 관리, 효율, 통제와 같은 신자유주의적 관리주의 속성이 가져오는 부작용과 한국적 특수 환경에서 나타나는 문제점들이 동시에 나타나고 있다.

사례관리자들이 겪는 정체성의 혼란, 표준화된 매뉴얼을 강조하면서 사회복지실천가로서의 자율성, 창의성, 전문성을 발휘하기 어렵게 되는 문제, 사례관리 실천방법을 획일화하는 문제 등 사례관리 방법론이 가진 태생적 한계들과 사례관리 개념화 부재의 문제, 지나치게 많은 사례 수, 사례관리 연관기관 간의 조정과 협력의 문제 등과 같은 한국 사례관리 실천현장에서 나타나는 특별한 어려움들이 있다.

그렇다면 한국의 사례관리는 어떤 방향으로 노력하고 힘을 모아 갈 것인가? 먼저, 사례관리에 대한 한국적 상황에 최적화된 개념적 · 이론적 · 실천적 정체성을 확립해야 한다. 둘째, 사례관리의 질을 높이기 위한 다각도의 노력을 해야 한다. 셋째, 공공사례관리와 민간사례관리의 차별적 · 통합적 역할을 정립해 나가야 한다. 이러한 세 가지 과제들을 어떻게 풀어 가느냐가 한국의 사례관리 발전에 의미 있는 영향을 미칠 것이다.

1. 사회복지 환경변화와 사례관리의 적용

탈시설화를 배경으로 등장한 서구의 사례관리는 1997년에 우리나라의 「정신보건법」 시행을 계기로 국내에 도입되었다. 처음에는 사례관리가 정신보건 전문요원 인턴십 과정에 정식 교과목으로 들어오면서 자리를 잡기 시작하였는데, 이후 노인복지, 지역사회복지의 핵심적 서비스가 되었고 짧은 기간 내 사회복지의 전 영역으로 확대되었다.

2000년대 이후 사례관리는 한국 사회복지의 화두이자 핵심 실천전략이 되고 있다. 사회복지에 대한 수요가 증가하고 욕구가 다양화되면서 서비스 제공의 효과성, 효율성, 책무성이 강조되었고, 사례관리는 지역기반의 서비스 전달망을 중심으로 서비스 수요자의 복합적인 욕구를 포괄적으로 관리할 수 있는 사회복지의 중요한 실천방식으로 자리 잡고 있다.

이러한 사례관리에 관한 학계의 관심과 실천현장의 욕구에도 불구하고 사례관리 자체에 내재된 관리, 효율, 통제와 같은 신자유주의적 관리주의 속성이 가져오는 부작용과 한국적 특수 환경에서 나타나는 문제점들이 동시에 나타나고 있다. 기능적 측면에 주목해 온 사례관리의 특성상 사회복지실천가를 성과와 실적 달성의 도구로, 기능적 직장인의 하나로 전락시키는가 하면, 표준화된 매뉴얼을 강조함으로써 그것을 준수하는 것만으로 사례관리자의 할 일을 다했다는 인식을 심어 주어 적극적 자기성찰의 기회를 제한하고 있다. 또한 칸막이가 심하고 개별 기관 중심의 단절적 서비스가 주를 이루는 한국의 복지 환경 속에서 사례관리에 대한 통합적 관리주체가 부재함으로써 통일된 개념화가 이루어지지 못하고 여전히 논의 자체가 추상적 수준이라는 비판도 지속되고 있다. 다양한 분야에서 각자 다르게 사례관리를 개념화하면서 사례관리의 필요성만이 강조되어 왔다고 볼 수 있다. 사례관리의 무정형성을 주장했던 Chamberlain(1985: 최명민, 정병오, 2015에서 재인용)의 견해를 수용하더라도 한국의 사례관리는 미국, 영국, 일본 등으로부터 각각의 영역마다 서로 다른 모델과 개념을 도입한 이후 한국의 현실에 맞게 공통된 이해와 합의를 이끌어 내려는 노력이 부족하였다고 볼 수 있다.

최근에는 민간사례관리와 공공사례관리의 이분법적 개념을 도입하면서 그 혼란을 더욱 가중시키고 있다. 이러한 문제점에도 불구하고 일회적·단편적·비체계적 지원의 문제점을 개선하고 각 개인들을 지역사회에서 안정적으로 이끄는 것을 목표로 하는 통합적 사례관리는 앞으로도 유용한 서비스 전달방식이 될 전망이다.

2. 현행 사례관리의 문제점

사회복지 분야에서 유행처럼 확산되고 있는 사례관리가 한국의 현실에 맞게 안정적으로 발전하기 위해서는, 사례관리 방법론이 태생적으로 내포하고 있는 한계와 한국적 상황에서 특수하게 논의되는 문제들을 구분하여 확인해 볼 필요가 있다.

1) 사례관리 방법론에 의한 태생적 한계

첫째, 사례관리자들은 기존에 사회복지실천가로서 추구하던 가치와 사례관리자로서 요구받는 가치가 충돌되면서 정체성의 혼란을 겪을 수 있다. 국가로부터 대상자의 행복과 사회적 위험에 대한 관리의 책임을 부여받아 사회가 추구하는 직무를 수행해야 하는 사례관리자는 본래 사회복지실천가로서 지향하고자 했던 안전, 보호 등의 가치와는 다른 기술, 규칙, 행정절차를 요구받기 때문에 이를 수행하는 과정에서 관료화되거나 정체성의 혼란을 경험하기 쉽다(김기덕, 2014).

둘째, 사례관리는 사회복지사의 재량권을 축소시킴으로써 전문성을 약화시키는 결과를 가져올 수 있다. 사례관리의 방식이 혼란을 방지하고 일정 기준선 이상의 서비스에 대한 책임성을 보장하는 긍정적인 측면도 있지만 표준화된 매뉴얼을 강조하기 때문에 사회복지실천가로서 발휘할 수 있는 자율성, 창의성을 위축시키고 전문성을 발휘하기 어렵게 한다.

셋째, 사례관리는 복지자원의 부족에 대해 새로운 서비스 보강이나 지원책을 마련하기보다는 예산지원을 최소화한 상태에서 복지체감도와 만족도를 높이려는 정치적·경제적 목적을 갖고 있다. 하나의 관리적 기제로서 비용효율적인 방식을 기반으로 저렴하면서도 대체 가능한 서비스를 선택하는 비용효과 중심의 선택과 결정을 내리게 된다(Netting, 1992)는 비판을 받고 있다.

넷째, 사례관리가 사회복지에서 주류로 등장하면서 다른 사회복지 실천방식이 주변화되거나 사회복지실천이 획일화되는 경향이 있다. 사례관리가 전달체계를 통해 표준화되고 사회복지실천의 주요 평가요소로 규정되면서 상대적으로 기존에 있던 사회복지 실천방법들을 몰가치화하고 마치 별로 중요하지 않거나 난이도가 낮은 일인 것처럼 인식되는 경향이 있다.

다섯째, 사례관리자들은 대부분 소진과 과도한 스트레스에 놓이게 된다. 사례관리자들은 정해진 기준에 따라 명확한 성과를 산출해 내야 한다는 부담 속에서 혼란과 스트레스를 경험한다. 성과에 대한 기대와 사례관리자 개인이 추구하는 믿음 사이의 불일치가 발생하고 둘 사이 간격의 확대로 사례관리자의 심리적 고통이 가중된다.

2) 한국적 상황에서의 사례관리 실천의 어려움

한국의 사례관리 실천현장은 사례관리 개념 부재의 문제, 지나치게 많은 사례 수, 사례관리 연관기관 간의 조정과 협력의 문제 등과 같은 어려움을 겪고 있다.

(1) 사례관리에 대한 통일된 개념의 부재

사회복지 실천현장에서 가장 많이 논의되는 주제가 사례관리임에도 불구하고 각자 다른 생각으로 사례관리를 논하고 있다. 영역별 · 수준별로 각기 다른 개념으로 이해하고 있어 커뮤니케이션이 잘 안 된다는 것이다. 이것은 한국 사례관리의 정체성 확립의 문제로 연결된다. 미국의 케이스 매니지먼트(case management)는 서비스 접근성과 서비스 조정을 통해 대상자가 자신의 일상적 삶을 지역사회 기반으로 영위할 수 있도록 하는 원조로서의 의미를 강조한다. 한편, 영국에서는 케어 매니지먼트(care management)란 용어를 사용해 주로 노인을 중심으로 정신질환과 장애영역에서 제공되는 장기적인 통합서비스이자 공공전달체계로서의 의미를 강조한다. 한국의 사례관리는 도입 당시부터 현재까지 사례관리의 필요성에만 집중하면서 상대적으로 개념적 합의를 도출하려는 노력은 소홀히 함으로써 사례관리의 무정형성의 특성을 더욱더 가속화시키고 있다. 이런 상황 속에서 민간사례관리와 공공사례관리가 별도의 영역으로 자리를 잡으면서 둘 간의 역할경계의 모호함이 더 큰 혼란을 불러오고 있다.

(2) 사례관리 담당 사례 수에 대한 이슈

사례관리 담당 사례 수에 대한 이슈가 한국 사례관리 실천현장의 화두가 되고 있다. 거의 대부분의 사회복지 현장은 사례관리를 주요 실천전략으로 적용하고 있고 만병통치약처럼 활용하고 있다. 총체적 접근에 관심을 가진 통합적 사례관리가 대상자의 다양한 삶의 영역으로 파급되고 주변체계에 대한 동시적 접근을 시도하는 것은 긍정적인 모습이다. 그러나 사례관리자가 도저히 감당할 수 없는 수준으로 양적인 성과에만 집중하는 모습을 보이고 있다.

한국의 대표적인 사례관리 전달체계인 사회복지관, 희망복지지원단, 드림스타트 등에서 1인의 사례관리자가 맡고 있는 사례 수는 평균 60~80건 정도가 된다. 사례관리자들은 수많은 사례와 그에 따른 기록, 전산처리를 위해 자기성찰은 물론 사례관리의 내용을 고민할 여력이 없다고 호소하고 있다.

영국에서 사례관리 도입의 근거가 되었던 켄트 대학의 시범 프로젝트에서 효과성이 검증된 사례관리는 충분한 예산, 적은 사례 수, 분명한 자격조건 등의 조건이 충족된 상태에서 진행된 것이었다(Challis, Darton, Hughes, Stewart, & Weiner, 2001). 효과성이 유의미한 것으로 보고된 ACT(Assertive Case Treatment), CTI(Critical Time Intervention)와 같은 미국의 사례관리 모델들도 사례부담이 1인당 15~25사례 수준으로 현장중심형, 직접 서비스 제공형, 사례관리자와 대상자 간 관계중심형 모델이었다는 점에 주목해야 한다(de Vet et al., 2013). 과도한 사례관리 부담으로 대상자와 깊은 관계를 형성할 기회조차 없는 상태로 사무실에서 서비스들 간 조정을 주 업무로 하는 사례관리가 대상자의 적응과 삶의 개선에 효과적이라고 증명한 예는 거의 찾아보기 어렵다는 것이다.

(3) 사례관리 관련 기관들 간의 조정과 협력 부재

수많은 사례관리 관련 기관들 간의 조정과 협력이 이루어지지 않고 사례관리 실천방향에 대한 명확한 가이드라인이 제시되지 못하고 있다. 지역사회 어느 기관이나 사례관리자가 있고 사례관리를 수행하고 있다. 동사무소, 사회복지관, 정신건강복지센터, 드림스타트, 지역아동센터 등 다양한 사례관리 수행기관들을 어떻게 조정해야 하는가? 누가 주 사례관리자가 되어야 하는가? 서비스 연계와 조정의 책임자가 명확하지 않고 중복과 혼선으로 통합적 관리가 이루어지지 못하고 있다.

사례관리는 근본적으로 공식적 · 비공식적 자원과 활동들의 네트워크를 조직, 조정 및 유지하는 것이다. 특히 사례관리의 조직은 네트워크 구조를 가진 수평적 조직형태이다. 이런 네트워크 구조에서의 단위 조직 간의 조정은 비공식적으로 이루어지고 우두머리가 없이 느슨하게 결합된 상호독립적 조직이기 때문에 조정과 통합이 더욱 중요해진다. 서로의 영역과 노력이 존중되고 적절한 서비스가 지원되기 위해서 지역 내 각 기관들과 사례관리자들이 어떻게 조정·통합되어야 하는가가 현재의 한국 사례관리의 주요 현안이 되고 있다.

3. 사례관리 발전을 위한 향후 과제

사례관리의 발전을 위해 어떤 방향으로 노력하고 힘을 응집해 나갈 것인가에 대해 크게 세 가지 과제를 제시해 볼 수 있다. 먼저, 사례관리에 대한 한국적 상황에 최적화된 개념적·이론적·실천적 정체성을 확립하는 것이다. 둘째, 사례관리의 질을 높이기 위해 다각도의 노력을 해야 한다. 셋째, 현재 가장 영향력 있는 정부 정책으로서 추진되고 있는 읍·면·동 복지허브화를 통한 공공사례관리와 민간사례관리의 차별적·통합적 역할 정립이 필요하다.

1) 사례관리의 정체성 확립

그동안의 사례관리 혼돈을 정리하고 한국적 사례관리의 고유한 정체성을 찾아가려는 노력이 필요하다. 서구 모델을 도입해 온 이후 한국에서 사례관리가 빠른 속도로 성장해 온 데는 그만큼의 필요성이 있었다. 어떤 측면에서 사례관리 실천방법에 대한 요구가 높았는지에 대한 검토를 바탕으로 사례관리에 대한 통일된 개념화, 초점화, 전문화를 꾀해야 할 것이다. '사례관리와 사회복지실천은 무엇이 다른가? 어떤 이론, 관점, 철학을 기반으로 사례관리를 실천할 것인가? 간접적 실천을 강조하는가? 직접적 실천을 강조하는가? 사례관리인가? 사람관리인가? 일할 것인가? 실천할 것인가?' 등 수많은 질문 속에 사례관리에 대한 그림을 그리고 학계와 현장, 정책이 합의해 가는 과정이 필요하다. 각각의 현장마다 이해하고 있는 사례관리의 개념이 다르고 실천의 가이드라인도 설정되지 못하였다. 최근에는 '사례관리는 PC 행정이다' 'PC 사례관리' 등의 용어가 유행처럼 돌고 있다. 한국의 사례관리는 내용보다는 양에, 그것도 전산시스템의 틀에 맞춰진 클릭기능의 수행이 곧 사례관리인 것처럼 인식되는 현실에 대한 고민이 필요하다.

2) 질적 사례관리 지향

사례관리가 급속한 양적 팽창을 해 오면서 질적인 측면이 균형적으로 발전하지 못하고 있는 것에 대한 우려와 불만이 지속적으로 표출되어 왔다. 사례관리의 질적인 발전을 위해서는 사례관리자에 대한 투자가 필요하며 크게 사례관리자의 역량을 강화하는 부분, 사례관리자의 처우를 개선하는 부분, 사례관리 절차와 시스템을 개선하는 부분으로 구분하여 생각해 볼 수 있다.

(1) 사례관리자의 역량강화

사례관리의 질을 좌우하는 가장 중요한 요인은 사례관리자의 역량강화일 것이다. 사례관리는 사람을 대상으로 다양한 실천방법을 통합적으로 활용해야 하는 고도의 전문성이 요구되는 일이다. 사례관리의 핵심 목표가 궁극적으로는 사례관리 대상자의 역량강화인 만큼 수준 높은 사례관리자의 양성이야말로 질적 사례관리를 위한 핵심 방안이 될 것이다. 어떤 관점, 어떤 자세로 바라보는가에 따라 같은 현상, 같은 환경도 기회와 자원이 될 수도 있고 아닐 수도 있다.

대상자의 needs와 wants를 구분하고 자원연계 전략을 운영하는 능력, 대상자와의 의사소통을 통해 초기관계를 충분히 신뢰 있게 형성하는 능력, 효과적인 표현력으로 다양한 자원들을 통합해 내는 조정자로서의 능력, 대상자를 진심으로 대하는 윤리적 실천에 대한 마인드 등 다양한 재능을 보유한 사례관리자를 양성해야 한다.

이를 위해서는 슈퍼비전 체계와 교육·훈련이 잘 이루어져야 한다. 현재 한국 사례관리 실천현장의 슈퍼비전 체계는 매우 취약하고 교육에 있어서도 다양한 실천현장과 연계된 실습이 부족한 상황이다. 슈퍼바이저의 양성과 슈퍼비전 체계의 탄탄한 구축이 절실하다. 현재 진행되고 있는 통합사례회의를 활용하여 정기적·효율적인 슈퍼비전이 진행될 수 있도록 하는 것도 고려해 볼 필요가 있다. 또한 대상자에 대한 이해와 분석 외에도 서비스 제공자로서 사례관리자 자신의 강점과 약점을 이해하고 이를 토대로 전문가로서의 역량을 발휘할 수 있도록 현실성 있고 체계적인 사례관리 교육이 필요하다.

(2) 사례관리자 처우개선

사례관리자의 소진과 스트레스 관리를 위한 지원과 처우개선이 필요하다. 사례관리자는 너무 많은 사례 수를 처리해야 되고 너무 다양한 역할을 해내야 한다. 또한 대상자나 가정을 방문하면서 다양한 위험에 노출되고 이로 인해 신체적·정신적 안전을 위협받고 있다. 어느 사례관리자는 다재다능이 요구되는 사례관리자에 대해 다음과 같이 표현하고 있다.

> "사례관리의 초기과정만 제대로 수행하려고 해도 사례관리자는 폐지수집가 같은 부지런함, 수사관 같은 예리함, 텔레마케터 같은 친절함, 심리상담사 같은 경청과 분석력, 스피치 전문가 같은 정확하고 효과적인 표현력, 게다가 솔직함과 애정까지 보여야 한다니…… 사례관리자는 전지전능하거나 아니면 적어도 완벽한 연기자여야 하는 것 같다."

사례관리자는 비용절감과 이용자 만족이라는 상호모순적 이중 목표를 위해 정해진 기준에 따라 명확한 성과를 산출해 내기 위한 업무에 혼란과 스트레스를 경험한다(Dustin, 2007). 1인당 사례 수는 제대로 사례관리를 할 수 없는 수준으로 주어지고 계량화된 실적과 성과는 통합적으로 관리되고 평가되지 못한다. 이론과 현장의 괴리는 고스란히 사례관리자의 몫으로 남는다.

> "낮에 대상자를 만나고 들어오면 서류처리와 전산입력을 위해 야근을 하고 다른 일들과 병행하면서 사례관리를 하다 보니 사례관리에 집중하지 못한다. 늘 시간에 쫓기고 가정은 완전히 뒷전이다."

> "진정성보다 만족도를 높게 받으려고, 또 함께 목표를 달성해야 하므로 대상자보다 앞서 나가 끌고 가려 했고 지역자원 연계 실적을 잡기 위해 형식적인 네트워킹을 하기도 했다. 이런 과정과 결과를 통해 사례관리자로서 스스로의 업무만족도와 능력 있음을 기관과 자신에게 입증해 주려고도 했다."

성과와 평가로 연결되기 때문에 부족한 인력과 자원 환경 속에서도 사례관리자들은 목표치를 달성하는 것이 마치 사례관리자의 신념과 노력에 달려 있는 것처럼 받아들여졌다. 공공이 책임져야 할 무거운 의무를 사례관리자들이 감당하고 있는 것이다. 적정 사례 수라고 정해진 것은 없지만 1인 사례관리자의 담당 사례 수를 40~50사례 이하로 줄이고 집중적 사례관리가 필요한 영역은 별도의 전문사례관리자를 두는 것이 필요하다.

급여, 시간외 근무에 대한 수당, 가정방문 시 사례관리자의 안전을 위해 2인 1조 업무체계 구축, 양적 평가보다 질적 평가의 강화, 소진예방을 위한 힐링프로그램 등 사례관리자들의 처우개선을 위한 적극적인 노력이 필요하다. 사명감을 가진 사례관리자의 역할을 기대하기 위해서는 사례관리자들의 처우개선부터 이루어져야 한다. 요컨대, 사례관리의 궁극적 지향이나 본질을 달성할 수 있게 하는 여건 조성에 관심을 기울여야 할 시점이다.

(3) 사례관리 절차와 시스템의 개선

사례관리는 개인 역량강화와 함께 시스템의 구축이 이루어져야 한다. 사례관리는 개인의 의지와 노력뿐만 아니라 법적 · 제도적 지원과 사회적 서비스의 체계적 공급이 이루어질 수 있는 시스템과 정책적 환경변화가 동반되어야 한다. 사례관리는 방법론적으로 복합적 문제와 욕구를 가진 대상자를 다양한 자원체계와 통합적으로 연계해야 하는 고도의 기술이 요구되는 과정이기 때문에 개인적 역량의 범위를 넘어선 시스템적 접근을 요구한다. 사회적 인프라가 풍부한 미국이나 오래전부터 복지국가 체계를 유지 · 발전시켜 온 영국에 비해 우리나라는 활용 가능한 자원이나 제도가 미비한 편이다. 따라서 개별 사례관리자들의 부담도 더 클 수밖에 없고 업무상 한계를 느낄 가능성도 더 많다. 이런 환경에서 사례관리자가 개인적으로 스트레스 관리나 개별 학습, 교육 등을 통해 극복하기는 매우 어렵다. 사례관리의 단계별 절차는 물론 사례관리 수행에 좀 더 유리한 제도적 장치와 환경을 갖춰 나가야 할 것이다.

3) 공공사례관리와 민간사례관리의 차별적 · 통합적 관계 정립

현재 한국 사례관리 지형에서 가장 큰 변화는 공공사례관리의 확대라고 말할 수 있다. '공공부문의 사례관리'라는 용어는 그동안 정책보고서에서 사용되어 온 것인데, 사례관리의 구성요소(정순둘, 2006) 중 사례관리 기관의 성격이 민간이 아닌 공공으로서, 공공부문에 의해 수행되는 사례관리를 의미한다. 공공부문의 사례관리는 2005년 개정된 「사회복지사업법」에 기반을 두고 시작되었다. 2006년 단행되었던 주민생활 지원기능의 전달체계 개편이 공식적으로 등장한 공공사례관리의 시작이었다.

전국 3,000여 개 읍 · 면 · 동에 동일한 매뉴얼로 사례관리를 수행하기 시작하였고, 2008년 시 · 군 · 구 단위 서비스 연계팀과 위기가구 사례관리사업을 도입하였으며 2009년 전국 10개 시 · 군 · 구에서 시범사업을 거쳐 2010년 본격적으로 전국에 걸쳐 위기가구 사례관리를 공공부문에서 수행하게 되었다. 2014년부터는 읍 · 면 · 동 복지허브화를 통해 통합 사례관리 실천의 움직임들이 더욱더 본격화되고 있다.

중앙정부가 사례관리를 전달체계 개선의 핵심 정책으로 도입한 것은 대단히 획기적이고 바람직한 일이라고 본다. 복지서비스 전달에서 공공의 책임성을 강조하고 사례관리를 통해 지역사회 중심의 서비스를 제공함으로써 많은 복지서비스 공급에도 불구하고 복지체감도가 낮은 점을 개선하고자 하는 노력은 발전적이다.

그러나 대략 10여 년 정도 앞서 사례관리를 실천해 왔던 민간부문 사례관리와의 중첩 문제, 불평등한 협력구조, 공공 사례관리의 전문적 개입 수준의 한계 등이 다양한 논의를 낳고 있다.

사례관리의 성공적 수행을 위해서는 무엇보다 인력의 전문성이 중요하다는 측면에서 교육·훈련을 지속함에도 불구하고 공공 사례관리가 단순 상담 수준에 머물러 있다는 비판에 대해서는 검토가 필요하다. 오랫동안 실천현장의 경험을 바탕으로 노하우를 축적해 온 민간 사례관리와 비교하면 신규 사회복지공무원의 사례관리가 본래의 사례관리 개념이나 실천과정을 벗어나 있는 경우가 많고 사례관리의 질적 담보가 어렵다는 지적이다.

아울러 일선 사회복지관에서는 공공의 읍·면·동 차원에서 발굴하는 사례와 중첩되면서 신규 대상자 발굴이 어렵다는 불만이 나오고 있다. 또한 지역사회 안에서 자원봉사, 후원개발 등 비공식적 자원을 꾸준히 발굴하고 동원하는 노력을 펼쳐온 민간 사례관리자 입장에서는 한정된 지역자원을 놓고 공공부문과 불필요한 경쟁을 하게 된다는 점에 불만을 토로하고 있다. 서비스 조정에 대한 공적 권한이 없는 민간 사례관리 담당자들은 공공영역의 자원동원 노력으로 인해 민간의 자원공유나 사례관리 실천이 위축될 수밖에 없다는 것이다.

특정 지자체에서는 이러한 중복과 경쟁 문제를 해소하고자 사례발굴을 읍·면·동에서 일괄 수행하고, 발굴된 모든 사례를 공공과 민간이 함께 할당하는 방식을 취하며 자원관리에서도 자원목록을 공식화하고 민관이 공통으로 활용하게 하면서 민관의 협력적 사례관리 체계를 만들어 가려는 시도도 나타나고 있다(민소영, 2015).

앞으로 지역사회 복지기관들을 중심으로 한 민간 사례관리와 읍·면·동, 시·군·구 중심의 공공 사례관리의 역할을 어떻게 차별성 있게 그리고 협력적으로 조율해 나갈 것인가가 한국 사례관리 발전을 위해 풀어 가야 할 주요 과제가 될 것이다.

생 | 각 | 해 | 보 | 기

1. 한국적 상황에서의 사례관리 실천의 어려움은 무엇인가에 대해 생각해 보자.
2. 한국적 상황을 고려하여 향후 사례관리 발전을 위해 노력해야 할 과제는 무엇인가에 대해 생각해 보자.

참 | 고 | 문 | 헌

김기덕(2014). 현대사회의 특성과 사회복지의 위상: 바우만의 유동적 근대성 이론을 중심으로. 한국사회복지실천연구학회 2014 춘계학술대회 자료집, 163-187.

민소영(2015). 한국의 사례관리 전개 과정과 쟁점 고찰. 한국사회복지행정학, 2, 213-239.

정순둘(2006). 사례관리 실천의 이해: 한국적 경험. 서울: 학지사.

최명민, 정병오(2015). Foucault의 계보학을 활용한 사례관리에 대한 비판적 고찰. 한국사회복지학, 67(4), 301-324.

함철호(2013). 공공전달체계 내 사례관리자의 사례관리 수행과 영향요인. 한국지역사회복지학, 44, 1-31.

함철호(2016). 사례관리에 대한 권력 관점의 조망. 사례관리연구, 7, 43-70.

Austin, C. D. (1992). When the whole in more than the sum of its parts: Case management issues from a systems perspective. Paper presented at the 1st International Conference on Long Term Case Management, Seattle, WA.

Challis, D., Darton, R. Hughes, K., Stewart, K., & Weiner, K. (2001). Intensive care management at home: An alternative to industrial care?. ***Age and Ageing, 30***(5), 409–413.

de Vet, R., Luijtelaar, M. J. A., Brilleslijper-Kater, S. N., Vanderplasschen, W., Beijersbergen, M. D., & Wolf, R. L. M. (2013). Effectiveness of case management for homeless persons: A systemic review. ***American Journal of Public Health, 103***(10), 13–26.

Dustin, D. (2007). ***The McDonaldization of Social Work.*** Hampshire: Ashgate.

Griffiths Report. (1988). ***Community Care: Agenda for Action.*** UK: The Stationery Office.

Netting, F. E. (1992). Case Management: Service or symptom? ***Social Work, 37***(2), 160–164.

저자 소개

전혜성(Jeon Hyeseong)

이화여자대학교 사회복지학과 문학박사

현 단국대학교 행정법무대학원 가족상담학과 교수

김정화(Kim Jeonghwa)

이화여자대학교 사회복지학과 사회복지학 박사

현 한국복지대학교 사회복지과 교수

홍나미(Hong Nami)

이화여자대학교 사회복지학과 사회복지학 박사

현 수원과학대학교 사회복지과 교수

강현주(Kang Hyunju)

이화여자대학교 사회복지학과 사회복지학 박사

현 한국보건복지인력개발원 교수

권자영(Kwon Jayoung)

이화여자대학교 사회복지학과 문학박사

현 세명대학교 사회복지학과 교수

정연수(Jeong Yeonsoo)

단국대학교 특수교육학 장애인평생교육복지전공 교육학 박사

현 단국대학교 특수교육대학원 교수

현장 사례관리(2판)

Field-based Case Management (2nd ed.)

2018년 2월 20일 1판 1쇄 발행
2021년 3월 25일 1판 4쇄 발행
2021년 9월 15일 2판 1쇄 발행
2024년 3월 25일 2판 4쇄 발행

지은이 • 전혜성 · 김정화 · 홍나미 · 강현주 · 권자영 · 정연수

펴낸이 • 김 진 환

펴낸곳 • (주) 학지사

04031 서울특별시 마포구 양화로 15길 20 마인드월드빌딩 5층

대표전화 • 02) 330-5114 팩스 • 02) 324-2345

등록번호 • 제313-2006-000265호

홈페이지 • http://www.hakjisa.co.kr
인스타그램 • https://www.instagram.com/hakjisabook

ISBN 978-89-997-2508-1 93330

정가 20,000원